Franz Xaver Haberl

Magister choralis

theoretisch-praktische Anweisung zum Gregorianischen Kirchengesange für

Geistliche, Organisten, Seminarien und Cantoren

Franz Xaver Haberl

Magister choralis

theoretisch-praktische Anweisung zum Gregorianischen Kirchengesange für Geistliche, Organisten, Seminarien und Cantoren

ISBN/EAN: 9783743641914

Hergestellt in Europa, USA, Kanada, Australien, Japan

Cover: Foto ©ninafisch / pixelio.de

Weitere Bücher finden Sie auf **www.hansebooks.com**

MAGISTER CHORALIS.

Theoretisch-praktische Anweisung

zum

Gregorianischen Kirchengesange

für

Geistliche, Organisten, Seminarien und Cantoren

bearbeitet von

Franz Xaver Haberl.

Sechste vermehrte und verbesserte Auflage.

Mit Druckgenehmigung des Hochw. Bischöfl. Ordinariates Regensburg.

Regensburg, New York & Cincinnati, 1881.
Druck und Verlag von Friedrich Pustet,
Typograph des heil. Apostol. Stuhles.

Copyright 1881.
ERWIN STEINBACK,
of the firm of Fr. Pustet & Co.

Vorwort.

Auch die sechste Auflage des *Magister choralis* ist nicht ohne Aenderung und Verbesserung von Seite des Autors hergestellt worden.

Es seien erwähnt: 1) Der §. 2.

„Bisher war es das Schwanken zwischen vier, fünf, sechs und mehr üblichen, berechtigten, theilweise unanfechtbaren Lesearten gregorianischer Gesänge, das den unangenehmen Gedanken erweckte, ob wohl die gewählte Melodie vor den Augen der Kritik Gnade finden werde, ob die Quelle, aus der man geschöpft hatte, für rein und reichhaltig werde anerkannt werden u. s. w. Seitdem aber in neuester Zeit auch dieser Zweig der Liturgie, der gregorian. Kirchengesang, nicht mehr der Willkür, den Meinungsstreitigkeiten, dem subjectiven Ermessen und Gefallen dieses oder jenes „Sachverständigen" anheim gegeben ist, kann sich der Verfasser eines theoretisch-praktischen Lehrbuches für den gregorian. Choral nicht bloss über Noten, Schlüssel, Octavengattungen etc. verbreiten, sondern auch auf die von der Kirche approbirten Gesangsweisen eingehen, ohne Gefahr laufen zu müssen, für den grössten Kreis seiner Leser wegen der „Abweichungen" unbrauchbar zu werden. Seit die Auctorität Rom's gesprochen hat, also seit der Publication des offiziellen *Graduale* und *Antiphonarium Rom.* durch die Congregation der heil. Riten, den einzig berechtigten und obersten Gerichtshof für Liturgie, und seitdem dieselbe eine genaue Controle über die Editionen römischer Choralbücher übt, ist es für jeden Freund der römischen

Liturgie leicht geworden, nach den in bezeichneten Werken niedergelegten Principien zu handeln, und nicht mehr nach persönlichen Anschauungen und den äusserst veränderlichen Resultaten der Kritiker und Alterthumsforscher zu schreiben oder zu urtheilen."

So schrieb der Verfasser im Vorwort zur 5. Auflage, und fügte dort zur Bekräftigung seiner Behauptung eine Entscheidung der S. R. C. vom 14. April 1877 bei, in welcher der damalige Präfect Cardinal Bilio gegenüber vielfachen Angriffen, Verdächtigungen und Zweifeln über die Legitimität der offiziellen Ausgaben erklärt: *„Das päpstliche „Breve vom 30. Mai 1873, in welchem die Ausgabe des H. „Friedrich Pustet, nachdem sie durch eine besondere im „Auftrag des hl. Vaters durch die S. R. C. aufgestellte Com-„mission von Männern, die im Kirchengesang vorzüglich er-„fahren sind, aufs genaueste revidirt, approbirt und als au-„thentisch erklärt wurde, den Hochw. Diözesan-Bischöfen „und allen, denen die Sorge für die hl. Musik obliegt, drin-„gend empfohlen ist, besteht in Kraft! — denn es ist der „ausdrückliche und besondere Wunsch unseres hl. Vaters, „dass nicht bloss in den übrigen die hl. Liturgie betreffen-„den Vorschriften, sondern auch im Gesang an allen Orten „und in allen Diözesen die Anordnung der römischen „Kirche und die Einheit mit ihr angestrebt und beobachtet „werde."*

Nach dem Tode des seligen Pius versuchte man in Rom die Anerkennung der offiziellen Choralbücher durch Leo XIII. auf jedmögliche Weise zu hintertreiben, mündliche Vorstellungen und schriftliche Proteste und Angriffe erfolgten gegen dieselben, allein auch Leo XIII. hielt fest an der Approbation (siehe S. 7 dieser Auflage). In Broschüren und Zeitschriften setzte sich der Kampf fort, Rom aber hielt fest an seinem Unternehmen, das im Jahre 1882 nach Publikation des 3. Bandes vom *Antiph. Roman.* in einer Weise zu Ende geführt sein wird, die in der Geschichte des liturgischen Gesanges nicht ihresgleichen findet.¹)

Den Wunsch, welchen *Joh. Cottonius* im 11. Jahrhunderte so schön ausdrückte,²) hat also die *Sacrorum Rituum Congregatio* verwirklicht.

Der Verfasser weiss wohl aus eigener Erfahrung, wie schwer es fällt, manche von Jugend auf gewohnte und liebgewordene Gesangsweisen in anderer, wenn auch noch so unbedeutend veränderter Form neu zu lernen und zu üben; wer aber den Process einmal durchgemacht hat, wird sich an das Wort *Guido's* von *Arezzo*³) erinnern: „Das möchte ich dir vor Allem zu wissen machen, dass jeder Gesang wie lauteres Silber um so besser geläutert wird, je öfter man ihn aufführt, und was eben missfiel, wird bald gelobt werden, wenn es gleichsam mit der Feile durch öftere Uebung geglättet wird." Wenn daher die Jugend bereits in diesen Gesängen, wie sie die kirchliche Auctorität bietet, fleissig geübt und geschult wird, dann wird bald die Scheu verschwinden, welche „Alter, Gewohnheit, Herkommen etc." vor den offiziellen Ausgaben zu haben vorgeben, ohne sie praktisch erprobt zu haben.

---

¹) Der französ. *Canoniste contemporain* schreibt im Juniheft 1880: „Den Musikern fällt die Aufgabe zu, die Gesänge, welche die zuständige Auctorität für den liturg. Gesang vorschreibt, zu executiren. Es ist auch vom Standpunkt der Aesthetik aus keineswegs nothwendig für den Gesang und für die Dichtung der Hymnen und Antiphonen die höchst mögliche Vollkommenheit zu besitzen, dieselbe ist nur im Himmel zu erwarten. Sollen die Gesänge des 10. und 11. Jahrh. deshalb wieder eingeführt werden, weil sie alt sind? Keineswegs. Die Auctorität des hl. Stuhles wird immer, wie in der Kirchendisciplin überhaupt, so auch im legitimen Gesang die entscheidende Stimme haben etc."

²) *Gerb. Script. Tom. II. p. 260: Cum enim Dominus una fide, uno baptismate, et omnino morum unitate delectetur, quis non credat quod idem ex multiplici cantorum discordia, quam non inviti, neque ignorantes, sed voluntarie constrepunt, offendatur?*

³) *Gerb. l. c. Tom. II, 20. Illud præterea scire te volo, quod in morem puri argenti omnis cantus quo magis usitatur, eo magis coloratur, et quod modo displicet, per usum quasi lima politum, postea collaudatur.*

*Qui studet optatam cursu contingere metam
Multa tulit fecitque puer, sudavit et alsit.*

Wenn das Wort richtig ist: „Die kirchliche Musik ist ein unzertrennlicher Theil des kirchlichen Cultus",[1] dann kann vom liturgischen Standpunkte aus nach dem Vorgehen und Willen der S. R. C. keine andere Leseart für die gregorian. Gesänge gewählt werden, als die in den offiziellen Büchern niedergelegte; gleichwie es keinem Pastoraltheologen oder Liturgiker beifällt, andere Ceremonieen in Lehrbüchern zu verbreiten, als die durch *Missale* etc. gebotenen.

Die 6. Auflage des *Magister choralis* unterscheidet sich von der 5. noch in folgenden Punkten.

2) Von den ferialen Präfationen wurden nur mehr zwei aufgenommen.

3) Der §. über die Orgel wurde gestrichen, da er in seiner bisherigen Fassung nicht zum Gegenstand des Buches gehört.

4) Statt dessen wurde ein neuer §. über die metrischen Hymnen aufgenommen.

5) Verbesserungen im Ausdruck, Berichtigungen (besonders im §. 29), Ergänzungen u. s. w. finden sich beinahe auf jeder Seite.

Schliesslich kann ich nicht umhin, zum sechstenmale Deutingers[2] Sentenz zu citiren: „Um gerade so zu sein, wie Jeder uns haben möchte, dürften wir eben gar nicht sein."

Regensburg, am 10. Septbr. 1881.

Franz Xaver Haberl,
Domkapellmeister.

---

[1] *Musica ecclesiastica est pars integralis cultus ecclesiastici.* Brunnemann *de jure eccles.* L. I. Cap. 6.
[2] Princip der neueren Philosophie, Vorrede.

MAGISTER CHORALIS.

§. 1. Begriff des Chorals.

Der gregorianische,[1]) römische[2]) Choral[3])-Gesang ist die eigentliche Musik der katholischen Liturgie und wird einstimmig *(unisono)* in melodisch[4]) verbundenen Haupttönen, ohne genau abgemessenes Zeitmass, im Rhythmus der Sprache vorgetragen.

Anmerkung. Den Choralgesang nannte man später, nach Erfindung der Harmonie im 11. Jahrhundert, *cantus firmus* (ital. *canto fermo*, fester Gesang), im Gegensatz zu den übrigen contrapunctirenden[5]) Stimmen, welche die meist im

---

[1]) Papst Gregor I., der Grosse (reg. 590—604), hat die zu seiner Zeit vorhandenen Gesänge verbessert und vermehrt (*monumenta patrum renovavit et auxit*); daher die Benennung *cantus gregorianus*, ähnlich wie der Collectivname „Palestrinastyl." Der *Cantus S. Gregorii*, die Melodien des hl. Gregor, sind nicht mehr herzustellen, aber der Geist seiner Gesangsweisen hat sich zu allen Zeiten in der Kirche durch die Tradition erhalten.

[2]) Rom führte ihn zuerst ein, und besteht für den gregorianischen Gesang, welchen die vom Papste für Liturgie speciell eingesetzte Congregation der Riten approbirt hat, auf der Bezeichnung „römischer Choral," — im Gegensatz zu den in verschiedenen Ländern, Diözesen oder Orden üblichen abweichenden Gesangsweisen. Dem Papste steht es zu, die Liturgie, und somit auch einen Bestandtheil derselben, den römischen Choral nach Bedürfniss zu verändern, neu zu bilden, oder eine Reform desselben gutzuheissen.

[3]) Weil früher von der im Chor (Presbyterium) versammelten Geistlichkeit — von Allen zugleich oder abwechselnd — gesungen.

[4]) Melodie ist eine nach musikalischen Gesetzen geordnete Reihe von Tönen, die dem Ohre durch ihre Folge und Abwechslung nach Höhe und Tiefe angenehm erscheinen. Harmonie nennt man das gleichzeitige Zusammenklingen bestimmter Töne (Akkord). Die moderne Melodie bildet sich auf Grundlage der Harmonie, die Choralmelodie wird aus den Tönen der diatonischen Tonleitern zusammengesetzt.

[5]) Der Name Contrapunct stammt aus der Zeit, in welcher einer vorhandenen Melodie eine andere gegenübergestellt wurde, die man beide zu gleicher Zeit sang. Die Note hiess damals *punctus* oder *punctum*, woraus sich der Name *contrapunctus (m)* für die gegen die vorhandene Melodie gesetzten neuen Melodien bildete. —

Tenor liegende gregorianische Melodie umspielten; *cantus planus* (franz. *plain chant*, gleicher Gesang) wurde er genannt, wenn die gregorianischen Gesänge bei mehrstimmiger Bearbeitung in lauter gleichlangen Noten (▬ oder ◖, Breven oder Semibreven) im Tenor verzeichnet und gesungen wurden.

§. 2. Abriss seiner Geschichte.

Die Feier der gottesdienstlichen Geheimnisse war in den ersten christlichen Jahrhunderten auf's Einfachste geordnet, und der Kirchengesang bildete sich allmälig durch Benützung der hebräischen Singweisen, und gewiss auch unter Einfluss der griechischen Musiklehre und Kunst zu bestimmterer Gestalt aus. Die Psalmen, Hymnen und Gesänge der Opfer- und Gebetsfeier (*Missale* und *Breviarium*) waren grösstentheils der heil. Schrift des alten Testamentes entnommen, und wurden dem Beispiele Jesu und der Apostel gemäss beibehalten. Die drei Jahrhunderte der Verfolgung erschwerten eine reichere Ausbildung und die Einheit des Gesanges, und man kann behaupten, dass derselbe mehr vom Volke als von eigens bestellten Sängern vorgetragen wurde. „Gleich in den Anfängen der christlichen Zeiten sehen wir die Elemente aus Palästina und Hellas wie zwei Ströme zusammen und ineinander fliessen. Von der *Musica sacra* der Hebräer holte sich die Musik des Christenthums die Heiligung, von der Tonkunst der Griechen holte sie sich Form, Gestalt und Schönheit."[1] „Man darf von der Musik der ersten Christenzeiten annehmen, sie sei zuerst Volksgesang gewesen, gegründet auf Art und Weise der gleichzeitigen antiken Tonkunst, aber durchdrungen, gehoben und getragen vom neuen christlichen Geiste."[2]

„Mit Begeisterung wurde die Kirchenmusik von den ersten und grössten Vätern des Morgen- und Abendlandes gepflegt und erweitert, bald von eigens dazu bestellten Sängern

---

[1] Ambros, Gesch. der Musik. I. B. Seite 196.
[2] Derselbe, a. a. O. II. B. S. 11.

§. 2. Abriss seiner Geschichte.

auch für eine kunstgemässere Ausführung gesorgt und an vielen Orten bereits sehr frühe eine eigene Gesangschule errichtet."[1])

„Einen besonderen Aufschwung erhielt der Kirchengesang durch den heil. Ambrosius, Bischof von Mailand, † 397. Er war nicht nur selbst in dieser heiligen Kunst sehr erfahren, sondern nahm sich auch derselben sehr warm an, und wurde fortwährend als der erste Begründer eines geordneten Musiksystems und einer besonderen Gesangsweise genannt. Worin· die Schönheit des ambrosianischen Gesanges bestanden, ist nicht zu ermitteln. Der Wahrheit werden wohl diejenigen am nächsten kommen, welche behaupten, dass der Grund seiner Wirksamkeit auf die Gemüther in seiner grossen Einfachheit und metrischen Gliederung gelegen sei."[2])

Durch den heiligen Papst Gregor (590—604) erhielt der nach ihm benannte gregorianische Gesang bestimmte Regeln. Gregor sammelte die bisher zerstreuten christlichen Gesänge zu einem einheitlichen Ganzen, indem er die gesammte Liturgie für die verschiedenen Tage des Jahres zusammenstellte, die Lücken durch Beifügung neuer Gesänge ausfüllte und als Grundgesetz die richtige Declamation, die rhythmische Bewegung der Sprache durchführte. Er baute seine Melodieen auf vier in zweifacher Weise zu verwendende Tonleitern (über die Töne D, E, F, G) und bezeichnete in seinem *Antiphonarium centonem*[3]) (Buch der Antiphonen oder Wechselgesänge) die Singweisen durch Neumen (Puncte, Häckchen und Strichlein), welche aber die Namen der Töne und ihre Entfernung von einander noch nicht mit Bestimmtheit ausdrückten, sondern nur ihre Zahl und beiläufige Höhe· oder Tiefe anzeigten. Gregor errichtete zur Durchführung seiner Reform eine eigene Sängerschule zu Rom, in welcher er persönlich lehrte und

---

[1]) Jakob, die Kunst im Dienste der Kirche, 2. Aufl. S. 379.
[2]) „Was ist echte Kirchenmusik?" Schlecht (Geschichte der Kirchen-Musik), Seite 9 und 10.
[3]) Centonem vocant carminis genus ex diversis carminum fragmentis, hinc atque illinc accersitis, contextum, quasique consutum. Martini, Storia della Musica. Vol. II. p. 108. Nota 33.

aus der wieder die Lehrer des römisch-liturgischen Gesanges für England und Frankreich hervorgingen.

Durch die energischen Bemühungen Karls des Grossen erklang bald im ganzen katholischen Abendlande die Singweise Gregor's, und in Deutschland und Frankreich bildeten sich, besonders an den Klöstern und Kathedralen, berühmte Schulen.

Die unbestimmte[1]) Notenschrift Gregor's jedoch und die daraus entstehende Nothwendigkeit mündlicher Ueberlieferung verursachte schon nach wenigen Jahrhunderten die Zerstörung der Einheit mit dem Gesange Gregor's. Guido von Arezzo,[2]) Benedictiner in Pomposa bei Ravenna, führte in der ersten Hälfte des 11. Jahrhunderts die von dem Flamländer Hucbald von S. Amand († 930) angedeutete Erfindung von Linien zur Festsetzung und Benennung der einzelnen Töne systematisch durch und bewirkte so einen grossen Umschwung im Kirchengesang. Nach Verlauf des 12. Jahrhunderts waren die verschiedenen neumatisirten Codices (Handschriften) in die ebenfalls immer deutlicher und grösser sich entwickelnde Choralnotenschrift umgeschrieben, das Resultat dieser Uebersetzungen jedoch war nach dem Orte, an dem sie geschahen, ein verschiedenes, weil die Möglichkeit der abweichenden Auffassung und Ueberlieferung der Neumenzeichen bereits im 11. Jahrhunderte zu verschiedenen Gesangsweisen ein und desselben Textes geführt hatte, je nach dem Unterricht, den die Sänger an Kloster- und Domschulen genossen.

Im Princip wurde der gregorianische Gesang als eigentlich liturgische Kirchenmusik nie aufgegeben, und auch nachdem die verschiedenen Lehrer und Diöcesen ihre sich im Ganzen ähnlichen Gesangsweisen mit pietätvollem Eifer festhielten und sich in Behauptungen und Beweisen für die Uebereinstimmung ihrer Melodien mit denen des heiligen Gregor.

---

[1]) Cantum per hæc signa *(neumata)* nemo per se addiscere potest, sed oportet ut aliunde audiatur, et longo usu discatur, et propter hoc hujus cantus nomen usus accepit. Gerbert, Script. T. III. p. 202.

[2]) Siehe über ihn den Artikel von P. Utto Kornmüller im Jahrg. 1876 des Cäcilienkalenders.

gegenseitig zu übertreffen suchten, bestand das vom heiligen Papste aufgestellte Princip der Sprachmelodie auf Grund der verschiedenen Tonleitern noch immer fort. Dieses Princip ist auch nach dem 13. Jahrhundert noch festgehalten worden, nachdem man bereits angefangen hatte, die theils durch übel angebrachte Kunstfertigkeit, theils durch Manieren der Sänger bis zum Uebermass verlängerten Gesänge abzukürzen und zu beschneiden. Diese Kürzungen gingen jedoch Hand in Hand mit den Veränderungen in den liturgischen Büchern und den Zeitverhältnissen, welche für den öffentlichen Gottesdienst gedrängtere Ausdehnung der Gesänge sowohl von Seite der Hörer als der Ausführenden erheischten.[1]

Die römische Kirche im Besonderen betrachtete stets den Choral als den ihr eigenen Gesang, wahrte sich und übte das Recht, die Aenderungen im Missale und Breviarium auch auf den gregorianischen Choral auszudehnen und publicirte die liturgischen Bücher nie ohne denselben! Nach dem heil. Concil von Trient begann in Rom am Ende des 16. Jahrhunderts ein neuer Eifer in Herstellung der Einheit der Liturgie und des Gesanges: es erschienen 1582 das *Directorium chori*, der *Cantus ecclesiasticus officii maj. hebd.* 1587, die *Praefationes in cantu firmo* 1588 von Guidetti, unter den Auspicien Gregor's XIII. und Sixtus V., das *Graduale Romanum* aus der medizeischen Officin in den Jahren 1614 und 1615 und das *Rituale Romanum* 1614 auf Befehl Paul V., sowie das *Antiphonarium Romanum* in zwei Foliobänden bei Joachim

---

[1] Die Stellung, welche man der Wissenschaft und der archäologischen Forschung gegenüber der Liturgie und dem liturgischen Gesang in neuerer Zeit einräumen möchte, muss mit Entschiedenheit abgewiesen werden. Die Liturgie erhält ihre Norm aus dem innersten, geheimnissvollen Leben der Kirche, das nach anderen Gesetzen gestaltet als die Wissenschaft. Man lege einmal die Gesetze der Kritik, Wissenschaft, Archäologie oder Aesthetik an unsere jetzige Liturgie, und das Missale und Brevier wird in Vielem keiner Kritik nicht bestehen. Nirgends steht die Autorität der Kirche so sehr über jeder anderen als gerade in der Liturgie. Die Wissenschaft ist hier nur Helferin, nicht Richterin; sie kann helfen zu besserem Verständniss, kann innerhalb gewisser Grenzen selbst mitarbeiten, aber sie hat nicht zu befehlen und zu herrschen oder gar zu trotzen.

Trognäsius in Antwerpen, 1611. Die Hymnen, welche Giov. Pierluigi da Palestrina im Jahre 1589 publicirt hatte, wurden auf Befehl Urban VIII. 1644 mit Beifügung des greg. Chorals nach der neuen Textrevision aufgelegt, und überallhin verbreitete sich ein Wettstreit, den gregorianischen Gesang zu den verschiedenen liturgischen Verrichtungen in grösseren oder kleineren Ausgaben zu publiciren, und die Ausführung desselben zu ermöglichen. — Pius IX. endlich unternahm es, sämmtliche Choralbücher einer neuen Bearbeitung unterziehen, und die Gesänge der Feste, mit denen die Liturgie seit dem 17. Jahrhundert bereichert wurde, neu herstellen zu lassen. Er übertrug diese Arbeit der S. R. C., welche mit Beistimmung des Papstes eine Commission von vier sachverständigen Männern ernannte, welche die Grundsätze der römischen Gesangsweise, wie sie seit dem Trientiner-Concil angebahnt, aber noch nicht einheitlich und consequent durchgeführt war, feststellten und die vorgelegten Arbeiten prüften. Das *Graduale*, *Rituale*, *Missale*, *Vesperale Romanum*, das *Officium Nativitatis*, *Defunctorum*, *Hebdomadæ sanctæ*, der *Cantus Passionis* und das *Directorium chori* liegen in authentischer römischer Gesangsweise vor. Der erste Theil des ersten Bandes vom *Antiphonarium Romanum*, die Matutinen des *Proprium de Tempore* enthaltend, und der zweite Band mit den *Horæ diurnæ* des ganzen Breviers sind vollendet, so dass nur mehr die Matutinen des *Proprium* und *Commune Sanctorum* fehlen, welche im Laufe des Jahres 1882 edirt werden. Die typographische Ausführung mit einem Druckprivilegium von 30 Jahren wurde Herrn Fr. Pustet in Regensburg übertragen, das Eigenthumsrecht hat sich die S. R. C. vorbehalten.

Die Mechlinerausgaben von de Voght und E. Duval, die Pariser Editionen von Jac. Leçoffre & Comp., die Editionen von Rheims, Cambrai u. A. wurden nach ihrer Drucklegung dem röm. Stuhle vorgelegt, und der heilige Vater säumte nicht, den betreffenden Auctoren und Verlegern Anerkennung für ihren Eifer in Hebung und Pflege des gregor. Chorals auszusprechen. Der Unterschied zwischen den oben erwähnten

§. 2. Abriss seiner Geschichte.

Ausgaben und den officiellen Editionen der S. R. C. aber liegt in der Thatsache, dass jeder einzelne Manuscriptbogen der von der S. R. C. aufgestellten Commission vorgelegt, und nach Prüfung, Correctur und Gutachten derselben von der S. R. C. mit Siegel und Approbation versehen und dann erst zum Druck befördert wurde. Das Breve des hl. Vaters vom 30. Mai 1873 sagt desshalb: „Wir empfehlen dringend allen Hochwürdigen Diöcesanbischöfen, sowie jenen Männern, welchen die Sorge für die hl. Musik obliegt, diese Ausgabe, weil es unser sehnlichster Wunsch ist, nicht nur in den übrigen Vorschriften der Liturgie, sondern auch im Gesange überall und in allen Diöcesen die Einheit mit der römischen Kirche beobachtet zu sehen."[1]

Dieser einem Befehle nicht unähnliche Wunsch des heil. Vaters wurde durch erneute Approbation des gegenwärtigen Papstes, Leo XIII. im gleichen Sinne wiederholt.[2]

---

[1] Hanc ipsam ..... editionem Reverendissimis locorum Ordinariis, iisque omnibus, quibus Musicæ sacræ cura est magno opere commendamus, eo vel magis, quod sit Nobis maxime in votis, ut cum in ceteris, quæ ad sacram Liturgiam pertinent, tum etiam in cantu, una, cunctis in locis ac Diœcesibus, eademque ratio servetur, qua Romana utitur Ecclesia.

[2] *Sacrorum concentuum dignitati consulere, potissimum vero Gregoriani Cantus uniformitati providere semper Summis Pontificibus curæ fuit. Quapropter peculiari benevolentia ac laudibus eos viros prosequuti sunt qui ad tam salubre ecclesiastici cantus institutum propagandum in choricis Romanæ Ecclesiæ libris accurate edendis artis typographicæ subsidium contulerunt. Hac ratione Pius IX. Prædecessor Noster tecum, Dilecte Fili, se gerere non dubitavit, quod cum Typographi Summi Pontificis et Congregationis SS. Rituum titulo insignitus sis, Gradualis, quod vocant, Romani editionem accuratissimam,*

„Immer waren die Päpste darauf bedacht, für einen würdigen Gesang beim Gottesdienst zu sorgen, insbesondere aber srebten sie allzeit darnach, eine Einheit im gregorianischen Gesange zu erzielen. Darum lobten und begünstigten sie in ganz besonderer Weise jene Männer, welche durch eine ganz genaue Edition der Chorbücher der römischen Kirche zur Förderung einer so heilsamen Einrichtung des kirchlichen Gesanges wirksam beitrugen. So trug denn auch Pius IX., unser Vorgänger, kein Bedenken, Dir, geliebter Sohn, diese Gunstbezeigungen zu erweisen, weil Du, bereits beehrt mit dem Titel eines Typographen des Papstes und der Congregation der hl. Riten, eine sehr genaue Edition des sog. römischen Graduals gemäss

§. 2. Abriss seiner Geschichte.

Die S. R. C. endlich hat bei Anfragen, Zweifeln oder Einsprüchen über die Authenticität ihrer Choralbücher stets die bestimmtesten Aufschlüsse und Antworten gegeben, und

juxta normas ab memorata SS. Rituum Congregatione tibi praescriptas, ad exitum feliciter perduxeris. Nunc vero pari studio ac diligentia, ut inchoatum olim a fel. mem. Paulo V. Praedecessore Nostro opus perficeres, Antiphonarii ac Psalterii universi cum cantu editionem, juxta praedictas normas, ea servata ratione, quae in Romana Aula viget. adornare agressus es. Cujus operis cum pars continens horas diurnas jam absoluta sit aequum plane est, ut curam industriamque tuam ea in re collocatam commendemus. Itaque memoratam editionem a Viris ecclesiastici cantus apprime peritis, ad id a SS. Rit. Congregatione deputatis revisam, probamus, atque authenticam declaramus, Reverendissimis locorum Ordinariis, caeterisque, quibus Musices Sacrae cura est vehementer commendamus; id potissimum spectantes, ut sic cunctis in locis ac Dioecesibus, cum in caeteris, quae ad Sacram Liturgiam pertinent, tum etiam in cantu, una eademque ratio servetur, qua Romana utitur Ecclesia." Praeterea jura omnia et privilegia, quae ob ecclesiasticorum librorum a te peractas editiones, ab hac Sancta Sede per SS. Rituum Congregationem, concessa tibi fuerunt, hisce Litteris confirmamus, iterumque, si opus fuerit, elargimur, ad certissimum benevolentiae Nostrae pignus Apostolicam Benedictionem tibi, tuisque omnibus peramanter impertimur.

den von der genannten Congregation der hl. Riten Dir vorgeschriebenen Normen glücklich zu Ende geführt hast. Nun aber, damit das früher schon von Paul V. sel. Andenkens, unserm Vorgänger begonnene Werk zu Ende geführt werde, hast Du mit demselben emsigen Fleisse begonnen das Antiphonar und das ganze Psalterium mit Gesang zu ediren gemäss den vorgenannten Normen und zwar in der Weise, wie es bei uns hier zu Rom üblich ist. Da bereits der Theil dieses Werkes, welcher die kleinen Horen umfasst, fertig ist, so ist es gewiss billig, dass wir die grosse Sorgfalt, welche Du auf diese Sache verwandt hast, rühmlich anerkennen. Genannte Edition also, welche von Männern revidirt worden, die im Kirchengesang vorzüglich erfahren und eigens von der Congregation der hl. Riten dazu bestellt sind, approbiren, erklären. wir als authentisch; wir empfehlen dieselbe sehr dringend (*vehementer commendamus*) den hochw. Diözesan-Bischöfen sowie allen, denen die Sorge für die hl. Musik obliegt; bei dieser Empfehlung haben wir ganz besonders den Zweck im Auge, damit so überall in allen Diöcesen nicht bloss in den übrigen die hl. Liturgie betreffenden Vorschriften, sondern auch im Gesange die Anordnung der römischen Kirche und die Einheit mit ihr angestrebt und beachtet werde. Ueberdiess bestätigen, und wenn es nöthig ist, gewähren wir auf's Neue alle Rechte und Privilegien, welche Dir für die edirten liturgischen Bücher von diesem heil. Stuhle durch die Congregation der hl. Riten ertheilt worden. Als sicheres Unterpfand unseres Wohlwollens ertheilen wir aus ganzem Herzen Dir und all den Deinigen unsern apostol. Segen."

diesen Gesang als den *cantus legitimus* bezeichnet. In Folge dieser öffentlichen Acte haben bereits die meisten Diöcesen Deutschlands,[1]) Amerikas, Hollands diese Ausgaben adoptirt und die Synoden von Westminster 1873 und von Maynooth 1875 haben dieselben für England und Irland feierlich und ausdrücklich angenommen und zur allgemeinen Einführung empfohlen.[2])

§. 3. Werth des Chorals.

Die beste Lobrede für den gregor. Choral ist seine im vorigen Paragraph skizzirte Geschichte.

Von jeher mit den Ceremonien der kathol. Kirche verknüpft und ihr gesammtes liturgisches Leben umfassend, legt der greg. Choral ein glänzendes Zeugniss ihrer Einigkeit ab. Die Sprache, in welcher er vorgetragen wird, ist wohlklingend und ehrwürdig; der Ort, wo er erschallt, ist nur ein heiliger: die Gesangsweise ist einfach, klar, und doch erhaben! Diess Alles macht ihn seiner Bestimmung: ein Bestandtheil des Ritus zu sein, werth, und zeugt von dem Walten eines höheren Geistes in der kath. Kirche auch in dieser Beziehung.

„Der Katholik weiss, was es werth ist, wenn er am fernsten, fremdesten Orte in die Kirche tritt, und findet da seinen

Datum Romæ apud S. Petrum sub Annulo Piscatoris die xv. *Novembris* MDCCCLXXVIII. *Pontificatus Nostri Anno Primo.* (L. S.)	Gegeben zu Rom bei St. Peter unter dem Fischerring, am 15. Nov. 1878, im 1. Jahre Unseres Pontifikates. Pro D. Card. Asquinio D. Jabobini, Substit.

[1]) Wenn auch seit den traurigen Umwälzungen, welche das 19. Jahrhundert in den Pflanzstätten der Kunst und Liturgie (Klöstern, Kathedral- und Stiftskirchen) veranlasst hat, der Eifer für die Ausführung des gregorianischen Chorals erkaltete, so lässt doch die Thätigkeit, welche der vom heiligen Stuhle approbirte Cäcilien-Verein in Deutschland für Herstellung besserer Kirchenmusik entwickelt, nicht bloss in grösseren, sondern auch in ärmeren Kirchen eine allgemeinere Pflege des gregorianischen Chorals hoffen, besonders seit durch wohlfeile Stereotypausgaben die Anschaffung dieser Bücher ungemein erleichtert worden ist.

[2]) Ueber die Entstehung, den Fortgang und Stand der authentischen römischen Choralbücher siehe auch das Vorwort zum Mag. Choralis.

§. 3. Werth des Chorals.

Gottesdienst bis auf die kleinste Verneigung des Priesters genau wieder wie in der Heimath."¹) Und auch, setzen wir dem Zusammenhange der Stelle gemäss bei, den nämlichen Gesang des Priesters! „Kaum lässt sich eine allen Anforderungen besser entsprechende, zweck- und sachgemässere Singart (für den kath. Ritus) denken. Die Kunstgeschichte hat ... auf die hohe Würde, die grossartige Einfachheit und die eindringliche Kraft der in der Kirche gebräuchlichen gregorianischen Melodien hinzuweisen..."²) Herder sagt: „Man gehe das Ritual der griechischen und römischen Kirche durch, sie sind Gebäude, ich möchte sagen Labyrinthe des musikalisch-poëtischen Geistes." Der geistreiche Thibaut nennt die ambrosianischen und gregorianischen Gesänge (so weit er sie kenne) „wahrhaft himmlische, erhabene Gesänge und Intonationen, welche in den schönsten Zeiten der Kirche vom Genie geschaffen und von der Kunst gepflegt das Gemüth tiefer ergreifen als viele unserer auf den Effect berechneten neueren Compositionen."

„Der Choral (*cantus gregorianus*) ist die Zusammenfassung und das höchste und herrlichste Erzeugniss jener Kunstepoche, in welcher man Melodien erfand, ohne an ihre Begleitung resp. Harmonisirung durch Akkorde zu denken, er ist ein unvergängliches, ja in seiner Art unerreichbares Meisterwerk der natürlichen musikalischen Deklamation."³)

Was vom 7. bis 15. Jahrhundert etwa in Vergessenheit oder Verfall gerieth, wurde durch das Trienterconcil mit kurzen aber entschiedenen Worten in Erinnerung gebracht durch den Befehl „den Gesang in Seminarien und ähnlichen Anstalten zu lehren und zu pflegen".⁴) Aehnliche

---

¹) Culturhistorische Bilder aus dem Musikleben der Gegenwart. Von A. W. Ambros. Leipzig, H. Mathes.
²) Ambros Musikgeschichte. 2. Band, S. 67.
³) Witt in *Musica sacra*, 1868. S. 90.
⁴) Conc. Trid. Sess. XXIII. cap. 18, de reform. Das römische Concil von 1725, das Prov.-Concil von Baltimore 1837, das allgemeine Concil von Baltimore 1866, das Prov.-Concil von Cöln 1860, verschiedene

§. 3. Werth des Chorals.

Bestimmungen wurden von Seite Rom's und verschiedener Provincialconcile erneuert.

Das rührige Leben in katholischer Kunst (Baukunst, Sculptur und Malerei) muss sich auf dem Gebiete der Kirchenmusik und des Chorals ebenfalls entfalten, nachdem die Einsicht, dass alle Künste Hand in Hand mit der Kirche blühten, eine allgemeine geworden ist. Es ist eine Pflicht der Gerechtigkeit, dass man diesem ehrwürdigen, lange missachteten Gesange das frühere Ansehen und die verbindende Kraft wiedergebe. Vom gregorianischen Choral gilt ganz sicher, was Göthe bemerkt: „Musik im besten Sinne bedarf weniger der Neuheit, ja vielmehr je älter sie ist, je gewohnter man sie ist, desto mehr wirkt sie." Freilich verlangt der gregorianische Gesang aufmerksames, ernstliches Studium, doch wird dann die Begeisterung für ihn sicher geweckt und vermehrt werden. „Der Choral ist nicht der Gesang des Einzelnen, er ist der Gesang der Kirche..... Der Priester, welcher den Bräutigam vertritt, stimmt den Brautgesang an in der Kirche; die Freunde des Bräutigams fallen ein in heiliger Liebe und Freude."[1]) „Der gregorianische Choral ist eine von der modernen ganz verschiedene Kunstform, er hat Melodien eigener Art, die auch eine eigenartige Behandlung erfordern."[2])

Die Vorurtheile gegen den Choral entspringen aus Unkenntniss der Sache oder aus Entstellung durch verkehrte Auffassung. Der schlechte Vortrag hat den Choral in Misscredit gebracht; durch den guten soll er wieder zu Ehren kommen.[3])

Erlasse der Bischöfe, z. B. des Cardinal-Erzbischofes Engelbert von Mecheln, des sel. Valentin von Regensburg etc. nehmen sich des gregorianischen Chorals mit grösster Wärme und Begeisterung an. Siehe Smeddink, *Apologie des lateinischen Choralgesangs.* Düsseldorf, *Kampmann*, sowie *Musica sacra* und *Fliegende Blätter* von *Witt.*

[1]) Amberger, Pastoraltheologie, II. Bd. 228.
[2]) M. L'abbé Cloet, recueil de mélodies liturg. Tom. II. pag. 24.
[3]) Die unvernünftigen Ausdrücke vom *aschgrauen, langweiligen, eiskalten* Choral, oder, wie Luther sagte, vom *wilden Eselgeschrei*, finden aus

§. 3. Werth des Chorals.

Ein Cisterzienser, Mauritius Vogt, hat dem Choral die begeisterte Lobrede gespendet:[1] „Diese festen, gemessenen, nachdrucksamen, erhabenen, wahren, keuschen, friedeathmenden, lieblichen und wahrhaft heiligen Melodien sind von heiligen Männern verfasst. Dieser Gesang flieht die Höfe der Fürsten, und betritt nicht die Gast- und Wirthshäuser; er allein wagt das Heilige der Heiligen zu betreten. . . . Durch ihn werden die Nächte heilig gefeiert, und da hören heilige Schaaren himmlischer Musiker, die Engel, ja Gott selbst zu. Ihn verfluchen vor Allem die Dämonen, ihn ignorirt die tanzende Welt. Ihn hat Rom zu Ehren gebracht. Ihn allein singen Päpste und Cardinäle, Patriarchen, Bischöfe und die Prälaten der Kirche, sowie der übrige Clerus; . . . ihn haben die Concilien approbirt . . . . Niemand hat ihn je von der Kirche Gottes auszurotten versucht, ausser er war nicht in der Kirche Gottes. Diese Art Musik stand immer so ehren- und achtunggebietend da, dass sie gleich einer Königin sich so zu sagen einen eigenen Thron in den Tempeln des Allerhöchsten errichtet hat, um mit heller Stimme

---

obigem Satze ihre Erklärung. Luther sagt übrigens u. A.: „Zudem haben wir auch, zum guten Exempel, die schöne Musica oder Gesänge, so im Babstume in Vigilien, Seelenmessen und Begrebniss gebraucht sind, genommen, der etliche in diess Büchlein drucken lassen, und wollen mit der Zeit mehr nehmen. Doch anderen Text darunter gesetzt.... Der Gesang und die Noten sind köstlich, schade were es, dass sie sollten untergehen."

Mit grosser Wärme hat sich ein Benedictinermönch von Beuron im Donauthale in seinem dem deutschen Episcopat gewidmeten Büchlein: *Choral und Liturgie, Schaffhausen, Hurter,* 1865, 174 S. gegenwärtig im Verlag von Jos. Manz in Regensburg, des gregorianischen Chorals angenommen. Er betont vor Allem den richtigen Vortrag beim Choralgesang und nennt unter Voraussetzung der unentbehrlichen Elementarkenntnisse als erste Bedingung eines richtigen Vortrags des Chorals die rechte Erfassung seiner Bedeutung im christlichen Cultus und seines Zusammenhanges mit der Liturgie.

Noch ausführlicher und werthvoller für den richtigen Vortrag des gregor. Chorals ist das auch in deutscher Uebersetzung durch P. Ambrosius Kienle bei Desclée in Tournay 1881 erschienene Werk des Benedictiners Dom Joseph Pothier „Der gregorianische Choral, seine ursprüngliche Gestalt und geschichtliche Ueberlieferung".

[1] In „Tractatus musicus" etc. von P. Meinrad Spiess, Cap. XV. p. 70.

sich vernehmen zu lassen, wenn der Prediger auf der Kanzel schweigt. Wenn aber ihre Schwester, die geschmückte Figuralmusik Etwas zu sagen hat, so achte sie auf das Gebot: *Musica debet esse honesta* — „die Musik muss anständig sein;" und: *Non debet deformare cantum planum*, — „sie darf den Choralgesang nicht verunstalten." [1])

Wenn Rich. Wagner[2]) von der Kirchenmusik verlangt, dass sie wieder ganz allein Vokalmusik werde, so hat er damit auch dem Choralgesang treffliche Dienste erwiesen, und weist dadurch mit richtigem Blicke nicht nur dem Theater zu, was ihm gehört, sondern auch der Kirche, was sich für sie geziemt.

§. 4. Eintheilung.

Nachfolgende Gliederung des theoretischen und praktischen Materials in Vorkenntnisse, Kenntniss und Erkenntniss dürfte die Uebersicht und das Verständniss des gregorianischen Chorals vermitteln und erleichtern:

A. Vorkenntnisse.

Gesang-Unterricht zu ertheilen, kann nicht Aufgabe des *magister choralis* sein. Da jedoch der Choral in manchen Puncten andere und mehr Vorkenntnisse fordert als gewöhnliche Gesänge, so müssen Andeutungen über Ton, Intervall, Noten, Linien, Schlüssel, Rhythmus, Stimme, Aussprache etc., wenn auch in gedrängter Weise, gegeben werden.

B. Kenntniss.

In zwei Theilen soll hier a) theoretisch das Wesen der alten Tonarten und ihre Anwendung im einfachen Choral

---

[1]) Extravag. de vita et hon. Cleric. Cap. Docta.
[2]) Gesamm. Schriften, 2. B. S. 337: „Die menschliche Stimme, die unmittelbare Trägerin des heiligen Wortes, nicht aber der instrumentale Schmuck, oder gar die triviale Geigerei in den meisten unserer jetzigen Kirchenstücke, muss den unmittelbaren Vorrang in der Kirche haben, und wenn die K.-Musik zu ihrer ursprünglichen Reinheit wieder ganz gelangen soll, muss die Vokalmusik sie wieder ganz allein vertreten."

erläutert, b) **praktisch** in kurzen Umrissen eine Anleitung, den Kirchenkalender zu lesen, die Einrichtung und den Gebrauch der verschiedenen liturgischen Bücher kennen zu lernen, geboten, und das ganze Gebiet der katholischen Choralkirchenmusik gezeichnet werden. Früher theilte man alle Choralgesänge in *concentus* und *accentus*.[1])

Mit Rücksicht auf die gottesdienstliche Feier und die Vertheilung der Gesänge bei derselben wurde folgende Anordnung gewählt: **1) das heilige Messopfer, 2) die kirchlichen Tagzeiten, 3) die ausserordentlichen Feierlichkeiten des Kirchenjahres.**

Ein **Appendix** enthält allgemeine Andeutungen über das kirchliche Orgelspiel, und specielle Winke für Begleitung des gregorianischen Chorals.

Anmerk. Der *accentus* ist nach den officiellen Choralbüchern, besonders dem *Directorium chori* vollständig angegeben; in Bezug auf den *concentus* muss auf die Gradualien und Antiphonarien, beziehungsweise deren Auszüge, wie *Ordinarium Missæ, Vesperale Romanum* etc. verwiesen werden.

C. Erkenntniss.

Erkenntniss, tiefere, geistige Auffassung muss vor Allem erstrebt werden, wenn der Choralgesang gedeihen und blühen soll; die bloss theoretische und praktische Kenntniss ist ungenügend. Es werden demnach I. **Allgemeine Andeutungen** gegeben über Vortrag und Geist des Chorals und seinen Zusammenhang mit dem Cultus; II. **im Besonderen** wird der Vortrag a) des recitirenden, b) des modulirten, c) des neumisirenden (reicheren) Choralgesanges besprochen.

---

[1]) *Concentus* hiessen die Gesänge, welche vom Gesammtchor, oder überhaupt von Mehreren zugleich vorgetragen wurden; *accentus* ist der Einzelgesang des Priesters, Diakon's, Subdiakon's oder antwortenden Dieners.

A. Vorkenntnisse.

§. 5. Namen der Töne, Bildung der Tonleiter.

I. Wie die Sprache vor der Schrift, so war der Choralgesang vor den Notenzeichen. Es dauerte lange, bis man die Töne nach ihrer Höhe und Tiefe, Länge und Kürze, Stärke und Schwäche zu bezeichnen im Stande war. Die Theoretiker knüpften meist an das griechische Ton- und Notensystem an und bezeichneten als tiefsten Ton ihrer Leiter (scala) das *la*, eine Octav unter der *Mese* oder dem mittleren Ton der menschlichen Stimme.

Es fehlen Zeugnisse, ob Gregor der Grosse die musikalischen Töne durch Buchstaben bezeichnete; sehr frühe jedoch wählte man die ersten 15 Buchstaben des lateinischen Alphabetes von A—P, später die sieben ersten Buchstaben in verschiedener Schreibweise A B C D E F G a b c d e f g a a zur Benennung der Töne, da nach den sieben ersten Tönen die Ganz- und Halbtöne in gleicher Ordnung wiederkehren.[1]

Die theoretischen Schriftsteller fügten schon hundert Jahre vor Guido von Arezzo[2] (geb. um 1002) den griechischen Buchstaben Γ (Gamma) hinzu, und erweiterten diese Tonreihe auch nach oben. Guido zählt 21 Töne auf:

Γ A B C   D E F G   a b c d   e f g aa   bb cc dd ee.
graves. finales. acutæ. superacutæ. excellentes.

Die Gruppirung in 4 Noten hiess Tetrachord, die Lage des Halbtones wechselte in jeder derselben, die Verbindung sämmtlicher Tetrachorde zu einer Tonleiter hiess *Systema maximum*.

---

[1] In moderner Notenschrift:

[2] Siehe über ihn *Angeloni, Kiesewetter, Ambros* II. B. S. 144—216 und P. Utto Kornmüller Cäc. Kal. 1876.

§. 5. Benennung der Töne, Bildung der Tonleiter.

Der Ton b und bb (nicht das erste B) galten sowohl für das heutige h ♮ (*b durum* oder *quadratum*), als auch für das eigentliche b (*b molle* oder *rotundum*.)

„Die *graves* haben ihren Namen von dem tiefen Klange, die *finales* daher, dass jeder Gesang in einem derselben schliesst, die *acutæ* von ihrem höheren Klange, die *superacutæ*, weil sie die vorhergehenden übertreffen, die *excellentes* überragen alle an Höhe und Feinheit des Klanges." [1]) Diese Töne hatten keine bestimmte Tonhöhe wie heutzutage; a z. B. konnte wie unser c klingen, wenn nur der Halbton, welcher sich bei B—C, E—F, a—b, h—c, e—f, aa—bb, hb—cc fand, beibehalten wurde.

In Guido's Schule wurden die Anfangs-Silben des Hymnus an den heil. Johannes Bapt.: [2])

Ut *queant laxis* Famuli *tuorum*
Resonare *fibris*, Solve *polluti*
Mira *gestorum* Labii *reatum*,
Sancte Joannes.

für die Töne C D. E F G a gebraucht. In dieser Reihe von sechs Tönen (Hexachord) liegt der Halbton von der 3. zur 4. Stufe (ebenso in c—aa). Das gleiche trifft bei den Hexachorden Γ—E, G—e, und g—ee und F—d, f—dd zu, da zur Bildung einer reinen Quart bei letzterem b statt h zu nehmen ist; diese sechs Töne wurden mit *ut, re, mi, fa, sol, la* bezeichnet,

---

[1]) Siehe den Artikel: „Die Choralkompositionslehre vom 10.—13. Jahrhundert" von P. Utto Kornmüller in „Monatshefte für Musikgeschichte" 1872, S. 63.

[2]) Dieser Hymnus ist von *Paulus Diaconus* gedichtet, und *Guido von Arezzo* benützte die damals gebräuchliche Melodie desselben, um seinen Schülern das Treffen und Merken der Töne zu erleichtern, da die Abschnitte der Verse mit den Tönen von c bis a in regelmässiger Folge begannen. Nur auf die Silbe sa traf g. Die Melodie musste auf Befehl der von der S. R. C. aufgestellten Commission als „zweite" dem officiellen Antiphonarium beigefügt werden. Bemerkenswerth ist, dass der hl. Johannes der Täufer noch bis in's 17. Jahrhundert herauf als Patron der Sänger verehrt wurde, mit Bezug auf die Stelle im Hymnus: *Qui reformasti genitus peremptæ organa vocis.* „Der du (Johannes bei seiner Geburt) das verlorne Stimmorgan (des Zacharias) vollständig wieder hergestellt hast."

§. 5. Benennung der Töne, Bildung der Tonleiter.   17

und da *mi* auf *e* und *fa* auf *f* fällt, so nannte man den Halbton überhaupt (auch *a—b* und *h—c*) *mi fa*.

A n m e r k. Ausser den Buchstabennamen mussten 10 unter den 20 Tönen durch zwei, 6 durch drei und 4 durch eine der sechs Silben bezeichnet werden, wie Tabelle (aus *Ugolinus*) zeigt:

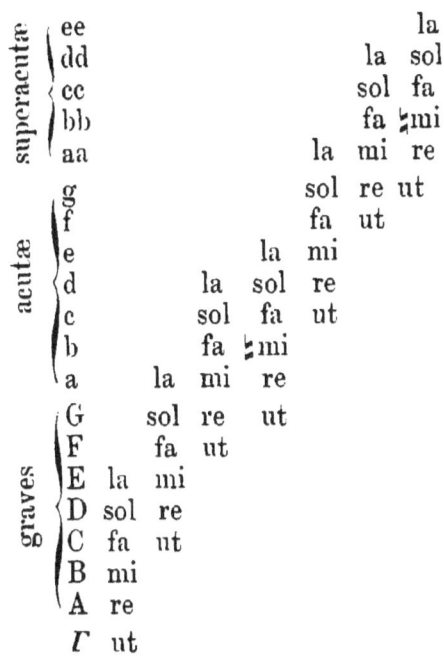

Die drei mit dem Tone Γ, G, g beginnenden Hexachorde hiess man *Hexachorda dura* (hart) wegen des ♮, die zwei mit dem Ton C und c beginnenden Hexachorde wurden *Hexachorda naturalia* (natürlich) genannt, weil kein b und ♮ vorkömmt, die beiden Hexachorde mit F und f sind als *Hexachorda mollia* (weich wegen des b) bezeichnet.

G z. B. hatte die Silbe *sol* im *Hex. naturale*, die Silbe *re* im *Hex. molle*, die Silbe *ut* im *Hex. durum*, c hiess *sol*, *fa ut* etc., h konnte nur *mi*, b nur *fa* heissen.

Diese drei Hexachorde griffen aber in folgender Weise ineinander:

§. 5. Benennung der Töne, Bildung der Tonleiter.

ut, re, mi, fa, sol, la.
Γ, A, H, C, D, E.
   ut, re, mi, fa, sol, la.
   C, D, E, F, G, a.
      ut, re, mi, fa, sol, la.
      F, G, a, b, c, d etc.

Wurde im Gesange ein Hexachord überschritten, und ein anderes Hexachord betreten, so waren die dem neuen Hexachorde angehörigen Töne so zu benennen, dass auf den vorkommenden Halbton die Silben *mi fa* trafen. Wollte man z. B. die heutige F- oder G-Scala solmisiren, so sagte man:

f g a⌒b c d e⌒f,   g a h c d e fis g
ut, re, mi, fa, (sol)   *ut, re, mi, fa, (sol)*
  ut re mi fa,   *ut re mi fa.*

In dieser Mutation (Veränderung) bestand das Wesentliche der sogenannten Guidonischen Hand.

Lange war diese manchmal schwierige und verwickelte guidonische oder aretinische *Solmisation* oder *Solfisation* (nach *Tinctoris*) in Uebung, bis man mit Erweiterung des Tonsystems unter Γ und über ee und nach Entwicklung der Harmonie auch den siebenten Ton mit einer Silbe bedachte, für b nämlich *sa* und für h *si* wählte, und somit Octaven bilden konnte, ohne die Silben zu verändern.[1]

II. Als die Musik sich mehr und mehr ausbildete, wuchsen auch die Anforderungen genauer und bestimmter Tonbezeichnungen, und man fasste alle möglichen Töne unter **sieben Grundnamen** zusammen, die sich nach aufwärts und abwärts wiederholen, und so gleichsam eine Tonleiter (*scala*) bilden.

Nachstehendes Beispiel

A H C D E F G a h c d e f g aa etc.
la si ut re mi fa sol la si ut re mi fa sol la etc.
I. II. III. IV. V. VI. VII. I. II. III. IV. V. VI. VII. I. etc.

---

[1] Ausser Deutschland sind heute noch die sogen. Solmisationssilben zur Bezeichnung der Töne üblich, so wird z. B. in Italien statt c immer do, statt d re, statt h si, statt b sa gesprochen.

§. 5. Benennung der Töne, Bildung der Tonleiter.

weist die sieben von einander verschiedenen diatonischen[1]) Tonleitern nach.

Von h—c *si—ut* und von e—f *mi—fa* ist die Entfernung nicht so gross, wie z. B. von c—d *ut—re*. *Mi—fa* und *si—ut* nennt man darum natürliche (auch grosse) Halbtöne; *ut—re*, *re—mi*, *fa—sol*, *sol—la*, *la—si* sind die fünf Ganztöne.

Anmerk. Diese 5 Ganztöne können durch ♯ (Kreuz, diësis) und ♭ (Be) oder die sogenannten Accidentien (zufälligen Vorzeichen) in 5 Halbtöne getheilt werden. Diese Halbtöne heissen chromatische und die Zahl derselben lässt sich auf 12 zurückführen.[2]) Das Kreuz erhöht um einen kleinen Halbton; dem Grundnamen wird die Silbe is angehängt (♯ c=cis). Das Be vertieft um einen kleinen Halbton; dem Grundnamen wird die Silbe es angehängt (♭ d=des); nur aus ♭ e wird es, aus ♭ a=as, aus ♭ h=b. Jeder Ganzton besteht aus einem grossen und kleinen, oder kleinen und grossen Halbton: z. B. c—d = c $\frac{1/2}{kl.}$ cis $\frac{1/2}{gr.}$ d oder c $\frac{1/2}{gr.}$ des $\frac{1/2}{kl.}$ d. Die diatonischen (e—f und h—c) und grossen Halbtöne (c—des) etc. haben $3/5$ des Ganztones, die kleinen Halbtöne (c—cis, d—des etc.) haben $2/5$. Der Unterschied dieses $1/5$ verschwindet für unser Ohr, und es klingen demnach z. B. cis und des, fes und e, eis und f, b und ais u. s. w. gleich, sind enharmonisch. Auf dieser Verschmelzung der enharmonischen Töne beruht die sogenannte gleichschwebende Temperatur.[3]) Darnach

---

[1]) τόνος (von τείνειν spannen), διάτονος hiess bei den Griechen jene Tonleiter, welche vom Anfangston bis zur Octav zwei grosse halbe und fünf ganze Töne enthielt.

[2]) "*Semitonium a Platone Limma vocatum eo quod non sit plenus tonus sed imperfectus, neque dimidium toni, non enim in duas æquas partes dividi potest, sed inæquales tantum, quarum alter semitonium majus seu apotome, alter semitonium minus seu diësis, quæ ab apotome superatur commate.*" *Cottonius apud Gerbert, II. 238.* „Plato nennt den natürlichen Halbton Limma, weil er weder ein vollkommener Ton, noch die Hälfte des Ganztones ist. Bei der Theilung des Ganztones nämlich ergibt sich der grosse Halbton oder *Apotome* und der kleine Halbton oder *Diësis*, der um das *Komma* kleiner ist."

[3]) Vor der Mitte des 17. Jahrhunderts hatte man noch eigene Pfeifen und Tasten für dis und es, erst nach dieser Zeit glich man die Töne

gestaltet sich die moderne chromatisch-enharmonische Tonleiter wie folgt:

    c cis d dis e⌒f fis g gis a ais h⌒c
    ‖   ‖   ‖   ‖   ‖
    c des d es e⌒f ges g as a b h⌒c

— Das Zeichen × (Andreaskreuz) erhöht die Note um zwei kleine Halbtöne ⁴/₅, so dass × f (fisis) und g dem Ohre wenigstens gleich klingen; ebenso vertieft ♭♭ (Doppelbe) um ⁴/₅ resp. einen ganzen Ton z. B. ♭♭ e = es es = d. — Das Zeichen ♮ (Bequadrat) hebt das einzelne ♯ und ♭ wieder auf und heisst **Auflösungszeichen**.

§. 6. Verbindung der Töne, Intervalle.

„Die Töne verbinden sich auf sechserlei Weise: zum Ganzton, Halbton, zur grossen und kleinen Terz, zur Quart und Quint. Auf andere als diese Art gibt die Verbindung der Töne keinen guten Zusammenklang (ergibt sich keine gute Tonfolge.)"[1]) Im gregorianischen Choral kommen also die modernen Verbindungen der kleinen und grossen Sext oder Septime und der Octav nie unmittelbar vor.

Intervall (Zwischenraum) nennt man das Verhältniss zweier Töne nach Höhe oder Tiefe. Der **Einklang** (*unisonus*) ist also kein Intervall.[2])

Der erste Ton (jeder kann es sein) heisst **Prime**.

Das Tonverhältniss des ersten zum zweiten **Secunde**. Wir unterscheiden **ganze** und **halbe Töne**,[3]) also auch grosse und kleine Secunden; z. B. e—f kl., g—a gr., c—h kl., g—f gr.

---

    aus, und verzichtete freilich zum Schaden der Tonreinheit auf die Unterschiede der Kommate. Ausführliches über diesen Gegenstand siehe im Artikel über Temperatur von Mor. Hauptmann (Jahrbücher für Musikwissenschaft von Fr. Chrysander), in „die Natur der Harmonik und Metrik" vom gleichen Autor, in Helmholz „die Lehre von den Tonempfindungen" und in Gust. Engel „das mathematische Harmonium".
  [1]) Siehe P. Utto Kornmüller a. a. O. S. 63.
  [2]) **Unisonus** quasi unus sonus;... non est modus neque cantus, quia cantus est inflexio vocis, i. e. omnis cantus qui inflectit vocem variat sonum. Ibid.
  [3]) Der Halbton heisst *semitonium*, der Ganzton *tonus*.

Terz heisst die dritte Stufe der Prim nach unten oder oben. Gross ist sie (*ditonus*), wenn sie zwei Ganztöne klein (*semiditonus*), wenn sie 1½ Ton umfasst. Von a—c (aufwärts) kl. Terz; a—f (rückwärts) gr. Terz.

Die Quart (*diatessaron*) ist die 4. Stufe von irgend einem Tone aus, und umfasst zwei ganze Töne und einen grossen Halbton, wenn sie rein ist z. B. g—c. Diese allein ist im Choral gebräuchlich. Die übermässige Quart besteht aus drei sich folgenden Ganztönen, daher ihr Name *Tritonus*[1]) z. B. f—h, und wird erst durch Verwandlung des h in b reine Quart.

Die Quint (*diapente*), der 5. Ton, besteht aus drei ganzen und einem grossen halben Ton z. B. c—g. Diess ist die reine im Gegensatz zur falschen verminderten Quint, die aus zwei ganzen und zwei grossen halben Tönen besteht, wie h—f.[2]) Als Umkehrung des *Tritonus* kann sie durch b zu einer reinen Quint werden.

Die Octave (*diapason*) umfasst fünf ganze und zwei grosse halbe Töne, also die ganze Tonleiter. „*Hic canendi modus rarissime in cantu usitatus reperitur.*" Engelbert, 13. Sæc.

Anmerk. Wie oben schon bemerkt, findet sich das Intervall der Sext und Septime im gregorianischen Choral nie unmittelbar; Verbindungen aber wie: D a h kann man *tonus cum diapente*, D a b *semitonium cum diapente*, D a c *semiditonus cum diapente* nennen.

§. 7. Notensystem, Schlüssel.

1. Die jetzt üblichen Choralnoten sind Zeichen, die je nach ihrer Gestalt die Zeitdauer eines Tones, je nach ihrer

---

[1]) „*Tritonus, constans tribus continuis tonis, diatessaron non reputatur.*" Guido.

[2]) „*B - F, b♭—f, quæ etsi 5 voces includunt, ab omnibus tamen diapente speciebus secluduntur; ista anomala species (minus diapente) duobus tonis, totidemque semitoniis completur, quæ 2 semitonia juncta (minora) non faciunt integrum tonum, sicque ad completionem diapente comma cum semitonio deerit.*" Guido, Engelbert, Hucbald etc. Apud Gerbert.

§. 7. Notensystem, Schlüssel.

Stellung die Namen der Töne und die jedesmalige Tonhöhe der Stimme angeben.¹)

1. **Gestalt.** Drei Arten von Noten sind gewöhnlich in den Choralbüchern verzeichnet a) ▪ ▌ *longa* sc. nota (lange Note). b) ▪ *brevis* (kurze Note.) Ihr Werth richtet sich nach dem der Silbe, mit der sie verbunden wird, und nähert sich bald der *longa*, bald der *semibrevis*. c) ♦ *semibrevis* ist beiläufig die Hälfte der Brevis.²)

2. **Stellung.** Um die Namen der Töne durch die Notenzeichen für's Auge unterscheidbar zu machen, bediente man sich im Choral gewöhnlich des vierlinigen, seltener und später des fünflinigen Systems. Die Noten haben ihre Stelle unter, auf, zwischen und über den vier (oder fünf) Linien. Wenn also die Note auf der ersten Linie c heisst, so werden die andern in folgender Weise zu benennen sein:

---

¹) Bis ins eilfte Jahrhundert wurde der Choral durch mündliche Tradition fortgepflanzt und die unter dem Namen „Neumen" üblichen Schriftzeichen sollten nur eine schon bekannte Melodie in's Gedächtniss zurückrufen, besonders aber ihren Vortrag und die gute Ausführung kennzeichnen. Die Buchstaben dienten zum theoretischen Gesangunterricht, die Neumen für die bereits praktisch geschulten Sänger, und hiessen desshalb auch *notae usuales*, Noten, deren Bedeutung die erlernte Gewohnheit und Ueberlieferung lehren musste. Die jetzige Choralnotenschrift weist nur mehr im ▪ *Punctum* und in der *Virga* ▐ auf die alte Neumennotenschrift hin, und stammt aus dem XII. Jahrhundert, wo mit den Anfängen der mensurirten Musik der Zeitwerth der einzelnen Note für sich und im Verhältniss zu einander bestimmt wurde.

²) Im *Grad. Rom.* der *editio Mediccea* steht die *brevis* bei kurzen Silben, wenn dieselben nur mit **einer** Note versehen sind, z. B.:

während andere Choralbücher in folgender Weise schreiben:

o - ra - ti - ó - nem   o - ra - ti - ó - nem

Die *semibrevis* steht aber nie allein, auch nicht über einer **kurzen** Silbe, sondern nur in abwärts gehenden Notenverbindungen:

z. B.: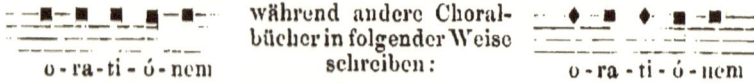

Es finden sich Drucke des 16. Jahrh., in denen die mit **einer** Note versehenen Silben immer die ▪ haben. Die Ansicht, dass es für gute

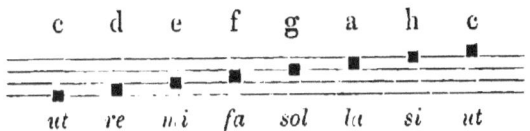

Will man unter oder über diesen Linien noch eine Fortsetzung der Noten, so nimmt man Hilfslinien, z. B.

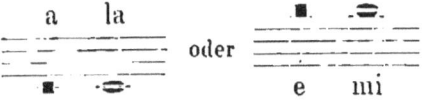

Der traditionelle Character der alten Notation ist so ehrwürdig, und ihre Verwendung in den liturgischen Büchern seit Jahrhunderten so entschieden festgehalten worden, dass eine Umänderung derselben in moderne Noten weder nöthig noch nützlich und rathsam erscheint. Vier Linien und drei Notengattungen genügen vollständig. Man spricht von Erleichterung des Choralgesanges durch Umsetzung in moderne Noten; doch abgesehen davon, dass den ◯ ♩ und ♩ gar zu gerne eine abgemessene, bestimmte Zeitdauer beigelegt wird, bestätigt die Erfahrung, dass die Sänger nach einiger Uebung bei vier Linien sich eine schnellere Kenntniss der Intervalle aneignen als bei fünf, und dass besonders bei Verbindung von vielen Noten aufwärts oder abwärts die Zusammengehörigkeit derselben sowie der fliessende Vortrag mit den „schwarzen" Noten leichter aufgefasst wird als mit den „weissen."

Anmerk. 1. Werden die Noten ganz enge mit einander verbunden z. B. ▬▬▬, so heissen sie *notæ ligatæ* (verbundene, zusammenhängende; sie sollen bewegt und fliessend ausgeführt werden. Die *nota obliqua* (krumme, längliche

---

Accentuirung und richtige Declamation sich empfehle, für die Accentsilbe die ▮, für mittelkurze die ■, für kurze Silben die ♦ zu setzen, hat viele gute Gründe für sich. Die Commission zur Herausgabe der officiellen Choralbücher aber hat sich im Jahre 1881 dahin entschieden, dass bei einzelnen Noten nur die ■ oder ▮ Anwendung finden solle und die ♦ nie allein, sondern in abwärts sich bewegenden Notengruppen (wie in der *editio Medicæa*) gebraucht werde.

§. 7. Notensystem, Schlüssel.

Bindung) ═══ auch *plica* (Quernote) genannt, ist eine abgekürzte Schreibweise statt ═══ oder ═══.[1])

Anmerk. 2. Als Notenzeichen[2]) vor Erfindung und Einführung der jetzt üblichen Choralnoten sind die Neumen zu erwähnen. Sie bestanden aus Häckelchen, Strichlein, Schnörkelchen, die je nach ihrer Gestalt und höheren oder tieferen Stellung die Dienste unserer Notenschrift versehen mussten. Die Notenverbindungen der Neumenschrift lassen sich auf wenige Grundformeln zurückführen, die auch jetzt noch im Gebrauche sind und mehr den Vortrag, als die genaue Leseart der Melodie andeuten. Ist eine Silbe mit ❙ *virga* bezeichnet, so erhält sie Accent, wie ihn das lateinische Wort *te* hat; sie hat folglich auch längere Dauer als eine mit dem ■ *punctum* bezeichnete Silbe (vergleiche *te* in der Aussprache mit *in*); ❙■ heisst *clivis*, die erste Note wird betont wie im Worte *páter*. *Podatus* ist die Verbindung zweier Töne nach aufwärts ■❙; der zweite wird länger gehalten, ohne vor dem ersten in Tonstärke hervorzutreten. *Climacus* = ❙■■ ist zu singen, wie *Dóminus* gesprochen wird, ähnlich der *porrectus* = ■❙■; ■❙ (*usquequo*) heisst *scandicus*, ■■❙ (*secundum*) heisst *torculus*.

Viele Notenzeichen (wie *Strophicus*, *Epiphonus*, *Cephalicus*, *Ancus*, *Quilisma*, *Pressus*) waren für die kunstgeschulten Sänger berechnet und klingen auch bei vollendetster Aufführung fremdartig und unschön. Die natürliche Deklamation und Tonbildung bedarf dieser Schnörkel und Manieren nicht. Diese Notenverbindungen sind gleichsam die Elemente des gregorianischen Chorals, wie die Worte die Elemente der Rede, und von ihrer Vertheilung hängt die Schönheit der Melodie hauptsächlich ab, wie auch bei der Rede von der Vertheilung kürzerer oder längerer Wörter.

---

[1]) Die Folioausgabe des *Grad.* von 1614 hat die *plica* nur abwärts und nicht über das Intervall der Terz hinaus. Die erste Note der Ligatur ist zu betonen.

[2]) Alle Untersuchungen über Neumenschrift haben mehr historischen als praktischen Werth, und die archäologische Wissenschaft hat noch viel zu leisten, bis sie volle Klarheit in diese Zeichensprache zu bringen vermag. Eine äusserst lichtvolle und belehrende Abhandlung darüber gibt Pothier in seinem oben (S. 12) citirten Werke.

§. 7. Notensystem, Schlüssel. 25

Das Wort *neuma* wird noch immer im Choral gebraucht, und bedeutet jetzt eine melodische Zusammensetzung vieler Noten, die auf eine Silbe oder einen Vocal gesungen werden, oder, wie Joan. Tinctoris bemerkt, „Neuma ist ein Gesang, welcher dem Ende der Worte ohne Worte angehängt wird." Solche Neumen finden sich am öftesten bei Gradualien und dem darauffolgenden Alleluja, gleichsam den Erguss des höchsten jauchzenden Jubels darstellend.

II. Die fünf Linien (noch weniger vier) reichen für den Umfang der menschlichen Stimme nicht bequem aus, und ausserdem ist keinem der sieben Töne ein bestimmter Platz angewiesen, von dem aus alle höheren und tieferen abgezählt werden können. Anfangs waren die zwei Linien, auf, zwischen, unter und über welche man die Noten setzte, selbst Schlüssel, die rothe für den Ton F, die gelbe (auch grüne) für den Ton C bestimmt; später setzte man vor die gefärbten Linien die Buchstaben F und C, und zog zwischen denselben Linien mit Nadeln auf dem Pergament; dann unterliess man auch die verschiedene Färbung der Linien, und stellte dieselben meist in rother Farbe her. Jetzt hat sich aus F das Zeichen 𝄢, aus C das Zeichen 𝄡 herausgebildet.

Der gregorianische Choral kennt also nur zwei Schlüssel, den C- oder Ut- und den F- oder Fa-Schlüssel.

Alle Noten auf der Linie, wo *ut* steht, heissen *ut* (C); ebenso beim Fa-Schlüssel alle Noten der Linie, auf der *fa* steht, *fa* (F); z. B.

Wenn der Choralsatz einen solchen Umfang hatte, dass ein Schlüssel beim vierlinigen System nicht ausreiche, so versetzte (transponirte) man den nämlichen Schlüssel um eine oder mehrere Linien tiefer oder höher, oder vertauschte den F- mit dem C-Schlüssel und umgekehrt, z. B. *Graduale Romanum*:

Das kleine Nötchen vor dem neuen Schlüssel (auch in dieser Gestalt) wird *custos* (Notenzeiger, Wächter) genannt, weil es zur Erleichterung des Notenlesens beim Wechsel der Zeilen die Stelle anzeigt, auf welcher in der folgenden Zeile der erste Ton steht, und bei Veränderung oder Versetzung des Schlüssels auf den nächsten Ton aufmerksam macht.

§. 8. Rhythmus, Ruhepuncte.

I. Die nach irgend einer bestimmten Ordnung geregelte Bewegung und Abwechslung heisst **Rhythmus**;[1]) er ist **Maass**, Ebenmaass sowohl als Gleichmaass. Musikalischer Rhythmus wird gewonnen, wenn der eine Ton der **Dauer** nach mehr oder weniger über einen andern sich ausdehnt, und beim Vortrag in grösserer oder geringerer **Stärke** erscheint.

Rhythmus ist für Musik Nothwendigkeit, und auch im Kinde erwacht der Sinn für denselben eher als für Melodie. Alles in der Natur und Kunst erscheint in rhythmischer Anordnung oder Bewegung; im Leibe der Pulsschlag; im Geiste die wogenden Gedanken und Gefühle! Trommel und Tamburin thun ihre Wirkung nur durch die Gewalt des

---

[1]) ῥύειν, fliessen, wallen. Sehr empfehlenswerth zum Verständniss dieses Paragraphen ist Köhler's Büchlein „über die Melodie der Sprache," Leipzig 1853, Arends „Sprachgesang der Alten" und besonders das Seite 12 erwähnte Buch Pothier's.

§. 5. Rhythmus, Ruhepuncte.

Rhythmus, und Poësie und Prosa verdanken ihm einen grossen Theil ihrer bezaubernden Kraft.

Alle Sinne des Menschen fühlen in gewisser Weise den Rhythmus. Das Ohr vorzüglich verschmäht eine längere Reihe von Tönen in **gleichmässiger** Stärke und Zeitdauer. Die Folge schwächerer und stärkerer Silben und ihre Verbindung zu einem Ganzen durch den Accent fesselt in der Sprache.[1])

Im Choral ist Rhythmus enge mit der Sprache verknüpft, und der Wohlklang derselben hat sich mit gleichem Schwunge den gregorianischen Melodien mitzutheilen. Aus der Melodie der Sprache gebildet, sind die Worte nur eine Umkleidung derselben durch Töne, und der Fundamentalsatz für Verständniss und Vortrag des gregor. Chorals lautet demnach: „**Singe die Worte** mit den Noten **so, wie du sie ohne Noten sprichst.**"[2])

Der natürliche Rhythmus ist also das allgemeine Naturgesetz, — das Ebenmaass, nicht Gleichmaass. Das erste Erforderniss zur Aufführung des Chorals ist die Kenntniss des **äusseren Gefüges der lateinischen Sprache, ihrer Prosodie und Scansion, „die fehlerfreie, deutliche Aussprache."**

Wird eine Silbe mit besonderem Nachdrucke hervorgehoben, und durch intensiveren, kräftigeren Stimmklang ausgezeichnet, so sagt man, sie habe den **Accent. Dieser hat beim greg. Choral eine grosse Bedeutung.** Durch ihn werden Haupt- und Nebensachen unterschieden, das Bedeutende und Wichtige in den Vordergrund gestellt. Nicht die Menge der Noten, welche über einer Silbe stehen, macht

---

[1]) „Gut singen heisst gut accentuiren", lehrt mit anderen Worten Adam von Fulda, wenn er Gerb. Script. III. B. S. 333 schreibt: „*Musica est ars docens voces formare, formatas per sonum recta proportione accentuare.*"

[2]) Das **bestimmte Maass** und die **bestimmte Zahl** von abwechselnd langen und kurzen Silben nennt man **Metrum.** Jene Kenntniss, welche die Länge und Kürze der Silben und die Aussprache der Wörter lehrt, heisst **Prosodie.** Das Abzählen der metrischen Silben nach ihrer Länge und Kürze, ihren Einschnitten (Cäsuren), Ruhepuncten u. s. w. bezeichnet man mit **Scansion.**

§. 8. Rhythmus, Ruhepuncte.

allein die Silbe lang oder kurz, sondern mehr ihre stärkere oder schwächere Betonung. Die Zahl der Noten entscheidet demnach nicht über die Länge der Silbe, und darum können bei *Dóminus* z. B. auf die Silbe *mi*, obwohl sie kurz ist, mehr Noten stehen, als auf der langen Silbe *Do;* man muss sie eben leicht fliessend und schwächeren Tones vortragen, dagegen die lange Silbe *Do* mit Accent hervorheben.[1]) Die Gesetze über den Rhythmus, welche der Verfasser von *Choral und Liturgie* aus dem Wesen des natürlichen Gesanges entwickelt, sind in treffender Kürze gefasst, und lauten: „1) Im Choralgesange gibt es keine Längen und Kürzen im Sinne der Prosodie, sondern nur accentuirte und nicht accentuirte Silben." 2) „Die Noten haben keinen bestimmten messbaren Werth und dienen niemals, die Dauer des Tones anzugeben, sondern lediglich dazu, die Modulation der Stimme zu leiten" (und das Verhältniss der Noten unter einander auszudrücken). Daraus ergibt sich die gänzliche Unrichtigkeit jenes Vortrags, bei dem jeder Note und Silbe der gregorianischen Gesänge eine gleiche Zeitdauer zugemessen wird *(Isotonie).* Wer kann einen Redner anhören, welcher die Silben und Wörter seines Vortrages in gleichmässiger Hast oder auch Trägheit recitirt!?

Anmerk. Rhythmus als Gleichmaass ist der Tact. *(Musica mensurata* oder *cantus mensurabilis.)* Eine Note wird als Einheit und Eintheilungsgrund genommen, und diese muss ihrem Werthe nach in gleichen Zeitabschnitten wiederkehren. Man bezeichnet jetzt diese Zeitabschnitte durch senkrechte Striche im Liniensystem. Die mittelalterlichen Harmoniker dagegen liessen alle Tactstriche weg, lenkten den Sänger auf den Zusammenhang und erhoben ihn trotz der Mensurfesseln zum freien Rhythmus.

---

[1]) Obwohl in Bezug auf Prosodie bei manchen alten Choralbüchern viel zu wünschen übrig bleibt, so scheinen im Gegentheile auch jene in ihrem Purismus zu weit vorgegangen zu sein, welche mit ängstlicher Sorge der Accentsilbe eines Wortes so viel möglich Noten aufbürdeten, und in Folge davon die mittelkurzen und kurzen Silben sehr ärmlich ausstatteten.

§. 8. Rhythmus. Ruhepuncte.

Aus dem späteren Ursprung des Mensuralgesanges erhellt von selbst die Grundlosigkeit und Unvernunft irgend eines Versuches, gregor. Gesangsweisen in zwei- und dreitheilige Tactrhythmen zu zwängen.

II. Rhythmische Bewegung fordert wesentlich **Ruhepuncte**. Körper und Geist des Sängers brauchen Zeit, um sich neue Kräfte (Athem — Aufschwung) zu sammeln.

Beim Rhythmus als **Ebenmaass** sind solche Ruhepuncte **theilweise** dem **Gefühle** (nie der Willkür oder verschuldeten Nothwendigkeit wegen Mangel an Athem) überlassen, nie soll aber der Sinn durch die Pause gestört, oder das Wort so oft zerrissen werden, dass es dem Hörer schwer fällt, die einzelnen Silben desselben zu verbinden. Gewöhnlich findet sich das Athemzeichen angegeben,[1]) und hat folgende Gestalt und Bedeutung im gregor. Choral: 1) ⊤ ist entweder **Athem- und Ordnungszeichen**, besonders bei grösseren Chören, oder theilt den Satz nach Gliedern und Abschnitten.[2]) 2) Letzteren Zweck hat auch die einfache senkrechte Linie |, und unterscheidet besonders die melodischen und rhythmischen Glieder eines Choralsatzes.[3]) 3) ‖ ist **Schlusszeichen** eines ganzen Satzes oder Abschnittes.

In alten Choralbüchern, besonders Manuscripten, steht nach jedem Worte das ⊥ *semisuspirium*, damit ein der lateinischen Sprache Unkundiger die Wörter mit ihren Noten nicht zusammenlese und ineinanderziehe. Es ist überflüssig, in diesem Falle immer auch Pausen anzubringen. Aber auch ohne diese Zeichen sind die Wörter, und seien es auch nur einsilbige, hörbar von einander zu trennen.

---

[1]) Das *Grad. Rom.* in Grossfolio hat nur die einfache senkrechte Linie (Nr. 2.) als Athemzeichen, setzt aber voraus, dass bei jeder Interpunction des Textes gut Athem geschöpft wird.

[2]) In den Octavausgaben der authentischen Choralbücher sind diese Ruhepuncte aufs genaueste verzeichnet.

[3]) Bei Introiten, Antiphonen wird dadurch der zum Intoniren (Angeben der ersten Worte) bestimmte Abschnitt abgegrenzt. Das Zeichen ist als blosses Athemzeichen zu betrachten, wenn die Antiphon wiederholt wird.

Ueberhaupt gilt für die Ruhepuncte: „je nach dem Inhalt der Worte oder Sätze, der Festzeit, dem Personal und dem Orte, wo gesungen wird, gibt es Pausen von verschiedener Dauer; sie müssen stets natürlich sein, dürfen nicht mathematisch bestimmt werden." Pause ist für Gesang, was Komma, Strichpunct und Doppelpunct im Redevortrag sind.

§. 9. Stimme, Sprache.

I. Um den Bemühungen, die Stimme möglichst bildsam zu machen (wozu Lehrer und Uebung unerlässlich sind), auch theoretische Nachhilfe zu geben, merke der Gesangschüler:

1) Möglich viel Athem vorräthig zu haben, bedingt die Kraft der Stimme. Die Muskeln der Brust und des Unterleibes müssen vor jedem lähmenden Einfluss bewahrt bleiben. Leicht und schnell muss voller Athem geschöpft, und dieser Versuch schon vor der Tonbildung gemacht werden. Zu festes Binden des Halses, Zurückpressen des Kopfes oder Vorbeugen desselben wirkt nachtheilig auf die Stimme. Das Singen im Sitzen schwächt die Stimme und ist der Gesundheit schädlich.

2) Voller, klarer Metallklang ist wohl von kräftiger Organisation bedingt, doch lässt sich auch der dünne Klang durch möglichst weise Benützung des reichlich geschöpften Athems und Vermeidung jedes Hinaufziehens des Kehlkopfes kerniger gestalten.

3) Der sogenannte Kehlton (dem Sänger durch Schnüren der Kehle, dem Zuhörer durch den erstickten Ton kennbar) hat seinen Ursprung meist darin, dass man die Stimme zu schnell und heftig in hohe Töne treibt, wodurch der Luftstrahl nicht durch die Mundhöhle frei heraustritt, sondern hinten an die Mundwölbung stösst.

4) Bei tiefen Tönen pressen Manche gewaltsam den Kehlkopf herunter, so dass die Luftröhre fühlbar erzittert, was man Gurgelton zu nennen pflegt. Die Fähigkeit zu tiefen Tönen zeigt sich äusserlich am Umfange, besonders an

§. 9. Stimme, Sprache.

grösserer Breite des Kehlkopfes. Man erzwinge keine tiefen Töne und suche die wirklich vorhandenen nicht übermässig zu verstärken, weil sonst Rauheit der Stimme, Verlust ihres Metallklanges und ihrer Kraft und Festigkeit die traurigen Folgen sein werden.

5) Irgend ein Verschluss der Nasenlöcher verursacht einen schnarrenden Beiklang der Stimme. Man nennt ihn Nasenton, obwohl der Fehler darin seinen Grund hat, dass der Stimme der Ausgang durch die Nase verschlossen ist. und man also nicht durch die Nase singt.

6) Zu weites Oeffnen des Mundes schwächt die Klangstärke. Der kleine Finger soll jedoch immer zwischen den Zahnreihen Platz haben.

7) Der Gebrauch der Kopf- (Fistel-, Falsett-) Stimme ist sehr angreifend und wirkt, länger fortgesetzt, zerstörend auf die Stimmorgane. Die Bruststimme ist die natürlichste, und der reichsten Klangabstufungen fähig.

8) Die Verbindung zweier Töne muss so geschehen, dass beide deutlich unterschieden werden können und keine Lücke entsteht. Die Verbindung mehrerer Töne setzt zweckmässige Vertheilung des Athems voraus. In leisem Ansatz den Ton zu beginnen, mit steigender Kraft bis zum natürlichen Grade der Stärke ihn fortzusetzen und auf umgekehrtem Wege wieder ausklingen zu lassen, stärkt und festigt die Stimme und verschafft ihr die vortreffliche Eigenschaft, auf jeder Stufe der natürlichen Höhe oder Tiefe stärkeren oder leiseren Ton anzugeben.

9) Beim Zusammenziehen der Töne (besonders eines grösseren Intervalles), dem sogenannten Portament, ist die hässliche Unart des Schleifens aller oder doch vieler dazwischenliegenden Töne zu vermeiden. Affectirtheit und ungebildete Manieren offenbaren sich am abschreckendsten in dieser Art Gesang. Wohl bedingt der schöne Gesang eine gewisse Schwungfertigkeit und Elastizität des Tones; doch diese unterscheidet sich sehr fühlbar von dem angedeuteten Gewimmer.

§. 9. Stimme, Sprache.

10) Bei der Mutation soll das Singen ein paar Monate ganz ausgesetzt, und dann nur allmälig einige Uebung in der neuen Stimmlage vorgenommen werden, bis sich das Organ gekräftigt und eine bestimmte Festigkeit erlangt hat. „Die fixe Idee, aus Sopran- würden Bass-, aus Alt- Tenor-Stimmen, hat schon viele Strohbässe und heulende Tenore zum Vorschein gebracht."[1])

11) Durch unverdrossene Uebung wird auch eine schwächliche Stimme gekräftigt und ein geringer Tonumfang oder unsicherer Tonansatz erweitert und gefestigt. Mässige und vernünftige Gesangübungen, sollten sie auch täglich vorgenommen werden, bilden die Stimmorgane, geben ihnen Biegsamkeit, Ausdauer und Kraft. „Menschenkehlen sind wie Schiessgewehr; es wollen sowohl die eine als das andere immer polirt und gebraucht werden; sonst verrosten sie."[2])

II. Was B. Marx[3]) mehr von der deutschen Sprache schreibt, gilt auch von der lateinischen Sprache beim Choralgesang: „Reinheit, Wohlklang und Charakter der Sprache muss zum Bewusstsein gebracht und gepflegt werden. Wer nicht gut spricht, hört auch nicht gut, wer unrein oder roh spricht, dessen Klangsinn ist roh, unsauber oder unentwickelt."

Die lateinische Sprache ist durch ihren Reichthum an Vocalen für den Gesang besonders günstig und trägt zur Verschönerung des Tones wesentlich bei. Man denke und sage nicht: „die gewöhnlichen Leute verstehen die Sprache doch nicht, ob sie nun äusserst correct behandelt oder verstümmelt wird." Abgesehen von der Unehrerbietigkeit solcher Aeusserung gegen die liturgische Sprache und damit auch Handlung, fühlt selbst der gemeine Mann recht klar und deutlich den Unterschied schöner und schlechter Aussprache. Auch der ungebildete Laie wird zwischen Choralsängern, von

---

[1]) A. B. Marx, die Musik des 19. Jahrhunderts. Es soll mit diesem Satze nicht ein entgegengesetztes Axiom aufgestellt, sondern nur vor Zwang der Natur gewarnt werden.

[2]) Mattheson in seinem Patriot (Hamburg, 1728), S. 84.

[3]) A. a. O. S. 370.

§. 9. Stimme, Sprache.

denen der eine Worte und Silben verstümmelt, der andere aber in möglichster Reinheit wiedergibt, leicht den herausfinden, welcher seine Sache besser gemacht hat.

„Eine gute Ausführung des Chorals, schreibt Dom Pothier,[1]) erfordert vor allem Andern, dass die Melodie nur dient, um die Worte zur Geltung zu bringen. Die Gesetze der Kirche, das einstimmige Urtheil der Auctoren, der gesunde Sinn schon verpflichten den Sänger, immer den Text in Ehren zu halten, ihn verständlich und erbaulich vorzutragen, seine Stimme mit den Gefühlen in Einklang zu bringen, welche der Text nahelegt. **Hierin liegt unbedingt das Fundamentalprincip für den kirchlichen, liturgischen Gesang.**"

Helle Vocalisation wird an erster Stelle gefordert. Das A wird nur rein, wenn Lippen und Zahnreihen sich wenigstens so weit öffnen, dass ein Finger zwischen den Zahnreihen Raum findet. Beim E legt sich die Zunge mit ihrer Spitze an die Unterzähne, hebt sich in der Mitte ein wenig und vermindert dadurch den Raum in der Mundhöhle. Beim I setzt sich die Zungenspitze bis an die Schärfe der Unterzähne. Bei hohen Tönen wird dieser Vocal leicht zu scharf und spitz. Beim O ist die Oeffnung des Mundes wie beim A, nur runden sich beide Lippen in dieser Gestalt O. Beim U nähern sich die Lippen fast gänzlich, treten etwas vorwärts und nach Oben. Der Uebergang eines Vocals in den andern lässt sich in folgender Ordnung deutlich darstellen: I, E, A, O, U. Die Doppellaute (Diphtongen) sind ebenso fleissig zu üben; a-i,[2]) a-u (au-tem), e-i, e-lé-ison, e-u,[3]) ae, oe etc.

Die harten und weichen Consonanten sind wohl zu unterscheiden, und überhaupt kräftig hervorzuheben.

Besonders hässlich ist die üble Angewöhnung, den Wörtern, vorzüglich denen, welche mit einem Vocale anfangen,

---

[1]) Uebersetzung von P. Ambros Kienle S. 96.
[2]) Im Lateinischen meist zweisilbig.
[3]) Gewöhnlich als Diphtong, aber sehr oft wie in zwei Vocale getrennt. Siehe §. 10.

ein *m* oder *n* vorzusetzen, also *namavit* statt *amavit*, oder auch *mmater* statt *mater*, *nregi* statt *regi* zu singen.

Die einzelnen Wörter sollen **getrennt**, nicht ganze Silben **verschluckt**, oder die Schlusssilbe (besonders bei Vocalendungen) mit der nächsten Wortsilbe **verschmolzen** werden z. B. *e tin sæcula* statt *et in sæcula; Kyrieleison* statt *Kyrie eleison*. Nicht der Consonant, sondern der **Vocal** einer Silbe ist während der Dauer eines oder mehrerer Töne anzuhalten; z. B. *Sa-nctus*, nicht *San-ctus*, weil sonst der Vocal a stets durch einen Nasenlaut getrübt ist.

Ueberhaupt eigne man sich eine **genaue** und **vollkommen** bestimmte **Articulation** an, und spreche so stark und scharf als möglich; besonders in grossen Localen mit der höchsten Schärfe, weil die Aussprache im weiten Raum ohnehin durch das Verhallen sehr gemildert wird.

Derjenige gilt als guter Declamator, der richtig, deutlich und rein spricht, Haupt- und Nebensätze im Vortrage gut unterscheidet, die Stimme zu heben und zu senken weiss, je nachdem es Sinn und Bildung der Wörter und Sätze erfordern. Das Gleiche hat der Sänger des gregorianischen Chorals zu beobachten.

§. 10. Leseregeln, Betonung der Silben.

I. Die lateinische Sprache hat die **Vocale** a, e, i, o, u (v), (y) und die **Diphtongen** (Doppellauter) ae, oe, au und eu, deren Aussprache mit der im Deutschen übereinstimmt. Der Vocal y ist aus dem Griechischen entlehnt in Wörtern wie: *Kyrie, hyssópo, Bábylon, bútyrum, cœnomyia*. Der Doppelvocal eu findet sich (ausser in griechischen Wörtern wie *eu-ge, Euphrates*) nur in *heu, eheu, ceu, seu, neu*, sowie in *neuter* und *neutiquam* (also *De-us, me-us, re-us, ólĕ-um, fér-rĕus)*; ei ist Doppellauter in *hei*, sonst werden die beiden Vocale getrennt ausgesprochen, wie: *elé-ison, de-inde, de-itas, di-é-i;* ui nur in *huic* und *cui*, ausserdem zu trennen, wie in *Spíri-tŭ-i, gé-nŭ-i, ró-lŭ-i*. Um anzuzeigen,

§. 10. Leseregeln, Betonung der Silben.

dass ein Vocal besonders ausgesprochen und nicht mit dem vorhergehenden zu einem Diphtongen verbunden werden soll, setzt man die Trennungspuncte *(puncta diaeréseos)* z. B. *aër, aëris* (zum Unterschiede von *aëris,*) *Israël.*[1]) V, v wurde früher wie U, u geschrieben und ist wie *w* zu sprechen. Die **Consonanten** sind b, c, d, f, g, h, (k), l, m, n, p, q, r, s, t, x, (z).[2]) Bei diesen Consonanten gilt die Regel: „Sprich, wie geschrieben ist." Ausnahmen davon finden statt: 1) wenn c vor e, i, y, ae, oe und eu steht, klingt es wie unser *z*, (bei den Italienern wie tsch) z. B. *ce-drus, ci-bá-vit, Cy-ré-ne, caesus, coelum, ceu*; vor andern Vocalen und vor Consonanten aber wie *k*, z. B. *caput, color, custos, causa, huic, crástina* etc.; 2) wenn auf die Silbe *ti* ein Vocal folgt, wird sie wie *zi* gesprochen, z. C. *ó-ti-um, grá-ti-as, ju-stí-ti-a*. Ausgenommen sind die Fremdwörter wie *Aegypti-i*, und wenn ein anderes *t*, ein *s* oder *x* vorhergehen, z. B. *óstium, mixtio*. Man spricht also *justitia=justizia* etc. — Qu, gu und su werden wie *kw, gw* und *sw* gesprochen, wenn sie mit dem folgenden Vocal eine Silbe bilden; also: *quan-do, sanguis, suavis*, aber *suum*; bei der fehlerhaften Schreibart *scquutus* und *loquutus* ist *secutus* und *locutus* zu sprechen.

Durch das Zusammentreffen zweier Vocale am Schluss des ersten und Anfang des folgenden Wortes entsteht der sogenannte *Hiātus* (Gähnung). Beim Lesen nach dem Versmass wird er dadurch aufgehoben, dass der erste Vocal ausgestossen (elidirt) wird, im Gesange aber sollen beide Vocale

---

[1]) Bei letzterem Worte, sowie bei allen der lateinischen Sprache nicht eigenen Wörtern sind die *p. diaereseos* überflüssig; hieher gehören: *Mí-sa-el, Gélbo-e, Ephra-im* etc.
[2]) K wird gewöhnlich durch c ersetzt, x und z sind Doppelconsonanten aus: cs und ds. Z kommt nur in Fremdwörtern vor, W nur bei Uebertragung von Wörtern aus neueren Sprachen ohne Veränderung der Orthographie; j und v wurde mit i und u geschrieben, in der Aussprache aber als i *consonans* (Jod) *Ju-da, Je-rú-salem* und u *consonans* (vau) *véritas, sil-va* unterschieden. Man wendet jetzt allgemein die Zeichen j und v zur Unterscheidung der Aussprache vor einem Vocal am Anfang einer Silbe an, wie *jam, juxta, ví-a* etc.; sch ist getrennt zu sprechen, also *Pas-cha, is-chyros s-chola*.

§. 10. Leseregeln, Betonung der Silben.

deutlich vernommen werden. Man singe also im Weihnachts-Hymnus *Jesu Redemptor* nicht *antoriginem*, sondern *ante originem* leicht, und etwas rascher, um den Versbau nicht zu unterbrechen.[1])

Als Hauptregel hat zu gelten: „Die Schluss-Silbe darf nicht mit der ersten Silbe des nächsten Wortes verschmolzen werden": Es ist also *Kyrie e-lé-i-son* und nicht *Kyrieleison* zu sprechen und zu singen. Gleiche Vocale innerhalb eines Wortes sind hörbar zu trennen; also: *de-esse, e-le-emósyna, au-di-it, A-a-ron*.

Die Theilung der Wörter in ihre Silben ist in den neueren Choralbüchern meistens genau angegeben, dennoch dürfte es nützlich sein, einige Regeln darüber anzuführen: 1) Ein Consonant, der zwischen zwei Vocalen steht, gehört zum letzten Vocal, also *pa-ter, lau-do*, 2) zwei Consonanten, welche zusammen ein Wort im Griechischen oder Lateinischen anfangen können, gehören auch bei der Abtheilung in Silben zusammen, z. B. *pa-tris, e-sca i-gnis, o-mnis, scri-ptus, pa-stor, ho-spes*, dagegen *man-dátum, San-ctus* (obgleich das a im Gesange nicht durch n beeinflusst werden darf), *re-démptio*. 3) Doppelconsonanten werden getheilt, z. B. *pos-ses-si-ó-nem*. 4) Zusammengesetzte Wörter werden in ihre Theile getrennt: *sus-cépit, tam-quam, quæ-cúm-que, ad-o-rámus* etc.

II. Die Betonung (der Accent) der lateinischen Wörter ist in den neuen Ausgaben der liturgischen Bücher genau angegeben durch das Strichlein über dem Vocal, z. B. *ré-dime*. Einsilbige Wörter bedürfen keiner weiteren Regel; bei den zweisilbigen fällt der Accent (wenn nicht anders angegeben) auf die vorletzte Silbe, also *má-ter, hó-mo*. Bei drei- und mehrsilbigen kann der Leseton auf der drittletzten oder vorletzten Silbe stehen. Eine ausführliche Darlegung der langen und kurzen Vocale, ihrer Veränderungen bei Zu-

---

[1]) Im Hymnus *A solus ortus cardine* ist in der 6. Strophe bei *pastus est*, das *us* mit *est* auf einer Note zu singen, ähnlich im Hymnus: *Beate pastor Petre* bei den Worten *cœlum, apértum claúdere*.

sammensetzungen, des Unterschiedes zwischen Quantität und Accent der Silben würde hier zu weit führen. Als allgemeine Regel kann gelten, dass die Silbe, welche der mit Accent versehenen folgt, kürzer zu sprechen ist als die darauffolgende, z. B. in *hŏ-mĭ-nes* hat *ho* den Leseton, *mi* ist kurz, darf aber nicht springend gesungen, gleichsam erstickt werden. *nes* ist mittelkurz. Ein Vocal, auf den unmittelbar ein anderer folgt, ist in der Regel kurz, z. B. *proprio, omnia*, doch hüte man sich, das *i* wie *j* zu sprechen. Einige Uebung unter Anweisung eines der lateinischen Aussprache kundigen Lehrers wird schneller zur richtigen Betonung führen, als es die ausführlichsten Regeln vermögen. Beim Recitiren von Psalmen, Lectionen, Orationen etc. beachte man den grossen Unterschied zwischen Lese- und Gesangton; bei ersterem sind alle Regeln der Aussprache und Betonung zu befolgen, bei letzterem aber ist die Stimme im Gesang zu verwandeln durch noch deutlicheres und schärferes Hervorheben der Accentsilben, mit denen die übrigen in Harmonie zu stehen haben. Ein kräftiges Betonen z. B. der Silbe *mi* in *hominibus* bedingt eine entsprechende Verstärkung der Silbe *ho* als Vorschlag, *ni* und *bus* als schwächeren und stärkeren Nachschlag. Die Accente der mehrsilbigen Wörter gehen denen der zweisilbigen vor, und bieten gleichsam Marksteine der Recitation. Auch im Deutschen gilt eine zu lange Folge bloss ein- oder zweisilbiger Wörter für unschön. Als Beispiel diene der Text des *Credo*, wo die gewichtigsten Accente auf *Pa, ten, cto* etc. treffen. Wer gut liest und accentuirt, hat sich das Hauptgeheimniss des gesangartigen Vortrages angeeignet.

§. 11. Treffübungen.

Das Treffen setzt die Intonation[1]) d. i. die Fähigkeit, jeden angegebenen Ton schnell aufzufassen und wiederzugeben, voraus.

---

[1]) Tinctoris in seinem *Diffinitorium* schreibt: *Intonatio est debita cantus inchoatio.* „Intonation ist der richtige Anfang eines Gesanges."

§. 11. Treffübungen.

Die Intonation muss ganz rein sein, der Ton soll weder zu hoch noch zu tief angefasst werden. Wer eine längere Recitation, wie Epistel, Evangelium und ähnl. auszuführen hat, wähle nie einen Ton, der an die äussersten Grenzen des Stimmorgans streift, um bei zu **tiefer** Tonlage nicht zu schwanken, bei zu **hoher** nicht detoniren zu müssen.

Gehörbildung kann durch ausdauernde Uebung in Auffassung der einfachsten Tonverhältnisse und mit Hilfe eines Instrumentes (Violine besser als Pianoforte) gefördert und auch ein schlechtes Gehör verbessert werden. Kein normal entwickelter Mensch ist ohne alles musikalische Gehör, dasselbe ist nur ungleich vertheilt.

Unrein singen ist das Schwanken der Stimme um ein weniges, **falsch**, wenn die Differenz zwischen einem halben Tone schwebt, **unrichtig**, wenn ein anderer Ton statt des vorgeschriebenen gesungen wird.

Die folgenden Uebungen können mit Buchstaben, Silben und Wörtern (letztere zur Einübung der richtigen Accente) ausgeführt werden, da nur wiederholte und ausdauernde Versuche die Sicherheit im Treffen bewirken.¹)

I. d e f g a h c d c h a g f e d

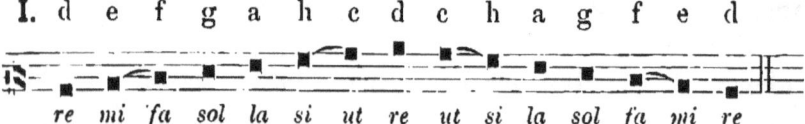

re mi fa sol la si ut re ut si la sol fa mi re
Be - á - tus vir, qui ti-met Dó-mi-num, be-ne-di-cé-tur.

Beispielsweise geben wir den annähernden Vortrag dieser Uebung in modernen mensurirten Noten.

Be - á-tus vir, qui timet Dóminum, be-ne-di - cé-tur.

---

¹) Quintilian sagt ja: *Phonascis et oratoribus necessaria est exercitatio, qua omnia convalescunt.* „Den Sängern und Rednern ist die Uebung unerlässlich; dieselbe macht in allen Dingen tüchtig."

II. Secunden.

a h a h c h c d c d e d e f e

la si la si ut si ut re ut re mi re mi fa mi
Gló-ri-a, Ky-ri-e, ím-pi-us, vo-lún-tas, Dó-mi-nus,

f g f g a g a h c h c d c d e

fa sol fa sol la sol la si ut si ut re ut re mi
vín-cu-la, be-á-tus, sǽ-cu-lum, fér-re-us, Dó-minus,

d e f e f g f g a g a b a h c

re mi fa mi fa sol fa sol la sol la sa la si ut
ha-bé-mus, sí-de-ra, lau-dá-te, ló-quere, Gábri-el,

h c d h c d e f g a h c d e

si ut re si ut re mi fa sol la si ut re mi
An-ge-lus. Dí-li-gam te Dó-mi-ne in æ-tér-num.

III. Terzen.

e f g e f g a f g f e g a h c a h a g h

mi fa sol mi fa sol la fa sol fa mi sol la si ut la si la sol si
Mi-sé-ricors, mi-se-rátor, multi-tú-do, in-í-quitas, of-ferámus,

c d e c d c h d c h a c h c d h a c

ut re mi ut re ut si re ut si la ut si ut re si la ut
sempi-térna, po-ténti-a, il-lú-mi-na, mortá-li-a. Sal-ve,

h g f a g e d f e c d c a

si sol fa la sol mi re fa mi ut re ut la
san-cta, pa-rens, De-us, po-tens, clemens. Salvátor,

§. 11. Treffübungen.

c d f e d e f g a h c d e f 
ut re fa mi re mi fa sol la si ut re mi fa
fúl-gu-ris, ó-mni-a. Ex-aú-di De-us o-ra-ti-

e d c h a g f e d c. 
mi re ut si la sol fa mi re ut.
ó-nem me-am, in-tén - - de Dó-mi-ne.

IV. Quarten.

c d e f c d e f g d e f g a e 
ut re mi fa ut re mi fa sol re mi fa sol la mi
Mul-ti-tú-di-nem, sa-cri-fí-ci-um, con-templá-ti-o,

g a h c g f g a b f a h c d a
sol la si ut sol fa sol la sa fa la si ut re la
re-mi-ni-sce-re, be-ne-dí-cti-o, be-ne-plá-ci-tum,

h c d e h c d e f c c f e
si ut re mi si ut re mi fa ut ut fa mi
so-le-mni-tá-te, vir-tú-te ma-gna. In-tén-de,

d g f e a g f b a g c b 
re sol fa mi la sol fa sa la sol ut sa
ló-qui-tur, vo-lá-vit, a-scén-dit, con-spé-ctus,

a d c h e d c f e d a c b f a 
la re ut si mi re ut fa mi re la ut sa fa la
o-dé-runt, a-mí-cus, grá-ti-as, dé-bi-tum, ínno-cens.

§. 11. Treffübungen.

V. Quinten und vermischte Intervalle.

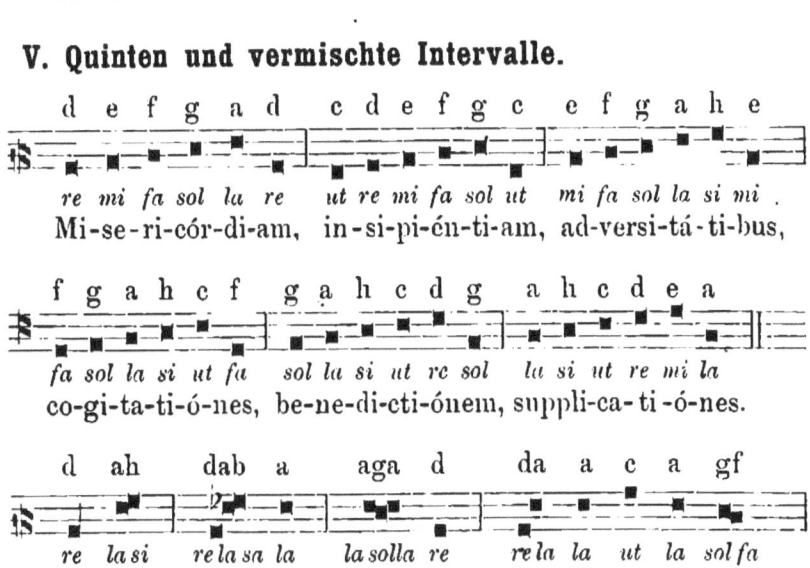

§. 11. Treffübungen.

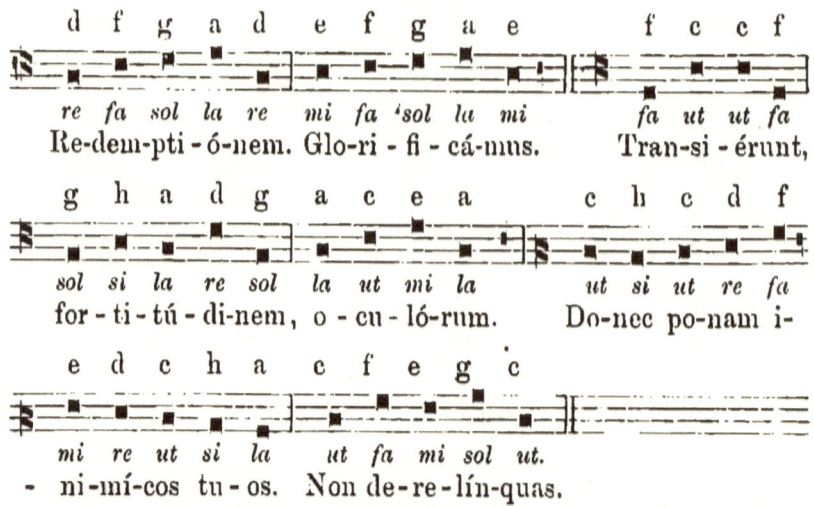

Anmerk. Die beste Uebung für Gehörbildung, Recitation, Aussprache und Intervalle sind erfahrungsgemäss die Psalmtöne; weiters dienen für Anfänger die marianischen Antiphonen im *Directorium chori*, die Messgesänge (besonders *Credo*) im *Ordinarium Missæ* resp. *Graduale Romanum*, für Kleriker die Intonationen der Invitatorien, Hymnen und Antiphonen im *Directorium chori*.

Hier folge noch eine Zusammenstellung aller Intervalle in der Weise der Alten:[1]

---

[1] Bei *Coussemacker*, Script. Tom. III. p. 425; auch im I. und II. Band finden sich mehrere ähnliche Combinationen. Obiges Beispiel auch bei *Glarean* und *Gerbert*.

§. 12. Entwicklung der Octavengattungen. 43

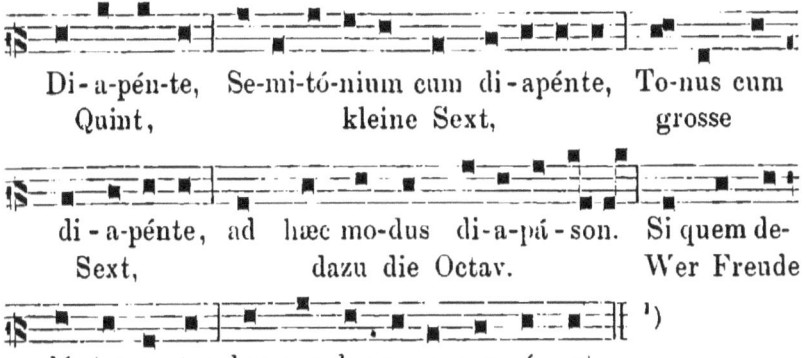

Di-a-pén-te, Se-mi-tó-nium cum di-apénte, To-nus cum
Quint,   kleine Sext,   grosse
di-a-pénte, ad hæc mo-dus di-a-pá-son. Si quem de-
Sext,   dazu die Octav.   Wer Freude
- lé-ctat cantus hos mo-dos es-se cog-nós-cat.
am Gesange hat, muss diese Intervalle treffen.

B. Kenntniss.

a) Theoretischer Theil.
§. 12. Entwicklung der Octavengattungen.

Wenn die Töne, einer der sieben diatonischen Tonleitern, nachdem die Scala in Quinten und Quarten getheilt ist, zu einem melodischen Tonstück so verwendet werden, dass sie zu einem Haupt- oder Grundton in gewisser Beziehung stehen, so sagt man, „der so gebildete Gesang gehe aus einer Kirchentonart, Octavengattung, *modus*,²) *tonus*." Ugolinus: „*Tropus,*

---

¹) Bei *Coussemacker* I. c steht noch in verschiedenen Intervallsprüngen der Zusatz: Cumque tam paucis clausulis tota armonia formetur, utilissimum est, eas alte memoriæ commendare, neo prius ab hujus modi studio quiescere, donec vocum intervallis agnitis harmonie totius facillime queat comprehendere notitiam. Mit andern Worten: „Uebe das Wenige eifrig und unermüdlich, und du wirst sicher treffen lernen".

²) Zwischen Octavengattung und Tonart im modernen Sinn ist also ein Unterschied. In den 7 (auf S. 18 aufgeführten) diatonischen Ton-

§. 12. Entwicklung der Octavengattungen.

tonus sive modus est quamplurium vocum ex diapente ac diatessaron ordinatis speciebus debite conjunctarum in acumine et gravitate distantium per arsin et thesin congrua neumarum forma constitutarum conveniens dispositio."

Je nach der Lage des Halbtones sind vier Quinten- und drei Quartengattungen zu unterscheiden.

I. Quinten.

E⌢f	g	a	h		1. Gattung.
D	e⌢f	g	a		2. Gattung.
a	h⌢c	d	e		
Γ	A	H⌢C	D		
G	a	h⌢c	d		
C	D	E⌢F	G		3. Gattung.
c	d	e⌢f	g		
F	G	a⌢b	c		
F	g	a	h⌢c		4. Gattung.

II. Quarten.

H⌢C	D	E	
E⌢F	g	a	1. Gattung.
h⌢c	d	e	
e⌢f	g	a	
D	E⌢F	G	
A	H⌢C	D	2. Gattung.
d	e⌢f	g	
a	h⌢c	d	
Γ	A	H⌢C	
C	D	E⌢F	
F	G	a⌢b	3. Gattung.
g	a	h c	
c	d	e⌢f	

leitern ändert sich die Aufeinanderfolge der ganzen und halben Töne je nach dem Grundton; und diese innerlich von einander verschiedenen Tonreihen heissen **Octavengattungen**. Unter **Tonart** versteht man die Versetzung (Transposition) einer Octavengattung auf einen andern diatonischen oder chromatischen Ton. Die Tonart ändert also nur die Höhe oder Tiefe der Octavengattung (wie bei den modernen Dur- und Moll-Tonarten). Der richtige Ausdruck für Octavengattung ist im Lateinischen: *modus*, und war auch im Gegensatz zu *tonus*, wodurch die stehenden Formeln der *modi* bezeichnet wurden, ziemlich allgemein bis zum 15. Jahrhundert üblich. Später wechselten die Theoretiker der Mensuralmusik die Begriffe, so dass z. B. Tinctoris (im 15. Jahrh.) das Wort *modus* als „Tacteinrichtung eines Gesanges" definirt, *tonus* aber als „die Tonart, durch welche ein jeder Gesang regelrecht componirt wird." *Toni* sind also genau genommen nur die 8 stehenden Formeln der Psalmen, *Gloria Patri* etc., *modi* aber die Tonarten der wechselnden Choralgesänge. — Kirchenarten, Kirchentöne heissen die Octavengattungen zum Unterschiede von den seit dem 17. Jahrh. durch Einführung der chromatischen Halbtöne üblichen, anfangs nur für weltliche Musik verwendeten Dur- und Moll-Tonarten.

§. 12. Entwicklung der Octavengattungen. 45

Die ältesten Theoretiker reden nur von acht *Modi*, welche auf den Buchstaben D, E, F, G aufgebaut werden, und zwar so, dass die Tonleiter eine doppelte Verwendung findet. Die Tonreihen von D, E, F, G in Quint und Quart getheilt heissen authentische.[1]) Wird die obere Quart dieser vier Tonreihen unten angefügt, so ändert sich ihr Umfang, der Grundton des authentischen *modus* wird die Quart einer neuen Octavengattung, und diese nennt man plagale[2]) oder Nebentonart.

Darstellung der 8 Octavengattungen.

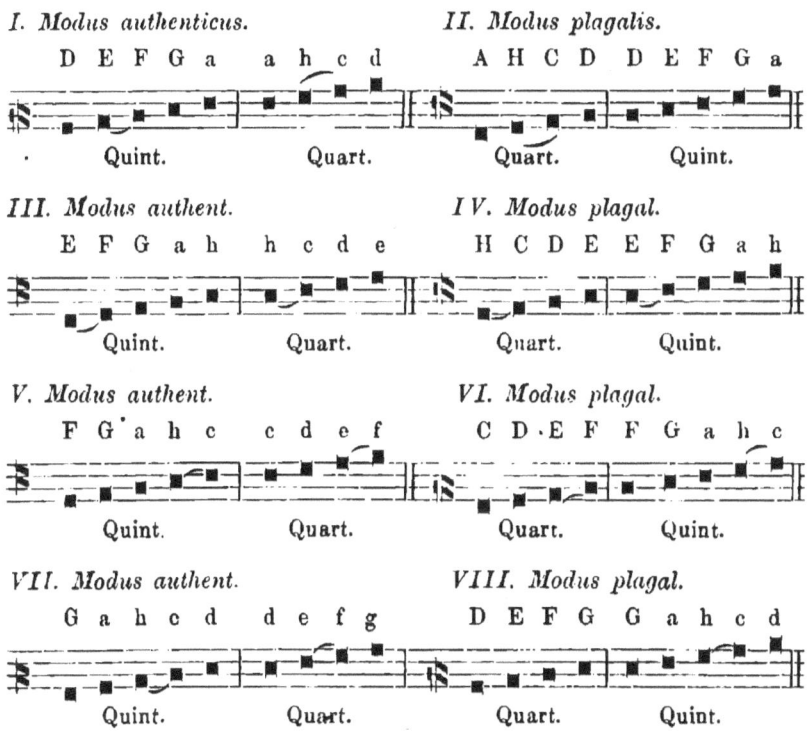

---

[1]) αὐθέντης, echt, ursprünglich; wohl auch, weil sie die Grundlage der übrigen Tonarten abgeben; auch ambrosianisch, weil der heilige Ambrosius, Bischof von Mailand († 397), sich ihrer allein bei seiner Liturgie bedient haben soll.

[2]) πλάγιος, hergeleitet, entlehnt, aus der authentischen nämlich.

§. 12. Entwicklung der Octavengattungen.

Nach dem 12. Jahrhundert bildete man das gregorianische System noch weiter aus, und formirte auch auf den Scalen von a, h und c *modi* durch Abtheilung von Quinten und Quarten.[1])

In dieser consequenten Durchbildung des gregorianischen Systems ist das Princip desselben nicht verletzt.[2])

Bei näherer Betrachtung ergibt sich, dass der neugebildete *IX. modus* bereits die übliche Grenze des gregorianischen Chorals, nämlich $\bar{g}$ überschreitet, daher auch die höchst seltene Verwendung desselben. Um so häufiger bediente man sich

---

[1]) Glarean (1488—1563) z. B. behandelt in seinem *Dodecachordon* 12 modi. Die Scala auf h wurde nämlich wegen der verminderten Quint und dem *Tritonus* h - f, f—h gewöhnlich nicht zur Bildung von Gesängen benützt, und daher kommt die Bezeichnung des theoretisch 13. und 14. Modus als 11. und 12.

[2]) Das bekannte Wort Karls des Grossen: „*octo toni sufficere videntur,*" acht Töne scheinen auszureichen, beweist 1) dass schon zu seiner Zeit eine Ausbildung versucht wurde, ist aber 2) auf die eigentlichen *toni* der Psalmen zu beziehen, denn damals scheint man noch richtig zwischen *tonus* und *modus* unterschieden zu haben. Hieron. de Moravia wenigstens macht im 13. Jahrhundert Guido den Vorwurf, dass er unrichtigerweise *tonus* mit *modus* verwechselt habe. Siehe *Coussem.* Tom. I, p. 44 sequ.

§. 13. Namen und Unterschiede der Octavengattungen. 47

nach dem 12. Jahrhundert des X. *modus*. Der XI. und XII. *modus* haben in der Quint zwei Halbtöne, in der Quart gar keinen, und wurden höchstens in weniger umfangreichen Gesangsformeln benützt, wo man den falschen Relationen der Quint und Quart ausweichen konnte. Der XIII. *modus* ist sehr üblich geworden, und zwar in der untern Octav . Practische Verwendung erhielten vorzugsweise der IX., X. *(XIII.)* XI. und *(XIV)* XII. modus.

§. 13. Namen und Unterschiede der Octaven-Gattungen.

I. Die acht (14) Octavengattungen werden, wie im vorigen § erwähnt, in zwei Klassen getheilt, in a u t h e n t i s c h e und p l a g a l e. Man bedient sich zur Aufzählung derselben der Ordinalzahlen *primus, secundus, tertius, quartus, quintus, sextus, septimus, octavus, nonus, decimus, undecimus, duodecimus*. Die beigefügten griechischen Namen, welche seit Glarean († 1563) allgemein üblich sind, waren schon den frühesten Theoretikern geläufig, und unterscheiden sich wenig von den Benennungen des *Hieron. de Moravia, Joh. de Muris, Ugolinus* etc.

Modi authentici.   **Modi plagales.**
I. *Dorius*. III. *Phrygius*. II. *Hypodorius*.[1]) IV. *Hypophryg*.
V. *Lydius*. VII. *Mixolyd*. VI. *Hypolydius*. VIII. *Hypomixol*.
IX. *Aolius*. (XI. *Hyperäol*.) X. *Hypoäolius*. XII. (*Hyperphryg*.)
(XIII.) XI. *Jonicus*.   (XIV.) XII. *Hypoionicus*.

II. Beim Vergleiche der authentischen *modi* mit den plagalen ergeben sich folgende Unterschiede:[2])

1. Die authentischen sind aus einer Unterquint und Oberquart gebildet; bei den plagalen liegt die Quint oben und die Quart unten. Die Quarten und Quinten sind also

---

[1]) Das ὑπό deutet auf die dem Grundton unten beigegebene Quart.
[2]) Man halte das Schema in § 12 vor Augen!

48 §. 13. Namen und Unterschiede der Octavengattungen.

bei je zwei *modi* gleich, nur die Lage ist bei den authentischen eine andere als bei den plagalen.

2. Die authentische und ihre plagale Tonart mitsammen haben einen Umfang *(ambitus)* von eilf Noten. Fünf Töne sind beiden gemein, drei nicht.

3. Der I. und VIII., II. und IX., III. und X., IV. und (XI.), V. und (XII.), VI. und XI. (XIII.), VII. und XII. (XIV.) *Modus* haben wohl gleiche Tonleiter, sind aber durch die verschiedene Lage des Halbtones und die Quinten- und Quartenzusammensetzungen leicht zu unterscheiden. Beim I., III., V., VII., IX. (XI.) und XI. (XIII.) Ton folgt auf die Quinte die Quart; beim II., IV., VI., VIII., X., (XII.) und XII. (XIV.) liegt die Quart unter der Quint.

4. Die Anfangsnote jeder authentischen und der ihr entsprechenden plagalen Tonleiter heisst Grundton *(tonus fundamentalis)*, *Tonica*, weil die Melodie auf ihm ruht und sich über ihm aufbaut. Man nennt die *Tonica* auch *Finalis* (Schlussnote), weil jeder authentische und plagale Choralsatz regelmässig mit ihr schliesst.

Die Finalen sind demnach folgende:

Regelmässig, *regularis*, heisst ein *Tonus*, wenn das Gesangstück mit der gewöhnlichen Finale schliesst; ausserdem unregelmässig, *irregularis*.

Die unregelmässigen Schlusstöne heissen auch Confinaltöne, und finden sich besonders bei den Ausgängen der Psalmtöne und den Abtheilungen der Responsorien, Gradualien und Tracten.

§. 13. Namen und Unterschiede der Octavengattungen.

5. Aus dem Tonumfang *(ambitus)* der authentischen und plagalen *modi* und aus verschiedenen Eigenthümlichkeiten in Verwendung der die Octavengattung bestimmenden Töne ergeben sich weitere Unterschiede bei den Choralgesängen.

Die Tonart ist nämlich:

a) **Vollständig**, *Tonus perfectus*, wenn im **authentischen** *modus* der Gesang die Octav der Finale berührt, oder — wenn die Melodie in der **plagalen** Tonart bis zur Quint der Finale steigt und die Unterquart erreicht.

Beispiele:[1]) Communio: „*Ecce Virgo,*" Introtus: „*Miserébitur.*" Offert.: „*Benedictus es.*" Antiph.: „*Vadam ad montem.*" Hymnus: „*Saepe dum Christi*" etc. Hieher gehört auch die Regel: „*Omnis cantilenæ legalis ascensus et descensus per diapason construitur.*[2])

b) **Unvollständig**, *Tonus imperfectus*, heisst die Tonart, wenn die **authentische** Tonart nicht bis zur Octav der Finale geht, oder die **plagale** die Quart **unter** der Finale nicht erreicht. Besonders die Antiphonen zu den Tagzeiten, die Lamentationen der Charwoche (VI. Toni) und viele kleinere Gesangsformeln, wie die Psalmintonationen, welche übrigens ihren vollen Abschluss meist durch die mit dem Psalm verbundene Antiphon erhalten, gehören hieher.

c) **Mehr als vollständig**, *Tonus plusquamperfectus*, oder *superabundans*, ist die **authentische** Tonart, wenn sie ihre Finale nach unten oder die Octav der Finale nach oben um einen Ton überschreitet; die **plagale**, wenn der Quart unter der Finale noch ein Ton beigegeben ist.

d) **Gemischt**, *Tonus mixtus*, ist die Tonart, wenn sie ihren natürlichen *ambitus* um **mehr als einen** Ton nach unten oder oben überschreitet, so dass die authentische und plagale Tonart sich gleichsam vermischen. Beispiele: *Te Deum*

---

[1]) Die Beispiele sind sämmtlich der Octavausgabe des offiziellen *Grad. Rom.*, *Vesp. Roman.* und *Directorium chori* entlehnt und können in den ausführlichen Registern der verschiedenen Introiten, Hymnen etc. am Schluss der erwähnten Choralbücher aufgefunden werden.

[2]) *Gerbert, Script.* Tom. II. p. 58. „Jeder regelrechte Gesang umfasst auf- und abwärts eine Octave."

laudámus, die Sequenzen *Lauda Sion, Dies iræ, Veni sancte Spíritus* etc. Ist die plagale Tonart überwiegend, so wurde diess im offiziellen *Graduale* eigens angezeigt, z. B. Graduale: *Víndica, Dómine,* Ton. VI. und V. Mit *Tonus commixtus* werden diejenigen Gesänge bezeichnet, welche in eine fremde Tonart übergreifen, z. B. den V. und VII., den I. und IV. verbinden.

e) Der Tonus wird *communis perfectus* genannt, wenn die **authentische** Tonart bis zur Unterquart der Finale (also in die plagale), die **plagale** bis zur Octav der Finale (also in die authentische) reichen. Die Melodie umfasst dann die eilf Töne der authentischen und ihrer plagalen Tonart. Beispiel: Die Oster-Sequenz *Victimæ Paschali,* die Antiphon *Cum appropinquáret.*

§. 14. Merkmale der Kirchentonarten.

Um zu erkennen, in welchem Tone eine Choral-Melodie geschrieben sei, hat man verschiedene Merkmale. Nicht als ob bei jedem Tonstücke alle nachfolgenden Punkte zutreffen müssten (der wichtigste bleibt immer die **Finale**), sondern um auf die eigenartigen Kennzeichen der *modi* in zweifelhaften oder unsicheren Fällen hinzuweisen, sind **verschiedene** Merkmale angegeben, die sich aus dem Studium der vorhandenen Choralgesänge ohne Mühe ableiten lassen.

1. **Die Finale.** Sie gibt regelmässig den sichersten und meistens ausreichenden Aufschluss über den *modus* einer Choralmelodie. Siehe §. 13.

2. **Der Ambitus.** Er deutet an, welcher Tonleiter die Melodie angehört, ob diese Tonleiter **ganz** oder **theilweise** in ihr enthalten ist; er verursacht auch die Unterscheidung der *modi* in perfecte etc. nach §. 13. S. 49.

3. **Die Dominante**,[1] das ist der im Tonstück **herrschende** Ton, auch *Tenor* genannt. In folgender Tabelle sind

---

[1] Im neuern Tonsystem ist Dominante die Quint der *Tonica,* des Grundtones; und zwar hauptsächlich die Quint nach oben; z. B. von c ist g die Oberdominante, f die Unterdominante.

§. 14. Merkmale der Kirchentonarten.

die Finalen und Dominanten der 12 (14) Octavengattungen zusammengestellt:

Toni.	Final.	Domin.	Toni.	Final.	Domin.
I.	D	a	VIII.	G	c
II.	D	F	IX.	a	e
III.	E	c	X.	a	c
IV.	E	a	(XI.)	(h	g)
V.	F	c	(XII.)	(h	e [d])
VI.	F	a	(XIII.) XI.	c	g̅
VII.	G	d	(XIV.) XII.	c	e

Um die plagalen Töne von den authentischen zu unterscheiden — beide haben gleiche Finalen — sehe man also, ob mehr als ein Ton unter der Finale vorkommt, und achte auf die Dominante.

Finale und Dominante mit einander geben die Repercussion, Wiederschlag, d. h. Intervalle, die in den einzelnen *modi* wiederkehren. Nach obiger Tabelle ist also die Repercussion: I. Toni *re-la*, II. *re-fa*, III. *mi-ut*, IV. *mi-la*, V. *fa-ut*, VI. *fa-la*, VII. *sol-re*, VIII. *sol-ut*, IX. *la-mi*, X. *la-ut*, (XI.) *si-sol*, (XII.) *si-mi (re)*, (XIII.) XI. *ut-sol*, (XIV.) XII. *ut-mi*.

4. Die authentischen Tonarten gehen allmälig zur Finale über, die plagalen oft sprungweise. Wird die Quint über der Finale besonders hervorgehoben, so ist die Tonart authentisch.

5. Jeder *modus* hat Töne, mit denen der Choralsatz gerne anfängt, und zwar gilt als Regel, dass im authentischen Ton nie mit einem Intervall begonnen wird, das von der Finale um eine Quint, im plagalen um eine Quart entfernt ist. Bei Bildung der Mittelcadenzen (Abgrenzung des musikalischen Satzes wie durch Interpunctionszeichen , ; : etc.) ist die Regel beachtet, dass dieselben bei den authentischen Tonarten auf der Finale, Quinte oder den dazwischenliegenden Tönen geschieht, bei den plagalen aber die Unterquart nie überschritten wird.

4*

Für die am meisten üblichen acht Kirchentonarten lassen sich als regelmässige Anfangsnoten (Intonationen) folgende aufzählen:

Ton. I.: *C, D, F, G, (E, a)*. Ton. V.: *F, G, a, c*.
Ton. II.: *A, C, D, F*. Ton. VI.: *C, (D, E), F, (a)*.
Ton. III.: *E, F, G, a (c)*. Ton. VII.: *G, h, c, d*.
Ton. IV.: *C, D, E, F, G, a*. Ton. VIII.: *C, D, F, G, a, c*.

§. 15. Wesen und Eigenschaften des I. bis IV. Tones.

Es gibt eine Grundregel beim Choralgesange, die bei den einzelnen Octavengattungen angewendet werden muss. Wenn ein Gesang von F ausgeht und nach h schreitet oder von h nach F zurückkehrt, so ist h zur Vermeidung des *Tritonus* (der übermässigen, aus drei Ganztönen bestehenden Quart) in b zu verwandeln. „Die unmittelbare Folge einer übermässigen Quart, *Tritonus*, und einer verminderten Quint ist unzulässig im Choral, und müssen diese Intervalle, wo sie sich finden, durch b vor h in reine verwandelt werden."

Diese Regel, angewendet auf die Zusammensetzung der einzelnen Tonreihen, macht folgende Bemerkungen über die einzelnen Octavengattungen wünschenswerth, denen die Definitionen, wie sie P. Utto Kornmüller[1]) gesammelt, zu Grunde gelegt sind. Die Octavenreihe des I. Tones (dorisch) kann von ihrem Ende (D) eine Octav aufwärts-, und eine grosse Secunde abwärs steigen; selten erhebt sie sich bis e, fällt aber gerne nach C.

B soll nur dann gesetzt werden, wenn der Triton zu vermeiden ist, oder die Melodie nicht über h hinausgeht. Beispiel: *Ite missa est* in semid., Communio *Ecce Virgo*, Intr. *Gaudeamus*, Hymn. *Pange lingua*, die Ant. im I. Ton aus dem *Commune unius Mart.* u. A.

---

[1]) Monatshefte, IV. Jahrg. Nr. 4, pag. 71.

§. 15. Wesen und Eigenschaften des I. bis IV. Tones.

Die Figur D—a—b—a kehrt unzähligemal in den Gesängen des I. Tones wieder. Im Hymnus *Ave maris stella* jedoch ist die 3. Note ♮ nicht in b zu verwandeln, da sich die Melodie sogleich bis in die Octav emporschwingt.

Beispiele für die verschiedenen Töne sind in den offiziellen Choralbüchern in reichster Auswahl geboten und sollen einige derselben vom Schüler in ihren Eigenthümlichkeiten analysirt werden.

Die Gesänge des I. Tones athmen Majestät, und dienen zum Ausdruck hehrer Feier, würdiger Freude.[1]

Der zweite Ton (hypodorisch) wird manchmal bis *Γ* abwärts (siehe Offert. *Déxtera Dómini*), öfter bis b aufwärts geführt, zur Decime c oder gar bis d reicht er nie.

Uebersteigt diese Tonart ihre Finale um eine Sext, so wird dieses h in b verwandelt; siehe die sieben mit O beginnenden Antiphonen vor Weihnachten, die Präfationen, Offert. *Dómine Jesu Christe,* Resp. *Libera me, Dómine.*

Der Charakter des II. Tones ist stille Trauer, Sehnsucht, Schmerz, gepaart mit Gottvertrauen.

Der dritte Ton (phrygisch) kann abwärts nach D gehen; manchmal findet sich C, z. B.: Offert. *Lauda.* ♮ h ist sehr häufig als Quint der Finale; man geht jedoch sowohl auf- als auch abwärts zwischen E und ♮ lieber in Sprüngen als stufenweise.

---

[1] Diese und die folgenden Charakteristiken der einzelnen *Modi* lehnen sich an die ausführlichen Darlegungen alter Schriftsteller, z. B. *Guido's, Adam's von Fulda* u. A. bei *Gerbert*, besonders an *Cardinal Bona*. Nicht Alles, was die Alten über den Eindruck der einzelnen *modi* geschrieben haben, ist Phantasie oder Vorurtheil. Die verschiedene Lage der Halbtöne und die diversen Intervallzusammensetzungen drücken unstreitig jedem *Tonus* einen eigenen Charakter auf. *Kircher* in seiner *Musurgia* bemüht sich gewaltig, den traditionellen Charakter der *modi* physikalisch und philosophisch zu erhärten. Ueber die mystische Symbolik der Kirchentonarten nach den Anschauungen der alten Theoretiker siehe Ambros, Musikgesch. Bd. II.

Befehle, Drohungen, starke Gemüthsbewegung werden treffend durch den phrygischen *modus* ausgedrückt.

Beispiele: Introitus: *In nómine Jesu*, *Sacerdótes tui Dómine*. Hymnus: *Deus tuórum*, *A solis ortus*, *Te Joseph célebrent*.

Die Gesänge des **vierten Tones** (hypophrygisch) erstrecken sich selten bis zur Unterquart; dieser fehlende Halbton findet sich aber desto häufiger oben angefügt, so dass der *ambitus* hypophrygischer Choräle mehr zwischen C—c sich bewegt. Das h über der Finale wird sehr häufig in b verwandelt, z. B. Hymnus: *Virginis Proles*, *Exsúltet orbis*, Invit. *Veníte*, etc.

Dieser *modus* hat einen sanften, klagenden, wehmüthigen Charakter.

§. 16. Wesen und Eigenschaften des V. bis VIII. Tones.

Der charakteristische Ton des **fünften** *modus* (lydisch) ist h, das nur bei stufenweiser Verbindung mit F in b verwandelt werden muss. Dieses h verleiht dem lydischen *modus* etwas Eindringliches, Majestätisches, Freudiges, und man nannte diesen Ton *delectabilis, lætus, jubilans*. Er darf nicht mit dem in die Oberquart transponirten jonischen *modus* F bis f mit Vorzeichnung eines b verwechselt werden.

Beispiele: Intr.: *Loquébar*, Grad. *Speciósus forma*, Offert. *Mirábilis Deus*, Comm. *Lætábitur justus*, Invitat. *Veníte adorémus* V. Toni, Ant. *Qui pacem ponit*.

Der **sechste Ton** (hypolydisch)[1] steigt bis d und bedient sich gerne des stufenweisen Falles von F bis C.

---

[1] Seit dem 13. Jahrhundert haben sich besonders durch Einwirkung der Contrapunctisten und Ausbildung des polyphonen Kirchengesanges gregorianische Melodieen im XI. und XII. (XIII. und XIV.) *modus* eingeschlichen, die bei dem Erwachen gründlicheren Studiums der alten Kirchentonarten zu vielen Verlegenheiten führten. Man gebrauchte diese „melodiereichen" *modi* für drei marianische Antiphonen

§. 16. Wesen und Eigenschaften des V. bis VIII. Tones.

Die tiefere Lage und das häufige b verleihen dem sechsten Tone liebliche Weichheit; er dient zum Ausdrucke andächtiger Herzensstimmung, stiller Trauer.

Beispiele: Die Lamentationen, die Ant. *O quam metuéndus*, Offert. *Dómine Deus*, Intr. *Salus autem* und *In médio Ecclésiæ*.

Dem siebenten Tone ist h wesentlich, besonders aber der Tonschritt G a h und G h d. Wenn dieser Ton nicht bis zur Octav der Finale reicht, so ist ihm ein ganzer Ton unter der Finale häufig hinzugefügt.

Majestät, Erhabenheit, Freude sind diesem Tone eigen; man vergleiche den Intr. *Puer natus*, die Ant. des *Comm. Conf. Pont.* u. A. Aber auch rührende, erschütternde Gefühle lassen sich durch ihn gut ausdrücken, wie in der Antiphon *Exaúdi nos*.

Der achte Ton (hypomixolydisch) steigt aufwärts bis e und rückwärts bis C.

Die Tonleiter des VIII. ist mit der des I. Tones gleich, aber die melodischen Phrasen sowie die Finale sind in beiden

---

(*Alma*, *Ave Regina* und *Regina cœli*), für die Ant. *O quam suavis* und *O sacrum convivium*, später auch für ein *Ite Missa in festis solemnibus* und andere Gesänge. Aus Pietät für jene Zeiten sind diese Gesangsweisen auch in den offiziellen Choralbüchern adoptirt worden; die Consequenz jedoch würde gefordert haben, auch neue Psalmtöne zu schaffen, und demnach beim XI. (XIII.) *modus* zu singen:

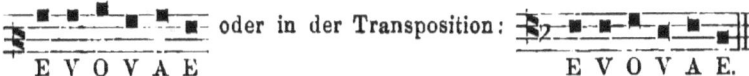

E V O V A E   E V O V A E.

Diese Verwirrung in Behandlung des V. Tones findet sich auch in den contrapunctischen Werken der alten Meister. Die einen bezeichnen c d b c a als fünften Ton, während andere (besonders die röm. Schule) strenge an c d h o a festhalten. Sicher ist, dass im reinen fünften Ton c d h c a zu singen ist, die Melodie c d b c a aber dem transponirten jonischen *modus* zugeschrieben werden muss. Die obenerwähnten, eigentlich dem XI. *modus* angehörigen Gesänge, sowie die Offizien *In Festo Ss. Trinitatis* und in *Solemnitate Corporis Christi*, bei denen in ganz mechanischer Weise der 1. Ant. der I., der 2. der II., der 5. der V. Ton etc. zugetheilt wurde, sind ein neuer Beweis, dass Gewohnheiten und Umstände oft stärker sind als Theorieen und Personen.

§. 16. Wesen und Eigenschaften des V. bis VIII. Tones.

verschieden. Das b, welches nur des Tritons halber angewendet wird, ist im VIII. Ton nicht so häufig als im I.,[1]) wenn aber das Tonstück viele b beinahe regelmässig enthält und doch in G abschliesst, so ist es als versetzter II. Ton mit obligatem b zu betrachten, z. B. Hymnus *Quem terra, pontus.*[2])

Der grössere Theil der Choralgesänge ist im VIII. *modus* geschrieben;[3]) die Alten nannten ihn kräftig, männlich; auch *tonus narrativus*, Ton für Erzählung. Der VII. und VIII. Ton sind, besonders in längeren Gesängen, gerne gemischt, z. B. in der Sequenz *Lauda Sion*.

Anmerk. Wie schon oben bemerkt, sind Gesänge des IX. *modus* wegen Ueberschreitung der conventionellen Grenze g̀ seltener zu finden; man scheint denselben durch Versetzung auf den Ton D mit regelmässigem b in den I. Ton verwandelt zu haben. Um so häufiger treffen wir in den *Gradualien* den X. hypoäolischen Ton. Beispielshalber führen wir an: Graduale: *Hódie sciétis, Tecum princípium, Réquiem ætérnam*. Der XIII. (XI.) oder jonische *modus*

---

[1]) Ueber die Anwendung des ♭ im VIII. Ton kann die Beobachtung zur Richtschnur dienen, dass in allen Fällen ♭ da gebraucht wird, wo es im *Hexachordum molle* erfordert wird; bei dem *Hexach. durum* G—e mag wohl F nachfolgen, allein es liegt dann über einer neuen Silbe und wird als Schlussformel benützt; z. B.

siehe Ant. *Qui sunt sermones*, Tract. *Sicut cervus*, Hymnentonus der Osterzeit, Ant. *Desponsátio gloriósæ*, Intr. *Ad te levávi*, Offert. *Deus firmávit* u. A.

[2]) Diese Gesänge wurden auf Befehl der röm. Commission in den neueren Auflagen der offiz. Choralbücher in ihre ursprüngliche Lage mit Fin. D umgeschrieben; so auch der Hymnus: „*Jesu Redémptor ómnium*," bei dem nun das ♭ vor e in ♮ vor h sich verändert.

[3]) Vielleicht war bei Composition neuer Choralgesänge das Beispiel des heiligen Gregor massgebend, der sein Antiphonarium mit dem Introitus *Ad te levávi* im VIII. Tone begann! Wahrscheinlicher liegt der Grund der so häufigen Verwendung des 1. und VIII. Tones in der bequemen Tonlage D—d, die keine oder doch nur geringe Versetzungen bei Ausführung dieser Gesänge erheischt.

entspricht durch seine Quinte g noch mehr unserer modernen C-dur-Tonleiter als der VI. Ton. Bei harmonischen Compositionen der alten Meister sind der jonische und sein plagaler Ton, der hypojonische *modus* sehr beliebt, besonders in der Transposition auf F mit regelmässigem b. Im gregorianischen Choral findet er sich weniger mehr, da beinahe alle Gesänge dieser Art als V. Ton bezeichnet werden. Im *Vesperale Romanum* findet sich ein *Salve Regina*, das dem reinen XI. Ton angehört. *Sanctus, Benedictus, Agnus Dei* der Missa *de Beata Maria Virg.*, sowie noch mehrere Gesänge im *Graduale*, speciell im *Ordinarium Missæ*, sind im XI. um eine Octav (von C—c) versetzten Tone geschrieben. Die Antiph. *Alma Redemptoris* und das feierliche *Ite Missa est* sind eine Quinte tiefer mit regelmässigem b versetzt. Die Antiph.: *Ave Regina*, und *Regina cœli* können als in die Unterquint mit b transponirter hypojonischer *Modus* bezeichnet werden. (Siehe Fussnote zu S. 54.)

§. 17. Transposition.

Jeder *Tonus* des sogenannten *Systema regulare* oder *durum*, so genannt, weil keine der sieben diatonischen Tonleitern ein b enthält, kann um eine Quart höher oder eine Quint tiefer mit einem b beim Schlüssel versetzt und geschrieben werden, und diese Versetzung ist das *systema transpositum* oder *molle*. Der I. Ton lautet dann G a b c d e f g; die Stellung der Ganz- und Halbtöne bleibt also unverändert.

Die Töne eines so transponirten *modus* hiessen *tuoni finti* oder *trasposti*, der in der Transposition ausgeführte Gesang *Musica ficta*.[1]

Bei Choralgesängen war diese Art Transposition seltener, findet sich jedoch besonders beim I. und II., XIII. (XI.) und XIV. (XII.) *modus*.

---

[1] Diess ist freilich nicht die einzige und volle Bedeutung der *Musica ficta*; die andere gehört aber nicht hieher, da sie nur bei den contrapunctisch-harmonischen Gesängen Anwendung fand. (Vgl *Ugolinus*.)

§. 17. Transposition.

Da die Choralmelodien nicht für alle Stimmgattungen ausführbar sind, so kann man sie, weil die Tonlage nur die Klangfarbe ändert, durch Transposition der gewünschten Höhe oder Tiefe anpassen. Gewöhnlich[1]) wird die Dominante des ersten Tones, *la*, als gemeinschaftliche Dominante für die acht Kirchentonarten, besonders bei den Psalmen mit ihren Antiphonen, gewählt. Daraus ergeben sich statt der natürlichen Tonreihen, folgende transponirte:

	1.	2.	3.	4.	5.	6.	7.	8.	
I. T.	d	e	f	g	a	h	c	d	
II. T.	cis	dis	e	fis	gis	a	h	cis	(4 ♯)
III. T.	cis	d	e	fis	gis	a	h	cis	(3 ♯)
IV. T.	h	c	d	e	f	g	a	h	
V. T.	d	e	fis	gis	a	h	cis	d	(3 ♯)
VI. T.	c	d	e	f	g	a	h	c	
VII. T.	d	e	fis	g	a	h	c	d	(1 ♯)
VIII. T.	h	cis	d	e	fis	gis	a	h	(3 ♯)

In vielen Fällen reicht aber diese einzige Transpositionsart nicht aus. Zur Erleichterung und sicheren Ausführung jeder nothwendigen oder wünschenswerthen Transposition sind in folgender Tabelle mehrere Arten von Versetzungen der *modi* angegeben. Die Zahl der Vorzeichen, die Finale, Dominante, die Unterquart bei den plagalen Tonarten sind beigefügt.[2])

---

[1]) Beim Choralgesang ohne Vermischung mit polyphonen Compositionen, *Falsibordoni* etc. empfiehlt sich diese Transposition besonders desshalb, weil auch die Bässe ohne Anstrengung bei allen Psalmtönen mitwirken können.

[2]) Die erste Note, welche erhöht wird, ist f. Die andern folgen in aufsteigenden Quinten, nämlich: f-c-g-d-a-e-h. Die erste Note, welche vertieft wird, ist h. Die andern folgen in aufsteigenden Quarten, nämlich: h-e-a-d-g-c-f. Da jeder Choralgesang ohne Vorzeichnung nach dem Sprachgebrauch der modernen Musik in C-dur steht und die Dur-Tonleitern weiter Nichts sind als Versetzungen der C-Tonleiter auf die 12 Tonstufen, so ist es zur Erleichterung

§. 17. Transposition.

Transponirte Octavengattungen.

Authentische.   Plagale.

	Finale.	Domi-nante.	Zahl der Vorzeichen.	Finale.	Domi-nante.	Unter-quart.	Zahl der Vorzeichen.	
Ton. I. Fin.D.Dom.c.	E F(Fis)	h c (cis)	2 ♯ 3 ♭ (4 ♯)	E F (Fis) G (Gis) a	G a (as) b (h) c	H C (Cis) D (Dis) E	2 ♯ 3 ♭ (4 ♯) 1 ♭ (6 ♯) 1 ♯	*Ton. II.* Fin.D.Dom.F.
Ton. III. Fin.E.Dom.c.	Fis D Cis	d b a	2 ♯ 2 ♭ 3 ♯	F (Fis) G (Gis)	b (h) c (ces)	C (Cis) D (Dis)	5 ♭ (2 ♯) 3 ♭ (4 ♯)	*Ton. IV.* Fin.E.Dom.a.
Ton. V. Fin.F.Dom.c.	G E (Es) D	d h (b) a	2 ♯ 5 ♯ (2 ♭) 3 ♯	E (Es) G (Ges) a (as)	Gis (G) h (b) cis (c)	H (B) D (Des) E (Es)	5 ♯ (2 ♭) 2 ♯ (5 ♭) 4 ♯ (3 ♭)	*Ton. VI.* Fin.F.Dom.a.
Ton. VII. Fin.G.Dom.d.	F(Fis) E (Es) D(Des) C	c (cis) h (b) a (as) G	2 ♭ (5 ♯) 3 ♯ (4 ♭) 1 ♯ (6 ♭) 1 ♭	a (as) F (Fis) E (Es) E	d (des) b (h) a (as) G	E (Es) C (Cis) H (B) A	2 ♯ (5 ♭) 2 ♭ (5 ♯) 3 ♯ (4 ♭) 1 ♯	*Ton. VIII.* Fin.G.Dom.c.

Mit Hilfe dieser Tabelle lässt sich nicht nur eine transponirte Tonart auf ihre natürliche Lage zurückführen, sondern auch jede zu hohe oder zu tiefe Stimmlage den Bedürfnissen anpassen. Z. B. ein Tonstück *VII. Toni* soll um eine kleine Terz tiefer genommen werden: Die Finale VII. Toni ist G, die Dominante d; die transponirte Finale also E, die Dominante h, die Zahl der Vorzeichen 3 ♯ (fis, cis und gis). Ein Tonstück schliesst in F, hat 3 ♭ (b, es, as) als Vorzeichen und die Dominante as. Welchem Tone ist es bei-

---

der Transposition wohl zulässig bei Erhöhung um einen ganzen Ton D-dur (2 ♯), bei Vertiefung um eine kleine Terz A-dur (3 ♯) sich vorzustellen, obwohl in der Wirklichkeit keine Gleichheit mit der modernen Dur- oder Molltonleiter zu finden ist.

zuzählen? Dem II., weil es die Transposition der Finale D, der Dom. F und der Unterquart A ist.

Verbindet sich mit dem Studium dieser Transpositionstabelle auch noch die geläufige Kenntniss der auf den vier Linien möglichen C- und F-Schlüssel, so braucht man, um ein Tonstück beliebig zu transponiren, **keine einzige Note zu verändern**; jede Tonlage wird durch den passenden Schlüssel und die Anwendung der nothwendigen Vorzeichen hergestellt und ausgeführt, und mit der Note wird immer auch die Vorstellung des **durch sie bezeichneten Tones** dem Geiste, Ohre und der Stimme **gegenwärtig sein**.[1])

§. 18. Ueber die Diësis im gregor. Choral.

Das Wort *Diësis* hatte im Laufe der Zeit verschiedene Bedeutung. Die Griechen nannten *Diësis* die Hälfte des Limma (beiläufig ⅑ des Ganztones); die Theoretiker des Mittelalters, besonders im 12. und 13. Jahrhundert, hiessen *Diësis* jedes Intervall, das nach mathematischen Berechnungen keinen Halbton ergab. *Joh. de Muris* bezeichnet den kleinen Halbton als *Diësis*, und dieser Begriff bildete sich vom 16. Jahrhunderte an dahin aus, dass jede Erhöhung durch ♯ und ♮ (letzteres wurde bis in's 17. Jahrhundert noch als ♯ geschrieben) *Diësis*[2]) genannt wurde.

Ausser b vor h zur Vermeidung des Tritons darf kein Zeichen der Vertiefung oder Erhöhung im Choralgesange vorkommen.

Da dies Lehrbuch keine Streitschrift sein kann, so genüge eine kurze Begründung der aufgestellten Regel. Man beruft sich auf einige Stellen in *Gerb. Script.* und *de cantu et mus. s.*, aus denen man die ♯ und chromatischen Schlüsse zu eruiren sich bemüht. Abgesehen jedoch von der Unklar-

---

[1]) Den Sängern kann man diese Transposition ersparen, wenn man sie gewöhnt, die Intervallschritte in jeder beliebigen Tonhöhe sicher zu intoniren. Dem Dirigenten und Organisten aber ist Uebung in der Transposition nicht zu erlassen.

[2]) Die Italiener sagen noch jetzt z. B. statt *cis* = *ut diësis*, die Franzosen = *ut diëze*.

§. 18. Ueber die Diësis im gregor. Choral.

heit und Mehrdeutigkeit derselben, so enthalten Gerbert und besonders Coussemacker z. B. Tom. II. 293 für das Gegentheil Zeugnisse, die mindestens, ebenso klar sind, wie die von den Anhängern der *Diësis* angeführten, so von *Regino von Prüm* († 910), *Gerb. I. 232, Oddo von Cluny, Hucbald* etc. *Elias Salomonis* (1274) schreibt: „*In G non dicitur fa, sed recompensatur re;*") d. h. man kann kein Hexachord (siehe §. 5.) auf D bilden, weil es heissen müsste D E Fis G,

ut re mi fa,

sondern man muss, wenn doch unter G noch ein Ton vorkommt, sagen F G a b.[1])

ut re mi fa.

Pater *Martini* († 1784), ein zu seiner Zeit von ganz Europa bewunderter Mann, schreibt: „Der *Cantus firmus* ist,

---

[1]) *Ambros, Gesch. der Mus.*, 2. B. S. 185. Wohl ist auch Ambros der Ansicht, dass s p ä t e r, als der Choralgesang mit der Figuralmusik sich vermischte und letztere die Oberhand gewann, auch bei C (I. und II. Ton) und F (VII. und VIII. Ton) und sonst noch öfter ♯ gebraucht wurde, das gibt aber auch jeder zu, der die Geschichte des Chorals kennt. II. Band, S. 155 schreibt er: „So lange man den gregorianischen Gesang, den „pur lautern Choral," im Einklange ausführte, ging es sehr wohl an,' keine andern als die jedem Kirchentone nach strengster Diatonik zugewiesenen Töne anzuwenden; sobald man aber mehrstimmig zu singen anfing, musste sich das Missliche eines starr diatonischen Gesanges fühlbar machen, und es mussten die fingirten Töne aushelfen." S. 51. l. c. schreibt er: „Die harmonischen Relationen der Tonalität im neueren Sinne beherrschen unsere melodische Erfindung durchaus; die Gregor's war davon u n a b h ä n g i g. Die neuere Melodie weist überall auf die gleichzeitig gedachten Grundharmonieen; die Gregorianische, gleich ursprünglich von latenter Harmonik unabhängig, ist in ihrer Tonalität nur aus ihr selbst, also aus ihrer bewegten Fortschreitung zu erklären . . ."

[2]) Schlecht, l. c. S. 31, glaubt, sich für die *Diësis* sogar auf *Guido* berufen zu können. Ich habe die ältesten *Codices* des *Micrologus* in der *Bibliotheca Vaticana* zu Rom, in Florenz und Bologna mit der Ausgabe *Gerbert's* verglichen, und das Resultat ist, dass die Stelle, auf welche Herr Schlecht seine Beweisführung stützt, erst ein paar Jahrhunderte später als Randglosse erscheint und dann in den Text aufgenommen wurde! Die Guidonische Theorie kennt nur die Einführung des ♭ als Mittel zur Vermeidung des Triton, nicht das ♯, welches erst beim Aufblühen der Harmonie sich geltend machte. Wendet man beim VIII. Tone namentlich in den Schlusscadenzen ♯ an, um das h nicht preiszugeben, so ist man nicht besser daran, als wenn F ♭ gesungen wird; beidemale ist strenggenommen der Charakter der Tonart verwischt; im ersten Falle erhält man den II. *modus*, im letzten Falle den VI.

§. 18. Ueber die Diësis im gregor. Choral.

nach dem Zeugniss der ersten Künstler, einzig im diatonischen Tongeschlecht verfasst. Daher nimmt er auch nicht den Schein von den Accidentien ♯ und ♭ an, ausser um von F aufwärts den Triton, und abwärts die falsche Quint zu vermeiden." *Baini*, der Biograph Palestrina's, ein gründlicher Kenner der alten Musik und ihrer Tonarten, klagt in seinen *memorie stor. crit.*: „Man ist so weit gegangen, dass man auch dem e ein ♭ vorsetzt, und, um nicht mit sich in Widerspruch zu gerathen, auch a um einen halben Ton erniedrigt. Ja, man hat, die Natur des Chorals ganz misskennend, bald da bald dort ♭, ♮, ♯ gesetzt..."

Wenn man sich auf die alten Meister, die in der polyphonen Bearbeitung von Choralmelodieen manchmal den zufälligen Halbton gebrauchen, beruft, so übersieht man, dass es ihnen dann nie um die ganze Melodie (also um die treue Wiedergabe des gregor. Chorals als solchen) zu thun war, sondern dass sie nur Motive aus Chorälen benützten. Manchmal aber brachten sie die nämlichen Melodieen, wenn eine andere Stimme sie zum 2. oder 3. Mal aufnahm, im ganzen Tone. Gerade die Compositionen der alten Meister bieten unwidergliche Beweise, dass man auch zu ihren Zeiten den streng diatonischen Choral geübt, wenn sie eine ganze Choralmelodie als *Cantus firmus* dem Tenor oder einer andern Stimme übergeben und unterlegen. Da muss das ganze harmonische und contrapunctische Gewebe sich dem Choral unterordnen und fügen, damit der ganze Ton gerade an den Stellen zum Ausdruck kommen kann, wo die Anhänger der *Diësis* jetzt einen halben Ton anzubringen pflegen.[1])

„Alle neueren Vertreter der Diatonik[2]) betrachten diese lediglich vom rein musikalischen Standpunkt aus.... Alle

---

[1]) Diese Behauptungen können leicht mit Beispielen belegt werden. Die Proske'sche Bibliothek in Regensburg bietet Jedem, der sich über diesen Punct Gewissheit verschaffen will, die reichsten Mittel und vollständigen Aufschluss. Siehe besonders Witt, *Mus. sacra*, Jahrgang 1868, S. 33 u. ff.

[2]) Diese sind aber (nebenbei bemerkt) unter sich höchst uneinig, und widersprechen sich sehr gerne bei ihren Versuchen, bestimmte Regeln für die *Diësis* aufzustellen.

gegen die Diatonik erhobenen Einwendungen werden schwinden, wenn man sie (die Diatonik) in Verbindung setzt mit dem angemessenen Rhythmus und Vortrag. . . ."[1])

Den Vorwurf unmusikalischen Sinnes wird man keinem Diatoniker mit Ernst machen können; denn wenn auch manche Stellen hart, ja schroff zu klingen scheinen, so tragen meistens nur der schlechte Vortrag, der mangelhafte Rhythmus, oder besonders eine schlechte Orgelbegleitung die Schuld.

Ludwig Schneider († 1864) sagt:[2]) „Eins muss ich Ihnen dringend an's Herz legen: die Diësis gänzlich für immer und ewig aus dem gregorianischen Gesange zu verbannen, und das Kreuz so zu fliehen, wie es der Teufel flieht. Alles, was zu ihrer Rechtfertigung gesagt wird, ist eitel, Täuschung und Sophisma. . . . Zwischen der Musik ausser der Kirche und dem liturgischen Gesang besteht und muss bestehen eine unübersteigliche Scheidewand, wie zwischen Himmel und Erde, wie zwischen einem weltlichen, wenn auch sehr frugalen, Gastmahle und dem heiligen Abendmahle.

Ich bitte Sie . . . . sich nicht zu ärgern an dem einfachen, ernsten, streng diatonischen, ächt armen Christusgewande des liturgischen Gesanges."

b) Praktischer Theil.

§. 19. Die liturgischen Bücher.

Die Bücher, in welchen der die gesammte katholische Liturgie umfassende Choralgesang enthalten ist, sind folgende:

1. Das **Missale Romanum**, Messbuch, enthält die beim heiligen Opfer vorgeschriebenen Lesungen und Gebete mit

---

[1]) *Choral und Liturgie.* Schaffhausen. Hurter, 1865.
[2]) In einem Brief an H. Oberhoffer in Luxemburg, mitgetheilt im 3. Jahrgang der *Cæcilia,* 1864, Nr. 3.

§. 19. Die liturgischen Bücher.

den nothwendigen Intonationen des Priesters und dem Präfationsgesange.

Pius V. gab 1570 das auf Befehl des Concils von Trient verbesserte Missale heraus. Der Titel desselben lautet: Missale Romanum | ex Decreto Sacrosancti Concilii | Tridentini restitutum, | Pii V. Pont. Max. | jussu editum. | Romæ. Apud Hæredes Bartholomæi | Faletti, Joannem Variscum, et Socios. | Das letzte Blatt enthält nach Wiederholung der Druckernamen die Jahrzahl MDLXX. Unter Sixtus V. erschien eine neurevidirte Ausgabe *Venetiis apud Juntas* 1589 und *apud Jo. Ant. Rampazettum (Melch. Sessa)* 1589, unter Clemens VIII. 1604 eine dritte, unter Urban VIII. 1634 und Innocenz XI. 1677 die letzten. Den jetzigen Ausgaben des Miss. Rom. liegen die Reformen von Pius V., Clemens VIII. und Urban VIII. zu Grunde.

Gregor XIII. hatte Palestrina mit der Correctur der greg. Gesänge beauftragt, und dieser übernahm auch das Graduale und Antiphonarium, ohne sie zu vollenden. Sein Schüler Guidetti arbeitete die andern Choralgesänge aus. Für das Missale hatte Guidetti die Præfationen revidirt, und gab sie 1588 eigens heraus. — Erst seit dem Jahre 1870 wurde durch die Sorge der S. R. C. auch der Uebereinstimmung der Intonationen und Gesänge des Miss. Rom. mit den offiziellen Choralbüchern genaue Aufmerksamkeit zugewendet und dadurch sind der Willkür und dem Belieben der Redacteure und Typographen des Missale Rom. die nöthigen Schranken gesetzt. Den genauen *accentus* enthalten nur die Missalausgaben von Fr. Pustet in Regensburg.

2. Das **Graduale Romanum** enthält den *concentus* des Chores und ist gleichsam das Missale in Noten. Die Introiten, Gradualien, Alleluja's, Tracten, Sequenzen, Offertorien, Communionen des ganzen Kirchenjahres, sowie die Choräle zur heiligen Messe der verschiedenen Feste sind in demselben nach der Ordnung des Missale aufgeführt.

Auf Befehl Paul V. wurde dasselbe in den Jahren 1614 und 1615 zu Rom in der mediceischen Officin edirt. In Rom hält man an dieser Ausgabe als der offiziellen fest. Auf Befehl Pius IX. wurde sie mit den neuen Festen vermehrt wieder aufgelegt. — Der Name *Graduale* bezeichnet den Gesang zwischen Epistel und Evangelium und stammt (nach

§. 19. Die liturgischen Bücher.

den meisten Liturgen) von dem Orte, ˙den der Vorsänger einnahm; er stand auf einer Erhöhung *(gradus)* vor dem Altar. Dieser Name wurde dann auf das Buch, das nicht blos die Gradualien, sondern auch den übrigen *concentus* enthielt, übertragen. — Das *Ordinarium Missæ* (die stehenden Gesänge der Messe) ist in Octav und Folio separat zu beziehen.

3. **Pontificale Romanum** heisst jenes Buch, welches die allein dem Bischofe zustehenden gottesdienstlichen Verrichtungen enthält.

Auch die Gesänge des *Pontificale Romanum* wurden genau corrigirt und sind einstweilen die wichtigsten bischöflichen Functionen zum bequemen Gebrauch in einzelnen Fascikeln in Folio publicirt. Der *Ritus Dedicationis Ecclesiæ seu Consecrationis Altaris*, sowie der *Ritus Ordinum Minorum et Majorum* ist in handlichem Format 18° mit unverkürztem Text und allen dazu gehörigen Noten bei Fr. Pustet edirt.

Gleiche Bestimmung wie das Pont. hat auch das *Cæremoniale Episcoporum*. Zu Rom, Venedig, Kempten, Antwerpen etc. wurden Ausgaben desselben veranstaltet; besonders empfehlenswerth ist der von Aloys Proto zum Cærem. Episc. verfasste Commentar, welcher die einschlägigen neuesten Decrete der S. R. C. mittheilt, sowie das *Cæremoniale juxta ritum Romanum* von Aloys M. Bartoli de Carpo, das alle liturg. Bestimmungen über Gesang und Orgelspiel in übersichtlicher Weise bei Zusammenstellung der Ceremonien einreiht.

4. Im **Rituale Romanum** finden sich die dem Priester bei Spendung der heiligen Sakramente, bei Begräbnissen etc. vorgeschriebenen Gebete und Gesänge.

Paul V. gab es im Jahre 1614 heraus, durch Benedict XIV. wurde es vermehrt. In Deutschland hat beinahe jede Diöcese ihr eigenes Ritual, denen jedoch meistens das römische Ritual zu Grunde gelegt ist. Die neueste offizielle Ausgabe des Rit. Rom. mit eigener Eintheilung in Titel, Kapitel und Abtheilungsnummern erschien mit Approbation der S. R. C. bei Fr. Pustet, 1881.

Ein Auszug des Rit. Rom. ist das *Processionale Rom.*, dessen neue von der S. R. C. approbirte Ausgabe die Gesänge bei den kirchlichen Processionen, sowie die approbirten Litaneien, den *Ordo ad recipiendum Episcopum* etc. enthält. Für die Vergleichung der Gesangsweisen und Ritusformen vor der Reform der liturg. Bücher bieten die vielen Auflagen des *Sacerdotale* oder *Liber Sacerdotalis* (Ausgaben *Venetiis per Melch. Sessas et Petrum de Ravanis socios* 1523 und *Venetiis, Petri Liechtenstein Agrippinensis* 1567) ein hohes Interesse und reiche Belehrung. Ein weiterer Auszug ist das *Officium Defunctorum* oder *Exsequiale Romanum*, welches seit 1872 in mehreren Auflagen bei Fr. Pustet erschien, und die Gesänge für Begräbnisse aus dem *Rituale*, sowie Vesper, Matutin und Laudes aus dem *Antiphonar. Rom.* enthält.

5. Das **Antiphonarium Romanum** umfasst die Antiphonen zu Matutin, Laudes und Vesper, die Invitatorien und Responsorien zur Matutin, die Psalmtöne etc.[1])

Der II. Band der offiziellen Ausgabe des Antiph. Rom. in Folio, welcher als der am meisten benöthigte zuerst hergestellt wurde, enthält die Antiph., Psalmen, Hymnen und Versikel der sogen. *Horæ diurnæ*, und ist eine Vereinigung der in den alten Ausgaben höchst unbequem getrennten Folianten: „*Psalterium* und *Antiphonarium Romanum*." Der erste Theil des I. Bandes enthält die Invitatorien, Hymnen, Antiph., Psalmen, Versikel und Responsorien sämmtlicher Matutinen des *Proprium de Tempore*; der zweite Theil des I. Bandes das *Proprium* und *Commune Sanctorum*. — Als Auszug des Antiph. Romanum sind in practischen Handausgaben in 8° publicirt: *Vesperale Romanum, Officium Nativitatis* und *Officium hebdomadæ sanctæ*. Aus letzterem sind in Klein-Folio die 4 Passionen nebst den 9 Lamentationen und dem *Exsultet* des Charsamstags nach dem Muster des von Joh. Guidetti 1586 zu Rom publicirten „*Cantus ecclesiasticus Passionis D. N. J. Chr. secundum Matthæum, Marcum, Lucam et Joannem*" ebenfalls in drei Fascikeln prächtig ausgestattet erschienen.

---

[1]) Aeltere Ausgaben: Antv. 1573, 1611; Ingolst. 1630; Venetiis 1508, 1554, 1580, 1585, 1645, 1652, 1695, 1701. Der neuen offiziellen Ausgabe ist das Antiph. Rom. von *Petr. Liechtenstein*, Venet. 1585, und für die Responsorien nach den Lectionen das Antiph. Romanum Antverpiæ ap. *Joach. Trognæsium*, 1611 zu Grunde gelegt.

Im *Psalterium Romanum chorale* standen die Psalmen zum *Officium de tempore* während der Woche, sowie die Hymnen des ganzen Kirchenjahres nebst dem *Officium defunctorum*.¹)

Aus dem Psalterium wurden die Hymnen abgesondert, und in eigenen, oft prachtvollen Folianten herausgegeben.²)

6. Das **Directorium chori** kann als Normalbuch für die Intonationen des Priesters, Hebdomadar's und Cantor's gelten. Joh. Guidetti brachte dasselbe im Jahre 1582 zu Stande,³) 1589 erschien die 2., 1600 die 3. Auflage, alle drei vom Autor selbst besorgt. Die späteren Ausgaben enthalten Zusätze, mehr oder minder glückliche Aenderungen u. s. w. Die bekannteren wurden edirt: *Romæ*, 1604, 1615, 1624, 1642, 1665, 1737. *Monachii*, 1618. In diesem *Choralhandbuch* stehen die Angaben der treffenden Psalmtöne für das ganze Kirchenjahr, die Gesangsweisen des *Venite exsultémus*, der *Psalmen, Versikel, Lectionen, Te Deum, Orationen, Litaneien, Gloria, Ite Missa est*, etc. etc. Die neue officielle Ausgabe des *Dir. chori* ist durch Beigabe aller Psalmentexte, die ganze Melodie der Hymnen und aller neuen Feste ein für jeden Kleriker und Cantor unentbehrliches Buch für den Gesang des Breviergebetes geworden.

§. 20. Kirchenjahr und Kirchenkalender.

I. Das Kirchenjahr besteht aus drei grossen Theilen, und alle Zeiten, Feste und Tage desselben sind nur eine

---

¹ Unter vielen Ausgaben sind nennenswerth: Antv. 1609, 1611, 1664; Rom. 1678; Salisburg 1683; Venet. 1606, 1621, 1656, 1705, 1737, und noch öfter.

²) Solche Ausgaben sind: Venet. 1644, 1675, 1724; Antv. 1644; Salisburg 1684.

³) Der vollständige Titel ist: „*Directorium chori ad usum sacro-sanctæ basilicæ Vaticanæ, et aliarum cathedralium et collegiatarum ecclesiarum collectum opera Joh. Guidetti Bononiensis, ejusdem Vaticanæ basilicæ clerici beneficiati, et Ss. D. N. Gregorii XIII. capellani, permissu Superiorum, Romæ ap. Rob. Granjon. Parisien, 1582.* Guidetti publicirte auch den „*Cantus ecclesiasticus officii Majoris Hebdomadæ*" unter Sixtus V. Ex typogr. Jac. Tornerii. 1587.

nähere oder entferntere Vor- und Nachfeier der drei Centralfeste von Weihnachten, Ostern und Pfingsten.

Die nähere Vorfeier sind die Vigilien, die sich aber nur bei den ältesten Festen finden, nicht auch bei später eingeführten (wie Fronleichnamsfest, Fest des hl. Joseph u. s. w.).

Die nähere Nachfeier ist die Octave, die mit dem achten Tage nach dem Hauptfeste abschliesst.

Die entferntere Vor- und Nachfeier der 3 Hauptfeste besteht in den Sonntagen *(Dominica)* mit den dazwischen liegenden „Werktagen" *(Feria)*. Was die Octavtage für ein Fest, sind die Ferien für den Sonntag; wird letzterer höher gefeiert, so auch die Ferie, und man unterscheidet daher *feriæ majores* (grössere) und *minores* (kleinere). Zu den ersteren gehören alle Ferien der Advent- und Fastenzeit, Mittwoch, Freitag und Samstag der vier Quatemperwochen und die zweite Ferie der Bittwoche.

Zwischen die drei Hauptfeste werden nun im Laufe des Kirchenjahres noch andere Feste des Herrn, U. L. Frau, sowie der Heiligen und Engel eingeschaltet.

Das Kirchenjahr nimmt seinen Anfang mit dem 1. Adventsonntag; in die Woche des 3. Adventsonntags fallen die sogenannten Quatempertage, nach dem 4. Adventsonntage folgt der Vorabend *(Vigilia)* von Weihnachten mit einer Reihe von Festen, die mit Octaven geziert sind. Octav von Weihnachten ist der 1. Jan. (Fest der Beschneidung des Herrn *„Circumcisio.")* Am 6. Jan. wird die Erscheinung des Herrn *(„Epiphania Domini")* gefeiert, und dann folgt der Abschluss des ersten Festkreises durch die Sonntage nach Epiphanie *(Dom. post Epiph.)*, deren Anzahl, je nachdem Ostern fällt, bald grösser bald kleiner ist, sechs aber nie überschreitet.

Die entferntere Vorfeier des Osterkreises beginnt mit dem Sonntag *Septuagesima* (70 Tage vor Ostern), umfasst *Sexagesima* und *Quinquagesima* und reicht bis zum Aschermittwoch *(Feria IV. Cinerum)*, mit welchem die Kirche in die eigentliche 40-tägige Fastenzeit *(Quadragesima)* eintritt.

§. 20. Kirchenjahr und Kirchenkalender.

Vor dem 2. Fastensonntage fällt die Quatemperwoche. Nach vier Sonntagen, zwischen welchen auch die Ferien feierlicher begangen werden, folgt die Passionszeit, mit der *Dominica Passionis* beginnend, und nach acht Tagen der Palmsonntag *(Dom. Palmarum)* mit der Charwoche *(Hebdomas major)*, in der besonders Donnerstag *(Feria V. in Cœna Dni)*, Freitag *(Feria VI. in Parasceve)* und Samstag *(Sabbatum sanctum)* ausgezeichnet sind. Ostern *(Pascha)* hat als Nachfeier eine Octav, die mit dem weissen Sonntag *(Dom. in Albis)* schliesst; demselben folgen noch 4 Sonntage. Dann beginnt die Bittwoche mit dem Feste Christi Himmelfahrt *(Ascensio Domini)* und am 50. Tage nach Ostern fällt das Pfingstfest *(Dom. Pentecostes)*, zu welchem die Tage von Christi Himmelfahrt bis zur Vigilie von Pfingsten die Vorfeier bilden (darunter auch die *Dominica infra* [innerhalb] *Octavam Ascensionis*). Die Octav des Pfingstfestes schliesst die 3 Quatempertage in sich und endigt mit dem Dreifaltigkeitssonntag *(Festum Ss. Trinitatis)*. Am Donnerstag nach der Octav fällt das Fronleichnamsfest *(Fest. Ss. Corporis Christi)* mit seiner Octav, dem sich die Sonntage nach Pfingsten bis zum 23. anreihen (im September fällt die 4. Quatemperwoche). Sind mehr als 24 Sonntage, so werden nach dem 23. jene eingeschaltet, welche nach Epiphanie nicht mehr gefeiert werden konnten, und zwar, wenn 28 Sonntage treffen, vom 3. nach Epiphanie an, wenn 27 vom 4. an u. s. w. Der letzte Sonntag nach Pfingsten (mit *XXIV. et ultima* bezeichnet) beschliesst das Kirchenjahr.

Die Feste haben nicht alle gleiche Rangordnung und werden nicht mit gleicher Feier begangen. Man unterscheidet *festa simplicia* (einfache), *semiduplicia* (halbfeierliche) und *duplicia* (feierliche); und bei den letzteren wieder *dupl. I. classis, dupl. II. classis, duplicia majora* und *duplicia minora (per annum)*. Letztere werden bloss mit *dupl. (duplex)* bezeichnet, während die übrigen genauer charakterisirt sind. Als der kirchlichen Feste so viele wurden, dass sie vom Volke nicht mehr mit Enthaltung von knechtlichen Arbeiten und Beiwohnung bei dem Gottesdienste gefeiert

§. 20. Kirchenjahr und Kirchenkalender.

werden konnten, wählte man die Bezeichnung *in foro* (öffentliche Feier) und *in choro* (liturgische Feier in der Kirche).

Einzelne Diözesen haben Feste, die nicht in den römischen liturgischen Büchern stehen, daher für die verschiedenen Bisthümer im „*Proprium Dioecesis*" angegeben sind.

II. Jede Diözese hat ihren eigenen Kirchenkalender *(Directorium* oder *Ordo recitandi officium divinum Missamque celebrandi,* Ordnung für's Breviergebet und die Feier der Messe), der jährlich gegen Ende des bürgerlichen Jahres an alle Kirchen versendet wird. Wenn der Chorgesang, wie er sollte, mit der Liturgie in inniger Verbindung stehen will, so ist dem Chorregenten einer jeden Kirche nicht bloss der Besitz eines solchen Kalenders unumgänglich nothwendig, sondern auch die Kenntniss dessen, was derselbe vorschreibt und wie diese Vorschriften auszuführen sind.[1]

Der Kirchenkalender beginnt wegen der Beweglichkeit des I. Adventsonntags (des eigentlichen Beginnes des Kirchenjahres) mit dem 1. Januar. Die Ordnung der Feste richtet sich nach dem Tage, auf welchen Ostern fällt; mit dem Osterfeste wechseln alljährlich der Sonntag *Septuagesima* und die darauffolgenden nebst dem Aschermittwoch, das Fest der Himmelfahrt Christi, Pfingsten, Fronleichnam und der I. Adventsonntag. Diese Feste heissen bewegliche *(Festa mobilia)*, *Mensis* heisst Monat, *dies* = Tag, *Feria 2.* ist Montag, *Feria 3.* Dienstag etc. *Sabbatum* Samstag. Am Rande findet sich die Farbe der heiligen Gewänder *(Paramente)* angegeben, welche der Priester an den verschiedenen Tagen zu tragen hat, und zwar mit grossen oder kleinen Anfangsbuchstaben:

---

[1] Diess ist meines Wissens der erste Versuch, die Kenntniss und Ausführung des liturgisch-musikalischen Inhalts des Diözesandirectoriums Solchen zu vermitteln, welche der lateinischen Sprache unkundig sind. Da übrigens von der theoretischen Kenntniss des Directoriums bis zur Gewandtheit im Gebrauch desselben bei Messe oder Vesper die Uebung allein die Brücke bildet; da ferner nähere Erläuterungen bei den einzelnen folgenden Paragraphen gegeben werden müssen, um den reichen Stoff zu vertheilen, so werden hier nur die allgemeinen Regeln aufgeführt, für das Einzelne aber ist zur Uebersicht am Schlusse dieses Lehrbuches ein alphabetisches Register der gewöhnlichen Ausdrücke des Directoriums mit deutscher Uebersetzung beigefügt.

§. 20. Kirchenjahr und Kirchenkalender.

A. = *albus* (weiss), r. = *ruber* (roth), v = *viridis* (grün), vl. = *violaceus* (blau), n. = *niger* (schwarz). Bei der Vesper (dem Nachmittagsgottesdienst) trifft oft eine andere Farbe, als bei der Messe am Vormittag gebraucht wurde; dieselbe ist meistens eigens verzeichnet.

Nach Angabe des Wochentages folgt das Fest, welches gefeiert wird, dann der Rang desselben (ob *duplex, semid.* etc.), manchmal auch die Bezeichnung *Officium Proprium*, wenn das Fest besondere Formulare hat, die nur ihm zukommen, oder *ex P. R.* = *ex Proprio Ratisbonensi*, wenn das Fest nur in einer Diözese (z. B. Regensburg) gefeiert wird. *Al.* = *alias* (gewöhnlich) deutet auf den römischen Kirchenkalender, und zeigt an, dass das betreffende Fest nicht an dem Tage gefeiert wird, wie es der römische Kalender angibt, sondern verlegt (transferirt) wurde; steht *d. f.* = *dies fixus*, so geschah die Translation regelmässig auf einen „bestimmten Tag,". steht *f* = *fuit*, so geschah sie nur in Folge des Zusammenfallens mit einem höheren Feste. Die Abkürzung *Br. r.* = *Breviaria recentiora* sagt, dass nur die neueren Brevierausgaben das Fest enthalten, dass also beim Gebrauch älterer ein Supplement oder das Diöcesan-Proprium genommen werden muss. *Br. r. pro a. l.* = *Breviaria recentiora*, oder *inter festa pro aliquibus locis* weist auf den Anhang des Messbuches *(Graduale)* oder des Brevier's *(Vesperale, Directorium)* hin, der die an einzelnen Orten oder Diözesen üblichen Feste enthält. *Gl.* = *Gloria* bedeutet, dass *Gloria* gesungen wird, *Cr.* = *Credo*, *Gl. sine Cr.* = *Gloria* aber nicht *Credo*, *Cr. sine Gl.* = *Credo* aber nicht *Gloria*.

Das alphabetische Register am Schlusse des gegenwärtigen Buches vereinigt die für den Chorregenten nöthigen Abkürzungen und Erklärungen; der Gebrauch desselben wird aber erst nach Kenntniss des nächsten und der folgenden Paragraphe von Nutzen sein.

Noch sei bemerkt, dass jede Pfarrkirche kleinere Abänderungen des Diözesandirectoriums machen muss, die durch die Feier des Kirchweihfestes *(Dedicatio Ecclesiæ)* und Kirchenpatrons *(Patrocinium)* veranlasst werden.

§. 21. Einrichtung des Missale (Graduale) und Breviers.

I. Das *Missale Romanum* besteht aus sechs grösseren Abtheilungen, ebenso das *Graduale Romanum*, nämlich: 1.) *Proprium de Tempore*, d. h. Messen für die Feste, Sonn- und Wochentage der Kirchenzeit *(tempus)* vom 1. Adventsonntag bis zum letzten Sonntag nach Pfingsten. Zwischen Charsamstag und Ostern ist 2.) der *Ordo Missæ* mit dem *Canon* eingeschaltet.[1]) 3.) Das *Proprium Missarum de Sanctis* enthält die wechselnden Messformulare der Feste Mariens, der Heiligen, Engel etc. vom 29. November (Vigilie des heil. Apostels Andreas) bis 26. Nov. *(Petrus Alexandrinus.)* Da die meisten Feste der Heiligen bis auf wenige Gebete bestimmte Formularien gemeinsam haben, so ist ein 4.) Theil des Messbuches das „*Commune Sanctorum*,“ welches in folgende Unterabtheilungen zerfällt: a) *In Vigilia unius Apostoli* (Vigilie eines Apostelfestes), b) *Commune unius Martyris Pontificis* (Feier eines Martyrers, der Bischof war) mit zwei verschiedenen Formularen, c) *Commune unius Mart. non Pont.* (Martyrer, aber nicht Bischof, mit zwei Formularen); d) *Comm. Mart. tempore Paschali. De uno Martyre* (Fest eines Martyrers während der Osterzeit, weisser Sonntag bis Pfingsten); e) *De pluribus Martyribus temp. Pasch.* (mehrere Martyrer während der Osterzeit); f) *Comm. plurimorum Mart. extra tempus Pasch.* (mehrere Mart. ausser der Osterzeit) mit drei Formularen; g) *Comm. Confessoris Pontificis* (Bekenner und Bischof, mit zweierlei Messen); h) *Commune Doctorum* (Kirchenlehrer); i) *Comm. Conf. non Pont.* (Bekenner, nicht Bischof), mit zwei Messen; k) *Missa pro Abbatibus* (hl. Aebte); l) *Commune Virginum. Pro Virgine et Martyre* (Jungfrau und Märtyrin) mit dreierlei

---

[1]) *Ordo Missæ* bedeutet die nicht wechselnden Gebete bei jeder Messe. Im *Grad. Romanum* wurden die feststehenden Gesänge des *Kyrie, Gloria, Sanctus, Benedictus* und *Agnus Dei (Credo)* am Ende unter der Ueberschrift *Ordinarium Missæ* (gewöhnliche Messgesänge) angebracht.

§. 21. Einrichtung des Missale (Graduale) und Breviers. 73

Messen; m) *Pro Virgine tantum* (die bloss Jungfrau war), zwei Formulare; n) *Comm. non Virginum. Pro uno Mart. non Virgine* (bloss Märtyrin, nicht Jungfrau); o) *Pro nec Virg. nec Mart.* (weder Jungfrau noch Märtyrin, also z. B. eine heilige Wittwe); p) *In anniversario Dedicationis Ecclesiæ* (Kirchweihfest). —

Nun folgt 5.) die Abtheilung der Votivmessen[1]) *(Missæ votivæ)*, zuerst für jeden Tag der Woche, für Montag von der heil. Dreifaltigkeit, oder für Verstorbene,[2]) für Dienstag von den heiligen Engeln, für Mittwoch von den Apostelfürsten Petrus und Paulus, für Donnerstag vom heiligen Altarssacrament, für Freitag vom heiligen Kreuz oder vom Leiden des Herrn, für Samstag von der Mutter Gottes, letztere mit 5 Formularen, je nach der Kirchenzeit.[3]) Auf diese folgen 13 Votivmessen für verschiedene Anliegen, z. B. Papstwahl, für Kranke, um Frieden, für Brautleute etc. Da die Regeln, wann und welche Votivmessen gehalten werden können, hier unmöglich Platz finden, so ist auf's dringendste zu wünschen, dass der celebrirende Priester den Chorregenten oder die Sänger bei jedem einzelnen Falle sowohl auf das Messformular als auf den Rang der Feier (ob feierlich oder gewöhnlich) aufmerksam mache.

Die 6.) Abtheilung endlich enthält die *Festa pro aliquibus locis*, Feste, die nicht allgemein, sondern nur an einigen Orten gefeiert werden (vom 7. December bis 29. November). Als Anhang beschliessen das Missale die *Festa propria Diœceseos* (die der Diözese eigenthümlichen Feste).

II. Das Brevier, ebenso das *Directorium chori* oder der Auszug für die Vespern *(Vesperale Romanum)* hat ganz

---

[1]) „*Votiv* heissen jene Messen, welche in einem besondern Anliegen, sei es als Bitte oder Dank oder Lob, dargebracht werden." Amberger, Pastoraltheol. 2. Bd. S. 241.

[2]) Die *Missa pro Defunctis* steht im Messbuch am Ende aller Votivmessen, im *Graduale* am Ende des *Ordinarium Missæ*.

[3]) Vom Advent bis Weihnachten, von Weihnachten bis Lichtmess *(Purificatio)*, von Lichtmess bis Ostern, von Ostern bis Pfingsten, von Pfingsten bis Advent.

gleiche Einrichtung mit dem Missale. Vor dem *Proprium de tempore* jedoch (gleichsam statt des *Ordo* und *Canon* im Messbuch) steht das *Psalterium Romanum dispositum per hebdomadam* (die Psalmen Davids auf die Wochentage vertheilt), und an Stelle der 5. Abtheilung des *Missale* sind im Brevier das *Officium B. M. V., Defunctorum*, Allerheiligenlitanei etc. aufgeführt. Jeder Tag hat das *Matutinum*, die *Laudes*, die *Horen* (Stundengebete): *Prim*, *Terz*, *Sext*, *Non*, *Vesper* und *Completorium*. Die einzelnen Theile dieser täglichen Gebetsstunden werden in den folgenden Paragraphen besonders für Matutin, Laudes, Vesper und Complet beschrieben werden. Am Ende des *Directorium chori, Vesperale* und *Antiphonarium Romanum* sind die stehenden Gesänge und Intonationen der Psalmen, Versikel etc. unter dem Titel *Communia Directorii. Communia Vesperarum, Antiphonarii* zusammengestellt.

Das heilige Messopfer.

§. 22. Introitus. Kyrie. Gloria.

I. Der Introitus[1]) ist ein Wechselgesang, bestehend aus einer Antiphon, einem Psalmvers und dem *Gloria Patri*,[2]) nach welchem die Antiphon bis zum Psalmvers wiederholt

---

[1]) Seitdem der Priester den *Introitus* zu beten hat, darf der Gesang des Chores erst beginnen, wenn der *Celebrans* am Altare angelangt ist. Früher wurde er vom Chore gesungen, während der Priester an den Altar ging. Die S. R. C. erklärt unter 11. Sept. 1874 die Weglassung des Introitus für einen zu beseitigenden Missbrauch. „*Abusus quod in Missis cum cantu praetermittatur cantus Introitus etc. . . . tollatur.*" „*Cum vero Episcopus pervenerit ante infimum gradum altaris. . . . cessat sonitus organi, et chorus incipit Introitum.*" Cærem. Episc. Lib. *II*. Cap. *VIII*. Eine werthvolle Zusammenstellung der kirchlichen Vorschriften für den liturgischen Gesang siehe im Cäcilienkal. 1879, Art. von P. Utto Kornmüller „*Rechtskräftige Verordnungen über Kirchenmusik.*"

[2]) Während der Passionszeit und Charwoche bleibt das *Gloria Patri* weg, und wird sogleich der Introitus repetirt. Die Töne für das *Gloria Patri* bei den Introiten stehen im Anhange des *Graduale Rom.*

§. 22. Introitus. Kyrie. Gloria.

wird.¹) Zur österlichen Zeit wird der Antiphon des *Introitus* ein doppeltes *Alleluja* zugefügt, wenn es sich nicht bereits angegeben findet, und zwar bei Introiten des I. Tones in gleichem Tone, bei denen des II. im II. etc. — An Ferien und einfachen Festen *(simplex)* beginnt ein einziger Sänger den Introitus bis ⌥, an *semiduplex* und Sonntagen (wenn wirklich *de Dom.*) intoniren zwei, an *duplex* drei, an allen höheren Festen aber vier Sänger, wenn sie in hinreichender Zahl vorhanden sind; der Chor fährt fort und singt bis zum Psalm. Die erste Hälfte des Psalmes und des *Gloria Patri* werden in der eben angegebenen Ordnung und Weise von einem bis vier Sängern intonirt, worauf der Gesammtchor antwortet.

II. Dem *Introitus* folgt unmittelbar das nach den Festzeiten verschiedene *Kyrie (ter* oder *III* = dreimal), *Christe* (dreimal), *Kyrie (ter)*,²) das z. B. in der *Missa de B. M. V.* in seinen Ausrufungen verschiedene Melodieen hat.

Anmerk. Im *Grad. Rom.* resp. *Ord. Missæ* sind die regelmässig wiederkehrenden Gesänge des *Kyrie, Gloria, Credo, Sanctus, Benedictus* und *Agnus Dei*, nach dem Range und Charakter der kirchlichen Zeiten und Feste in der Ordnung aufgeführt, in welcher die *Ite Missa est* und *Benedicamus Domino* aufeinander folgen.

Den Anfang macht die Messe, welche täglich vom Charsamstag bis zum Samstag vor dem weissen Sonntag (inclus.) trifft.

---

¹) *Integre repetitur Introitus cum cantu, vel clara voce si organum locum obtineat. Mox Kyrie eleison alternatim concinuntur, ducto initio a parte Hebdomadarii, si nimirum organum sileat; sin autem pulsetur, ea, quæ organi modulatione supplentur, duo Clerici intelligibili pronuntiabunt voce.*" *Cærem.* von Bartoli de Carpo. Als liturg. Regel gilt: „Wenn durch Zwischenspiele der Orgel Theile des liturgischen Textes nicht gesungen werden, so sind sie zu recitiren. Da aber die Entscheidungen der S. R. C. sich theils des Ausdruckes *intelligibili*, theils *submissa voce* bedienen, so kann die Frage über den Stärkegrad der Recitation eine offene bleiben.

²) *Si partes Divini Officii, vel Missæ omittantur in Choro ob sonitum Organi tum submissa voce dicenda, quæ omittuntur: quando vero non pulsatur, integre sunt cantanda. S. R. C. 22. Juli 1848.*

Hierauf folgt die Choralmesse für die **höchsten Fest-tage** *(festa solemnia)*.

Für **hohe Festtage** *(festa duplicia)* dient die dritte Messe, nach Bedürfniss abwechselnd mit der vierten.

Die fünfte und sechste Messe wird ausschliesslich bei Muttergottes-Festen gebraucht, dieselben mögen irgendwelchen Grad der Feierlichkeit *(solemnia, duplicia, semiduplicia)* haben.

Wenn an den Sonntagen während des Jahres (ausgenommen sind die Sonntage der Advent- und Fastenzeit) die Messe vom Tage selbst *(de Dominica)* genommen wird, dann ist die siebente Messe zu singen. Trifft irgend ein anderes Fest eines Heiligen, oder ein Fest höheren Ranges als *semiduplex*, dann richtet sich die Messe nach diesem Feste.

Bei Heiligenfesten mit halbfeierlichem Ritus *(semidupl.)* gebraucht man die achte Messe. An halbfeierlichen Tagen *(semiduplex)* innerhalb jener Octaven, die nicht durch ein Muttergottes-Fest veranlasst sind, wie z. B. die Octaven vom hl. Dreikönigsfest *(Epiphania)*, von Pfingsten *(Pentecoste)*, u. A., trifft die neunte Messe, wenn die Messe vom Tage innerhalb der Octav *(de die infra Octavam)* vorgeschrieben ist.

Die zehnte Messe singt man an den einfachen Heiligenfesten *(ritu simplici);* sie wird nach der gegenwärtigen Einrichtung des Kirchenkalenders sehr selten gebraucht werden.

An den Werktagen des Kirchenjahres *(in Feriis per Annum)* wird mit Ausnahme der Advent- und Fastenzeit die elfte Messe gebraucht.

An den Sonntagen der Advent- und Fastenzeit (die Sonntage *Septuagesima* bis *Quinquagesima* nicht miteingeschlossen) trifft die zwölfte Messe.

An den Werktagen in der Advent- und Fastenzeit *(in Feriis Adventus et Quadrag.)* vom Aschermittwoche angefangen, soll die dreizehnte Messe gesungen werden.

Die Todtenmesse *(Missa pro Defunctis)* ist vollständig vom *Introitus* bis zum *Responsorium „Libera"* aufgenommen.

Die Melodie des ersten *Kyrie* stimmt sehr oft mit der des *Ite Missa est* oder *Benedicamus* zusammen, z. B. *in festis dupl. de B. M. V.* etc.

§. 22. Introitus. Kyrie. Gloria.

III. Das *Gloria*, der englische Lobgesang, wird vom Priester je nach der Festrubrik intonirt, und unmittelbar vom Chore von *Et in terra* an ganz¹) zu Ende geführt.

Toni „Gloria."

1.) In Festis solemnibus et duplicibus.

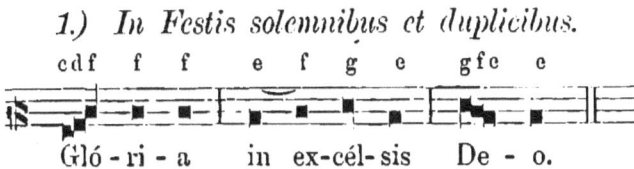

2.) In Missis B. Mariæ (auch in marian. Votivmessen, zu Weihnachten und am Fronleichnamsfeste, sowie während der Octaven.)

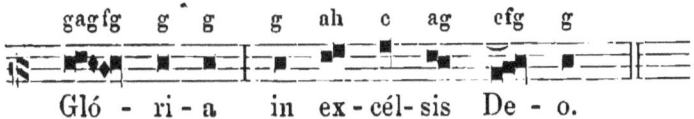

3.) In Dominicis, festis semiduplicibus, et infra Octavas, quæ non sunt B. Mariæ.

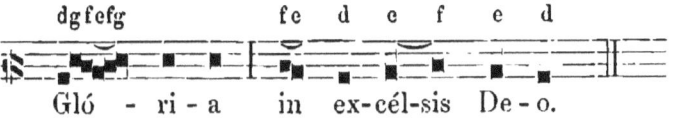

*4.) In Festis Simplicibus.*²)

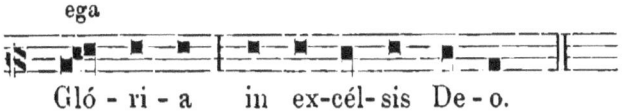

---

¹) S. R. C. 11. Sept. 1847: *Cærem. Rom. Lib. II. Cap. VIII. Intonato a Celebrante Gloria in excelsis Deo, cantores subdunt: Et in terra pax. Choro alternatim prosequente, nisi sonantibus organis, alterna tantum pars cantetur.* Vergl. hiezu Anmerk. von S. 75.

²) Auch in der *Missa vot. de Angelis*, bei Kinderbegräbnissen und in den Ferien der Osterzeit (wenn *de ea*) ist diese Intonation zu gebrauchen.

§. 23. Die Orationsgesangsweisen.

Der grösseren Uebersicht halber sind hier die Orationstöne für alle Fälle, nicht bloss für das gesungene Amt aufgeführt. Gegenwärtiger § ist die deutsche Uebersetzung der im offiziellen *Directorium chori* enthaltenen Vorschriften über die *Toni Orationum*.

Die Orationen können auf dreierlei Weise gesungen werden, im *Tonus festivus, simplex ferialis* und *ferialis*.

1. Tonus festivus.

Die Orationen werden im feierlichen Tone gesungen: *quando officium est duplex, vel semiduplex, vel de Dominica in Matutinis, Missis*[1]*) et Vesperis. His exceptis semper dicuntur in Tono feriali.*

Im feierlichen Tone gibt es zwei Formeln. Die erste lautet F, E, D, F und heisst *punctum principale*, die zweite F, E und heisst *semipunctum*. Das *punct. principale* wird im ersten Theil des Gebetes gesungen, an der Stelle, wo der Sinn der Worte einen Abschluss verlangt.[2]) Diese Melismen sind mit Nachdruck und gedehnter als das Uebrige vorzutragen.

Die zweite Veränderung, das *Semipunctum* F—E fällt in den zweiten Theil der Oration, der gewöhnlich durch ; oder , angezeigt ist. Ist die Oration ziemlich kurz, so singt man nur das *p. princip*. Das *semip.* wird nie vor dem *p. princip.* gesungen, sondern man verweilt so lange auf dem Hauptton ohne Veränderung, bis der erste Abschluss mit dem *p. princip.* eintritt. Bei der Oration: *Deus, qui nos conspicis* de s. Callisto, 14. Oct. z. B. fällt das *punct. princ.*

---

[1]) *Etiam in Laudibus et Missis votivis solemnibus (ob causam gravem et publicam, et frequentiam populi).*

[2]) Regelmässig ist diese Stelle durch : , öfters auch ; und manchmal nur Komma angezeigt, namentlich in den neueren Ausgaben der liturgischen Bücher.

§. 23. Die Orationsgesangsweisen.

auf *deficere*, also bleibt das *semipunctum* weg. Aehnlich am 20. Nov. und öfter.[1])

Sind *punct.* und *semipunct.* schon einmal gesungen, so kommen sie in der Oration nie mehr vor, wenn sich auch noch andere Absätze finden sollten. Diese Regel ist besonders bei den oft sehr ausgedehnten Orationen neuerer Feste zu beachten.

Am Schluss der Oration ist die Accentsilbe des letzten Wortes mit Dehnung des Vokals zu singen, und zwischen ihr und der Schlussformel eine Pause anzubringen.

Wird die Oration mit *Per Dóminum* und *Per eundem Dnm* geschlossen, so fällt das *semipunctum* zuerst, und zwar auf *tuum*, das *punct. princip.* auf *sancti Deus*. Bei *Qui tecum vivit* oder *Qui vivis* bleibt das *semipunctum* ganz weg und trifft nur das *p. princ.* auf *sancti Deus*.

Wenn mehrere Orationen unter einer *conclusio* zu singen sind, so hat jede die Veränderung bei *punct. princ.* und *semipunct.*

Das *Amen* am Schlusse jeder Oration wird nur über Einem Tone gesungen.

Beispiel des feierlichen Orationstones.
(In ritu dupl. aut semidupl.)

Dóminus vobíscum ist immer und in allen Fällen so zu singen:

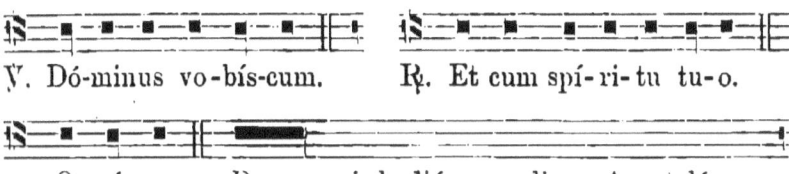

℣. Dó-minus vo-bís-cum.   ℟. Et cum spí-ri-tu tu-o.

O-ré-mus.   Deus, qui hodiérnam diem Apostolórum

---

[1]) S. R. C. 5. Mart. 1825: „*Non esse in orationibus expungenda nomina Chrysostomi ac Chrysologi, quæ adjectiva potius sunt.*" — *In oratione S. Petri Cœlestini posse addi Cœlestinum, in oratione S. Joannis Gualberti debere omitti Gualberti, quum non sit nomen.* S. R. C. 7. Dec. 1844.

§. 23. Die Orationsgesangsweisen.

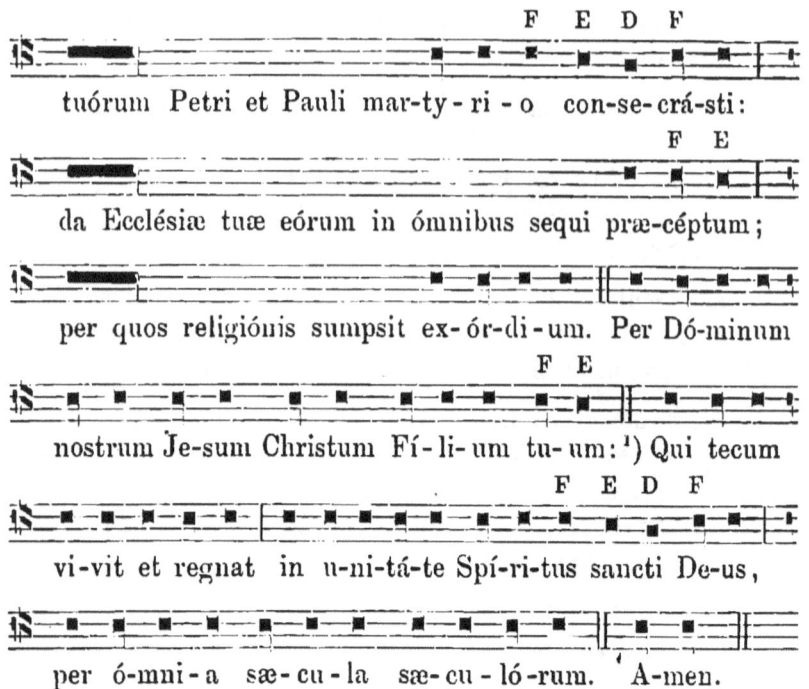

tuórum Petri et Pauli mar-ty-ri-o con-se-crá-sti:

da Ecclésiæ tuæ eórum in ómnibus sequi præ-céptum;

per quos religiónis sumpsit ex-ór-di-um. Per Dó-minum

nostrum Je-sum Christum Fí-li-um tu-um:¹) Qui tecum

vi-vit et regnat in u-ni-tá-te Spí-ri-tus sancti De-us,

per ó-mni-a sæ-cu-la sæ-cu-ló-rum. A-men.

2. Tonus simplex ferialis.

Die Oration wird bei dieser auch als *Tonus ferialis Missæ* bezeichneten Gesangsweise **ohne jede Veränderung auf einem einzigen Ton** vorgetragen. Wo im *tonus fest. punct. princ.* und *semipunct.* gesungen werden müsste, wird in diesem Tone eine *pausa* und ein *suspirium* beobachtet.

Ein Beispiel im *ton. simplex ferialis* zu geben, ist überflüssig, da keine ·Intervallveränderung zutrifft.

. Der Ton *simpl. ferialis* wird genommen: 1) *in Festis simplicibus* und *diebus ferialibus*, (auch in gesungenen privaten, selbst levitirten Votivmessen), 2) *in Missis Defunctorum*, 3) bei allen Orationen der Kerzen- und Palmenweihe

---

¹) Hier beginnt die Gesangsweise der kürzeren Schlussformel. Ebenso ist es bei *qui vivis et regnas cum Deo Patre in unitate Spiritus sancti Deus, per omnia sæcula sæculorum.* zu halten.

§. 23. Die Orationsgesangsweisen. 81

(Lichtmess und Palmsonntag), die mit *Qui tecum vivit*, oder *Per Dnm nostrum*, also mit der *clausula major* schliessen, 4) bei der Oration *Deus, a quo et Judas* am Charfreitag, sowie bei den folgenden Orationen *Omnipotens*, und der Oration *Libera nos* nach dem *Pater noster*, 5) bei den Orationen vor der heil. Messe des Charsamstags und Pfingstsamstags, bei den Prophezieen und der Wasserweihe,¹) 6) bei allen Orationen des *Officium Defunctorum*, der Litaneien, Processionen etc., wenn sie mit der *clausula major* endigen, wie z. B. am Allerseelentage, in der Bittwoche etc.

3. Tonus ferialis.

Die Oration wird wie bei vorigem Tone bis zum Schluss auf Einem Ton gesungen, beim letzten Wort der Oration und der Schlussformel²) aber ist der Fall abwärts in die kleine Terz zu machen.

Beispiel des *Tonus ferialis*.

Concéde, miséricors Deus, fragilitáti nostræ præsídium: | ut qui sanctæ Dei Genitrícis memóriam ágimus, | interces-si-ó-nis e-jus au-xí-li-o | a no-stris in-i-qui-tá-ti-bus re-sur-gámus. Per e-úm-dem Christum Dó-mi-num nostrum. ℟. A-men.

Diese Gesangsweise wird angewendet: 1) nach den vier marianischen Antiphonen am Schluss des Officiums, 2) bei der Oration *Dirigere* zur Prim, 3) im Todtenofficium bei

---

¹) Die Orationen zur Feuerweihe werden bloss gelesen, nicht im Gesangston vorgetragen.

²) Die Schlussformel heisst in diesen Fällen immer: *Per Christum Dnm nostrum* oder *Per eumdem Christum Dominum nostrum*, oder *Qui vivis et regnas in sæcula sæculorum*, und wird als *clausula minor* bezeichnet.

§. 23. Die Orationsgesangsweisen.

Vesper, (Matutin), Laudes, Libera, wenn die *clausula minor* vorgeschrieben ist, 4) bei den Orationen der Litaneien mit *clausula minor*, 5) beim *Asperges* oder *Vidi aquam* an Sonntagen, 6) nach den Orationen zur Fusswaschung, vor und nach der Kerzen-, Aschen- und Palmweihe, sowie überhaupt bei Benedictionen ausser der heiligen Messe, z. B. der *expositio Ss. Sacramenti*, wenn mit der *clausula minor* abgeschlossen wird.

Folgen mehrere im *tonus fer.* zu singende Orationen nach einander, so wird nur bei der letzten, also unmittelbar vor der Schlussformel, die Cadenz der kleinen Terz gesungen.

Anmerk. 1. Vor 6 resp. 7 Orationen des Charfreitags, bei den Prophezieen am Charsamstag, zur Kerzenweihe am 2. Febr. (wenn nach Septuages.) und bei den Quatempermessen *extra temp. pasch.* wird vor der ferialen Oration gesungen:

Der Ganzton D-C, die kl. Terz A-C sind wohl zu üben, auch darf nicht Γ-C (Quart) statt A-C (kl. Terz) gesungen werden.

Anmerk. 2. Bei der *Oratio super populum (cantata Postcommunione in missa de feria temp. Quadrag.)* singt der Diacon nach dem *Orémus* des Priesters:

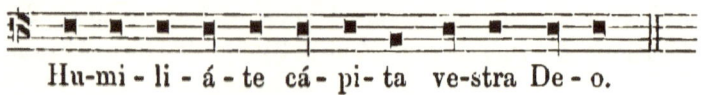

Anmerk. 3. Am Charfreitag werden die mit *Orémus* beginnenden Orationen nach einer eigenen Weise gesungen, die im *Missale* nur für die erste verzeichnet, in der offiziellen Ausgabe des *Officium Hebdomadæ Sanctæ* aber für alle Orationen in Noten angegeben ist.

§. 23. Die Orationsgesangsweisen. 83

I. Oratio.

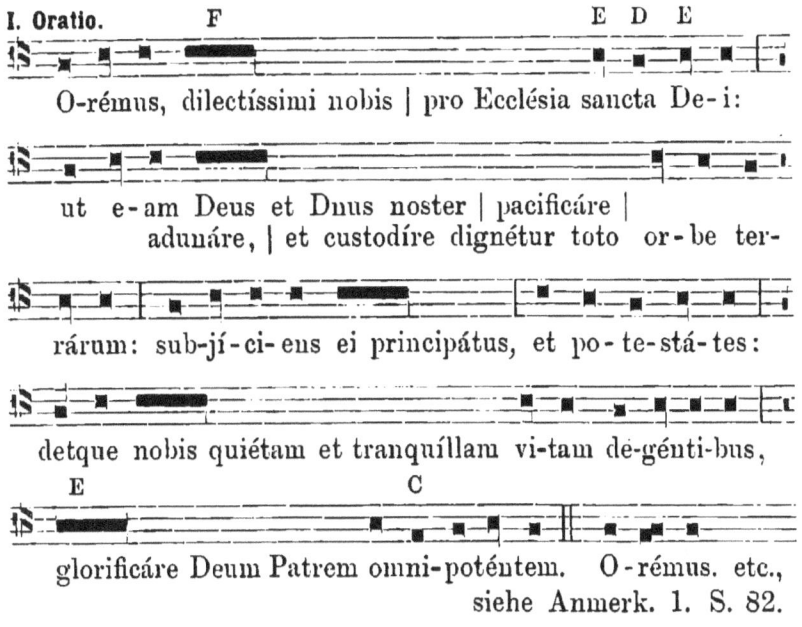

O-rémus, dilectíssimi nobis | pro Ecclésia sancta De-i:

ut e-am Deus et Dnus noster | pacificáre | adunáre, | et custodíre dignétur toto or-be ter-

rárum: sub-jí-ci-ens ei principátus, et po-te-stá-tes:

detque nobis quiétam et tranquíllam vi-tam de-génti-bus,

glorificáre Deum Patrem omni-poténtem. O-rémus. etc.,
siehe Anmerk. 1. S. 82.

Die darauffolgende Oration ist im *Tonus simplex ferialis* auf der Note D zu singen.

Für die 4. Oration lauten die Entscheidungen: *IV. Oratio pro Romano Imperatore ob sublatum Romanum imperium non amplius recitetur:*¹) *S. R. C. 3. Aug. 1839, 14. Jun. 1845, 27. Sept. 1860, 14. Mart. 1861.*

Die 6. Oration möge hier wegen der vielen Cadenzen Platz finden:

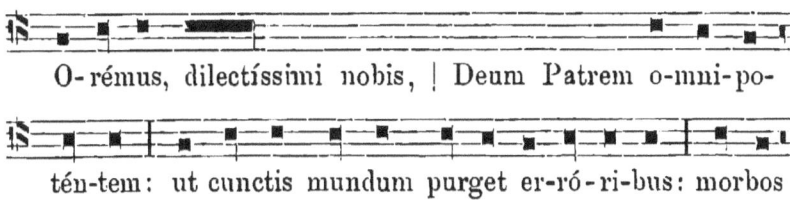

O-rémus, dilectíssimi nobis, | Deum Patrem o-mni-po-

tén-tem: ut cunctis mundum purget er-ró-ri-bus: morbos

---

¹) *Inter ceteras orationes in Missa Præsanctificatorum minime decantari potest particularis oratio pro Episcopo: alia vero particularis pro suo Rege substituens illi pro Romanorum Imperatore in Missali appositæ, sine approbatione, ac Apostolica venia dici non licet.* S. R. C. 11. Sept. 1874.

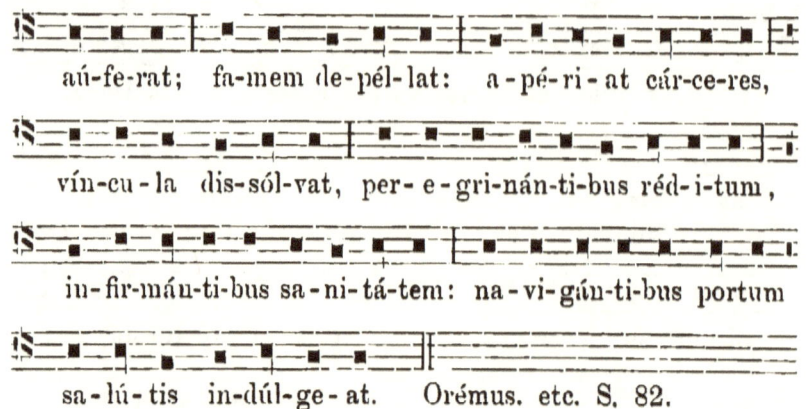

aú-fe-rat; fa-mem de-pél-lat: a-pé-ri-at cár-ce-res, vín-cu-la dis-sól-vat, per- e-gri-nán-ti-bus réd-i-tum, in-fir-mán-ti-bus sa-ni-tá-tem: na-vi-gán-ti-bus portum sa-lú-tis in-dúl-ge-at. Orémus. etc. S. 82.

§. 24. Von der Epistel bis zur Präfation.

I. Die **Epistel** wird auf einem Tone ohne Veränderung gesungen.[1]) Endigt der Satz mit einem **Fragezeichen**, so fällt die Stimme bei dem einsilbigen Worte auf diesem, bei zwei- und mehrsilbigen Wörtern auf der Accentsilbe um einen Halbton, und kehrt auf der letzten Silbe wieder in den Hauptton zurück.

Tonus Epistolæ.

Lé-cti-o li-bri sa-pi-én-ti-æ. Quis est hic et laudábi-
Quid ígitur

Interrogatio.

mus e-um? Dedit illi coram præcépta, et legem vitæ
lex?

Finis. *Langsamer und gedehnter.*

et dis-ci-plí-næ.

---

[1]) Meistens wird die Epistel etwas tiefer als die vorausgegangene Oration intonirt.

§. 24. Von der Epistel bis zur Präfation.

11. Nach der Epistel oder Lection folgt das Graduale.[1]) Dasselbe hat gewöhnlich eine sehr ausgedehnte Melodie, und nimmt meist auch den Plagalton zu Hilfe. Zwei Sänger intoniren dasselbe bis zum Zeichen ∃⌊⌋, der Gesammtchor führt bis zum V. (Gradualvers) fort, der wieder von den zwei Sängern vorgetragen wird. Sind zwei *Alleluja* mit Vers zu singen, so wird das erste *Alleluja* von zwei Sängern bis zum Neuma oder dem Zeichen ausgeführt, der Chor repetirt das nämliche (als zweites *Alleluja*), fügt aber auf dem blossen Vokale a das Neuma hinzu. Hierauf intoniren zwei Sänger den Vers bis , der Chor singt denselben zu Ende, die beiden Sänger repetiren *Alleluja*, der Chor aber fügt nur mehr das Neuma auf die Silbe a bei.

Nach dem Sonntage *Septuagesima* wird statt der beiden *Alleluja* mit Vers der *Tractus* gesungen, dessen einzelne Verse zwei Sänger intoniren, die übrigen zu Ende führen.

Zur österlichen Zeit tritt an die Stelle des *Graduale* das doppelte *Alleluja* mit Vers, das in oben beschriebener Weise auszuführen ist. Nach dem Vers folgt jedoch sogleich ein neues einmaliges *Alleluja*, das die beiden Sänger intoniren

---

[1]) Das Cærem. Rom. bemerkt: „*Personant organa expleta Epistola; ast Graduale aut aliquis saltem ex eo versiculus canendus est.*" „Nach der Epistel wird die Orgel gespielt; das Graduale jedoch, oder wenigstens ein Theil desselben soll gesungen werden." Die Entscheidungen der S. R. C. über diesen Gegenstand lauten:
1) Turrit. An in celebratione solemni Missæ Defunctorum possit aliquid brevitatis causa omitti de eo, quod notatur in Graduali? Et S. R. C. resp. „nihil omittendum, sed Missam esse cantandam prout jacet in Missali." Die 5. Julii 1631 ad 5.
2) Briocen. „Sequentiam Dies iræ semper dicendam in Missis de Requiem, quæ cum unica tantum Oratione decantantur, verum aliquas strophas illius Cantores prætermittere posse." S. R. C. die 12. Aug. 1854 ad 12.
3) Conimbricen. Dub. „An in Missa Conventuali cani semper debeant Gloria, Credo, totum Graduale, Offertorium, Præfatio et Pater noster? Affirmative juxta præscriptum Cæremonialis Episcoporum et amplius." Die 14. Aprilis 1753 ad 2.
4.) S. Marci. „Tractum integre canendum, quum Organum non pulsatur." Die 7. Sept. 1861 ad 15.

§. 24. Von der Epistel bis zur Präfation.

bis zum Neuma oder 𝄆𝄇, während der Chor das Neuma anfügt. Der Vers und das einmalige *Alleluja* am Ende werden in obenbeschriebener Weise ausgeführt. *Alleluja* mit *Vers*. unterscheiden sich meist auch in ihrem *modus* von dem eigentlichen *Graduale*.

„Die letzte Silbe des letzten Alleluja wurde durch Zerlegung in einzelne Töne zu einem länger andauernden Gesang ausgesponnen... Die Dehnung des Alleluja nannte man Sequenz... Später wurde ein der kirchlichen Tagesfeier entsprechender Text unterlegt, der sofort den Namen Sequenz erhielt... Nach und nach erhielt jeder Sonn- und Festtag eine Sequenz: bei der Reformation des Missale aber wurden nur vier beibehalten."[1])

Die Sequenzen trugen früher auch den Namen *Prosæ;* die meisten derselben wurden von *Notker Balbulus* († 912) gedichtet und componirt. Vor-tridentinische Missale enthalten deren bis zu hundert; die allgemeine Reform des Messbuches durch Papst Pius V. beseitigte sie bis auf fünf.[2]).

Diesen höchst begeisterten Dichtungen frommer Männer stehen ebenbürtig die herrlichen Melodieen zur Seite. Jede Textstrophe hat in der Regel entweder ihren eigenen Melodieensatz, oder zwei Strophen treffen auf einen Satz.

III. Im Evangelium ist der angefangene Ton beim Fragezeichen um $\frac{1}{2}$ Stufe, beim Puncte oder Aufrufzeichen um eine kleine Terz nach unten zu moduliren, worauf die Recitation zum Hauptton zurückkehrt. Der Hauptaccent liegt immer auf dem *tonus currens*, und die kleine

---

[1]) *Amberger Pastoraltheologie* 2. Bd. S. 97.

[2]) Diese sind: *Victimæ Paschali Laudes* von *Wipo* (11. Jahrhdt.) für Ostern, *Veni s. Spiritus* (im 11. Jahrh. [?]) entstanden; *Lauda Sion Salvatorem* vom heil. Thomas (im 13. Jahrh.) für Fronleichnam, *Stabat mater dolorosa* von *Jacopone* (Ende des 13. Jahrh.) in Festo VII dolorum B. M. V. Die Sequenz *Dies iræ* kann nach obiger Entwickelung nicht in die Reihe der übrigen Sequenzen gestellt werden; sie ist eine Spezialität in der *Missa pro Defunctis*. Da sich an den letzten Vers des *Dies iræ* eine liturgische Handlung knüpft, so sollte er gesungen werden. Ausführliches über die Sequenzen siehe in Schubigers Werk: *Die Sängerschule von St. Gallen*.

§. 24. Von der Epistel bis zur Präfation. 87

Terz sollte bei kurzen Silben gar nie, bei langen nicht zu oft betont werden; gewöhnlich trifft der Terzfall auf die viertletzte Silbe. Am Schlusse des Evangeliums, etwa bei der vierten oder sechsten Silbe,[1]) ist die unten bezeichnete Gesangsweise langsam und deutlich auszuführen.

Tonus Evangelii.

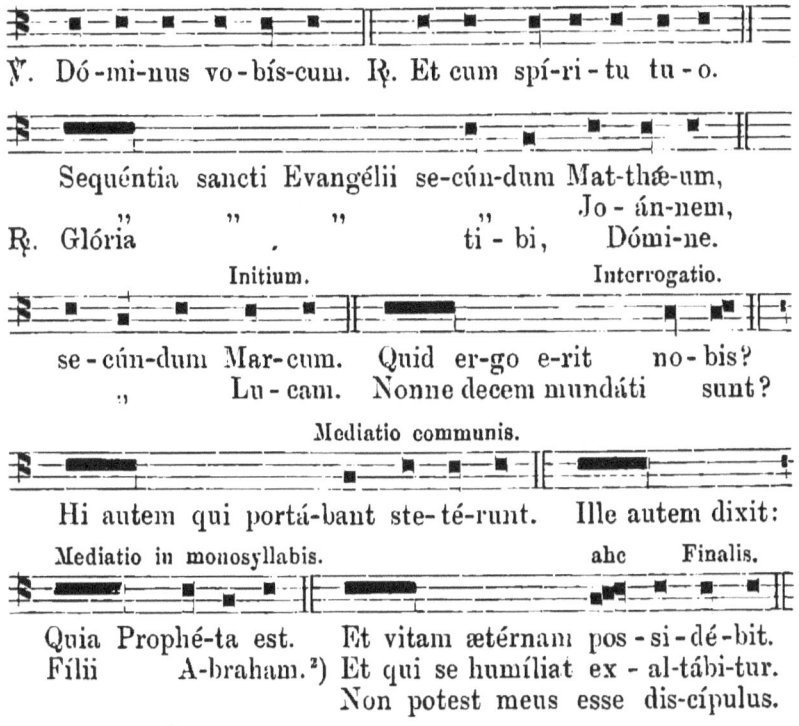

℣. Dó-mi-nus vo-bís-cum. ℟. Et cum spí-ri-tu tu-o.

Sequéntia sancti Evangélii se-cún-dum Mat-thǽ-um,
                    ,,   ,,   ,,   ,,   Jo-án-nem,
℟. Glória   ,,   , ,,   ti-bi,   Dómi-ne.
Initium.   Interrogatio.

se-cún-dum Mar-cum.   Quid er-go e-rit   no-bis?
   ,,   Lu-cam.   Nonne decem mundáti sunt?

Mediatio communis.

Hi autem qui portá-bant ste-té-runt.   Ille autem dixit:
Mediatio in monosyllabis.   abc   Finalis.

Quia Prophé-ta est.   Et vitam ætérnam pos-si-dé-bit.
Fílii   A-braham.[2]) Et qui se humíliat ex-al-tábi-tur.
              Non potest meus esse dis-cípulus.

Anmerk. Die Leidensgeschichte Jesu in der Charwoche nach den 4 heil. Evangelien wird besonders feierlich ge-

---

[1]) Das Directorium chori bemerkt: *non fit depressio vocis a fa ad re* (hier c-a, eigentlich F-D) *ante sextam syllabam . . . nec post quartam.*

[2]) Die neueren Ausgaben des römischen Missale setzen im *Liber generationis Jesu Christi* nach jedem Stamme einen Punct. Da auch die undeclinirbaren Eigennamen unter obige Regel fallen, so empfiehlt es sich beim Vortrag dieses Evangeliums zur Vermeidung der gehäuften Terzfälle nur an folgenden Stellen die Cadenz zu singen: *Abraham; fratres ejus; David regem; fuit Uríæ; Babylonis; vocatur Christus.*

§. 24. Von der Epistel bis zur Präfation.

sungen. Drei Priester oder Diaconen[1]) theilen sich in den Gesang so, dass der erste die vom Heiland gesprochenen Worte übernimmt, der zweite die Erzählung des Evangelisten, der dritte die Worte Einzelner, des Volkes, der Feinde etc. Im Missale sind diese drei Rollen mit ✠ *(Christus)* C *(cantor* oder *chronista)*, S *(succentor* oder *synagoga)* bezeichnet. Andere Bezeichnungen sind: X *(Christus)* E *(Evangelista)*, T *(Turba)*; oder S *(Salvator)*, E *(Evang.)* Ch. *(Chorus)*; oder: B *(vox bassa*, Christus), M *(vox media*, Evang.) A *(vox alta*, die Turba). Jene Theile, in denen mehrere Personen zugleich redend auftreten, können von einem Sängerchor nach harmonischen Bearbeitungen ausgeführt werden.

Der *Tonus Passionis* ist folgender:[2])

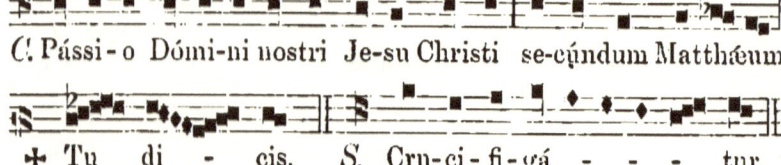

C. Pássi-o Dómi-ni nostri Je-su Christi se-cúndum Matthǽum.

✠ Tu di - cis. S. Cru-ci-fi-gá - - - tur.

IV. Nach dem Evangelium intonirt der Priester *Credo in unum Deum*, wenn es nach dem Kirchenkalender trifft, und der Chor antwortet mit *Patrem omnipoténtem*.

Das officielle *Graduale* enthält zur beliebigen Auswahl ausser der ersten mit der Intonation dieselbe Tonart (IV. Ton) bildende Melodie noch drei andere, die zur Abwechslung gebraucht werden können.

Cre-do in u-num De-um.

---

[1]) Der Celebrans als Christus, Diacon und Subdiacon. Wenn aber beim Amte nicht betheiligte Diaconen singen, darf ordentlicher Weise kein Subdiacon die Rolle der *Turba*, noch weniger des Evangelisten übernehmen, weil er die Stola nicht trägt. *Dub.* In cantu Passionis textus Evangelicus potestne cantari ab Organista, maxime qui sit Clericus minorista, vel saltem Subdiaconus? Resp. S. R. C. 22. Mart. 1862. *Negative*.

[2]) Eine sehr practische Ausgabe der 4 Passionen in drei Heften ist nach der Guidotti'schen Ausgabe von der S. R. C. publicirt. Siehe §. 19.

§. 25. Feierlicher Präfationsgesang.

Der Chor führt den Gesang unmittelbar und ganz[1]) (ohne irgendwelche Textverstümmelung oder -Auslassung) zu Ende.

V. Nach beendigtem *Credo* singt der Priester *Dóminus vobíscum* und der Chor antwortet; das *Offertorium* leitet der Celebrans durch *Orémus* ein:

℣. Dóminus vobíscum. ℟. Et cum spí-ri-tu tu-o. *Sac.* O-rémus.

Das Offertorium besteht entweder aus einem Psalmabschnitt, oder aus andern heiligen Schriftworten, und ist für die einzelnen Feste im *Grad. Rom.* verzeichnet.

Dasselbe wird nach der beim *Introitus* angegebenen Weise von 1, 2, 3 oder 4 Sängern angestimmt, und vom Chore zu Ende geführt. Zur österlichen Zeit wird je nach dem *Tonus* des Offertoriums ein *Allelúja* beigesetzt, wenn es nicht schon vorhanden ist. Nach Absingen des treffenden Offertoriumtextes kann ein dem Officium entnommenes oder für die Festzeit passendes Motett gesungen werden.[2])

§. 25. Feierlicher Präfationsgesang.

Die Präfationen werden eingeleitet durch einen Wechselgesang zwischen Priester und Chor (Volk), und haben eine zweifache Gesangsweise, eine feierliche *(cantus solemnis* oder *festivus)* und gewöhnliche *(cantus ferialis).*

---

[1]) „*Ad Symbolum intermiscere quidem organa licet; sed ob id nullum fas est ex ejus articulis prætermittere.*" *Cær. Rom. P. II. Cap. IX. Cantores subjungunt Patrem omnipotentem, et Chorus prosequitur alternatim, si non intermisceantur organa; quo etiam casu omnes Symboli articuli canendi sunt. S. R. C. 7. Sept. 1861. Tonus Organi toto rigore potest intermisceri cum cantu, quando in Missa solemni seu Pontificali integer Symbolus in notis, seu in cantu Gregoriano et firmo cantatur in choro. S. R. C. 22. Mart. 1862.*

[2]) *Dub. Potestne tolerari praxis, quod in Missa solemni, præter cantum ipsius Missæ, cantetur in Choro a musicis aliqua laus vulgo dicta aria, sermone vernaculo? S. R. C. respondit 22. Mart. 1862:* „*Negative, et abusum eliminandum.*" Ein deutsches Lied „einzulegen" ist also **nicht** gestattet.

§. 25. Feierlicher Präfationsgesang.

In Folgendem sind alle Messpräfationen,[1]) soweit sie in ihrem Gesange in Folge der Textveränderung differiren, aufgeführt.[2]) Die Intervalle der kleinen Terz (A-C) und des oft wiederkehrenden Ganztones (D-C) dürfen nicht durch chromatische Halbtöne (Cis) alterirt werden. Es ist anzurathen, bei Intonation des *Per omnia* mit grosser Vorsicht zu verfahren, da die fortwährende Steigerung der Melodie (II. Toni) bis zur kleinen Sexte von A führt, und der zu hoch gegriffene erste Ton im Verlaufe des Gesangs zum Sinken und Zittern der Stimme, zur Detonation und zum Eilen Veranlassung werden kann. Man beachte die accentuirten Silben!

1. De Nativitate.

Von Weihnachten bis zum heiligen Dreikönigsfeste (ausgenommen am Octavtag des heiligen Evangelisten Johannes), am Lichtmesstage, am Fronleichnamsfeste, sowie während der Octav desselben (wenn nicht ein Fest fällt, das eine eigene Präfation hat), am Feste der Verklärung und des Namens Jesu trifft folgende Präfation:

---

[1]) Die Präfationen zur Palmen- und Wasserweihe sind von den folgenden nur im Text unterschieden, und können, da sie des Jahres ohnehin nur einmal treffen, aus dem Missale geübt werden. Die Präfationen dieser Auflage sind genau nach der neuesten römischen von der S. R. C. approbirten Missalausgabe abgedruckt, welche hinwieder eine getreue Wiedergabe des von Guidetti redigirten *Cantus Præfationum* ist. *Romæ, Jac. Tornerii, 1588.*

[2]) Obwohl die Präfationen von jedem Kleriker aus dem Missale geübt werden können, so wurden sie hier dennoch alle aufgenommen, weil es durch die getroffene Anordnung leichter wird, die jeder Präfation eigenthümlichen Zusätze rasch zu ersehen und bei gegebener Gelegenheit öfter und aufmerksamer zu üben.

§. 25. Feierlicher Präfationsgesang.

℣. Grá-ti-as a-gá-mus Dó-mi-no De-o no-stro.

℞. Di-gnum, et ju-stum est. Ve-re dignum et justum est, æquum et sa-lu-tá-re, nos ti-bi sem-per, et u-bíque grá-ti-as á-ge-re, Dó-mi-ne sancte, Pa-ter o-mní-po-tens, æ-tér-ne De-us. Qui-a per in-car-ná-ti Ver-bi my-sté-ri-um, no-va men-tis nostræ ó-cu-lis lux tu-æ cla-ri-tá-tis in-fúl-sit: ut dum vi-si-bí-li-ter De-um cog-nó-scimus, per hunc in in-vi-si-bí-li-um a-mó-rem ra-pi-á-mur. Et id-e-o cum Ange-lis et Archán-ge-lis, cum Thronis, et Do-mi-na-ti-ó-ni-bus, cumque o-mni mi-lí-ti-a cœ-lé-stis ex-ér-ci-tus, hymnum gló-ri-æ tu-æ cá-nimus, si-ne fi-ne di-céntes.

§. 25. Feierlicher Präfationsgesang.

2. De Epiphania.

Am heiligen Dreikönigsfest und während der Octav:

Per ómnia etc. Vere dignum et justum est, aequum et salutáre, nos tibi semper et ubíque grátias ágere, Dómine sancte, Pater omnípotens aetérne Deus. (wie S. 90.)

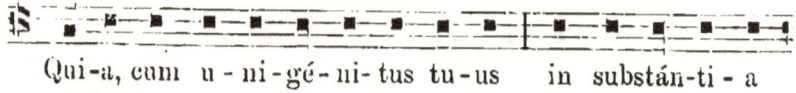

Qui-a, cum u-ni-gé-ni-tus tu-us in substán-ti-a

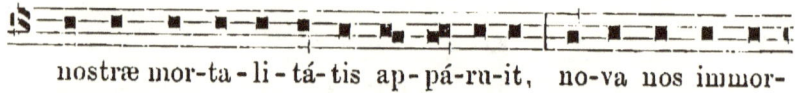

nostrae mor-ta-li-tá-tis ap-pá-ru-it, no-va nos immor-

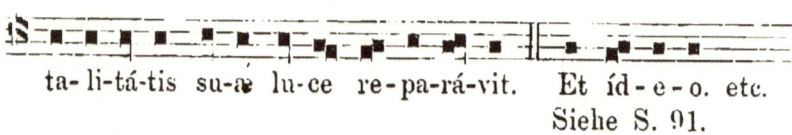

ta-li-tá-tis su-ae lu-ce re-pa-rá-vit. Et íd-e-o. etc.
Siehe S. 91.

3. In Quadragesima.

Vom ersten Fastensonntag (Dom. I. Quadrag.) bis zum Passionssonntag wird an allen Festen (duplex und semiduplex), wenn sie nicht eine eigene Präfation haben, folgende gesungen:

Per ómnia etc. Vere dignum et justum est, aequum et salutáre, nos tibi semper et ubíque grátias ágere, Dómine sancte, Pater omnípotens aetérne Deus. (Seite 90.)

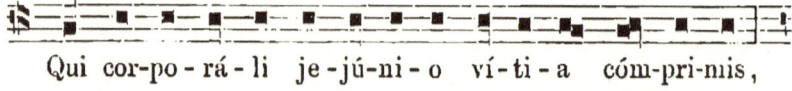

Qui cor-po-rá-li je-jú-ni-o ví-ti-a cóm-pri-mis,

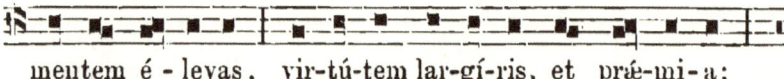

mentem é-levas, vir-tú-tem lar-gí-ris, et prae-mi-a:

Per Christum Dó-minum nostrum. **Per quem** ma-je-

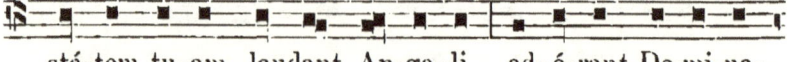

stá-tem tu-am laudant An-ge-li, ad-ó-rant Do-mi-na-

§. 25. Feierlicher Präfationsgesang.

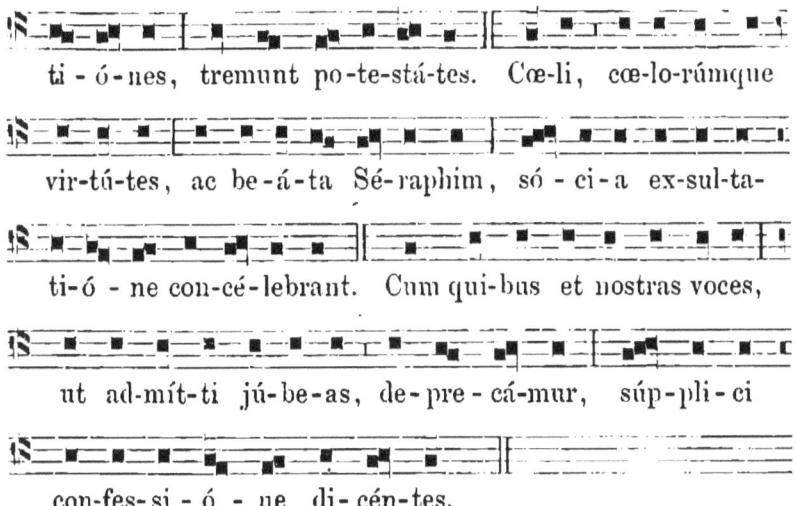

ti - ó - nes, tremunt po-te-stá-tes. Cœ-li, cœ-lo-rúmque

vir-tú-tes, ac be-á-ta Sé-raphim, só - ci - a ex-sul-ta-

ti-ó - ne con-cé-lebrant. Cum qui-bus et nostras voces,

ut ad-mít-ti jú-be-as, de-pre-cá-mur, súp-pli-ci

con-fes-si - ó - ne di-cén-tes.

4. De Cruce.

Am Passions- und Palmsonntag, am Gründonnerstag und an allen Festen (duplex und semid.), die in dieser Zeit gefeiert werden (ausser wenn eine andere Präfation ausdrücklich vorgeschrieben ist), ferner an den Festen vom heil. Kreuz, vom heiligsten Herzen Jesu und kostbarsten Blute wird gesungen:

Per ómnia etc. Vere dignum et justum est, æquum et salutáre, nos tibi semper et ubíque grátias ágere, Dómine sancte, Pater omnípotens ætérne Deus. (Seite 90.)

Qui sa-lú-tem hu-má-ni gé-ne-ris in li-gno Cru-cis

con-sti-tu-í-sti: ut un-de mors o-ri-e - bá-tur, in-de

vi - ta re-súr-geret: et qui in li-gno vin-cé-bat, in ligno

quoque vin-ce - ré-tur: Per Christum Dó-minum nostrum. Per quem (Seite 92).

§. 25. Feierlicher Präfationsgesang.

5. In Die Paschæ.

Vom Charsamstag bis weissen Sonntag, an den Sonntagen bis Christi Himmelfahrt, sowie an allen in diese Zeit fallenden Festen (duplex und semid.), wenn nicht eine eigene angegeben ist, trifft folgende Präfation:
Per ómnia etc. (siehe S. 90.)

Ve-re dignum et justum est, æquum et sa-lu-tá-re:

Te qui-dem Dó-mi-ne o-mni témpo-re, sed in hac po-tís-

simum di-e¹) glo-ri-ó-si-us prædi-cá-re, cum Pascha

nostrum im-mo-lá-tus est Christus. Ip-se e-nim verus

est A-gnus, qui ábs-tu-lit pec-cá-ta mun-di. Qui

mortem nostram mo-ri-én-do de-strúxit, et vi-tam re-

surgéndo 're-pa-rá-vit. Et ídeo. etc. (siehe S. 91.)

6. De Ascensione.

Von Christi Himmelfahrt bis zum Vorabend von Pfingsten (exclusive) und an allen in diese Zeit fallenden und nicht mit eigener Präfation versehenen Festen wird gesungen:
Per ómnia etc. Vere dignum et justum est, æquum et salutáre nos tibi semper et ubíque grátias ágere, Dómine sancte, Pater omnípotens (wie S. 90).

æ-tér-ne De-us, per Chri-stum Dó-mi-num nostrum.

---

¹) *Sabbato s.: in hac potissimum nocte; per Oct. Paschæ, ut supra; Dom. in Albis ac deinceps: in hoc potissimum gloriosius* . . .

§. 25. Feierlicher Präfationsgesang. 95

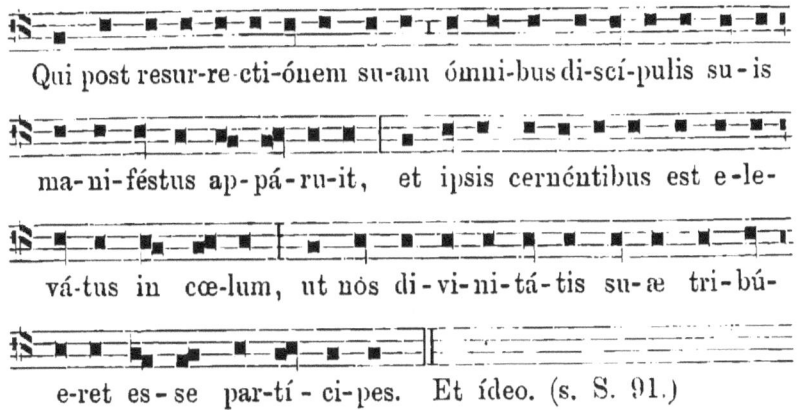

Qui post resur-re-cti-ónem su-am ómni-bus di-scí-pulis su-is ma-ni-féstus ap-pá-ru-it, et ipsis cernéntibus est e-le-vá-tus in cœ-lum, ut nos di-vi-ni-tá-tis su-æ tri-bú-e-ret es-se par-tí-ci-pes. Et ídeo. (s. S. 91.)

7. De Pentecoste.

Vom Pfingstsamstag bis zum folgenden Samstag (inclusive) wird gesungen:

Per ómnia etc. Vere dignum et justum est, æquum et salutáre, nos tibi semper et ubíque grátias ágere, Dómine sancte, Pater omnípotens (siehe S. 90).

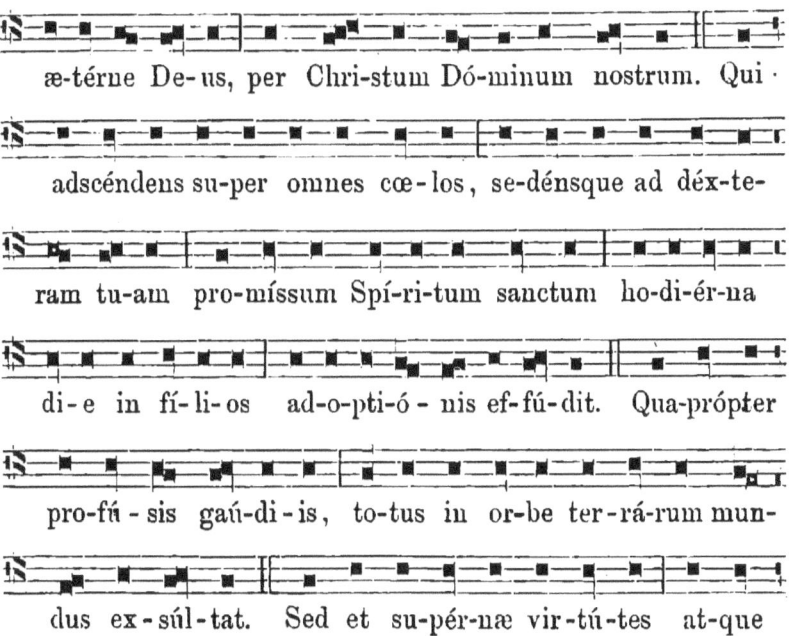

æ-térne De-us, per Chri-stum Dó-minum nostrum. Qui adscéndens su-per omnes cœ-los, se-dénsque ad déx-te-ram tu-am pro-míssum Spí-ri-tum sanctum ho-di-ér-na di-e in fí-li-os ad-o-pti-ó-nis ef-fú-dit. Qua-própter pro-fú-sis gaú-di-is, to-tus in or-be ter-rá-rum mun-dus ex-súl-tat. Sed et su-pér-næ vir-tú-tes at-que

§. 25. Feierlicher Präfationsgesang.

an-gé-li-cæ Po-te-stá-tes, hymnum gló-ri-æ tu-æ

cón-ci-nunt, si - ne fi - ne di-cén-tes.

8. De Ss. Trinitate.

Am Dreifaltigkeitsfeste und an allen Sonntagen des Kirchenjahres, die durch keine eigene Præfation ausgezeichnet sind.

Per ómnia etc. Vere dignum et justum est, æquum et salutáre, nos tibi semper et ubíque grátias ágere, Dómine sancte, Pater omnípotens. (s. S. 90.)

æ-tér-ne De-us. Qui cum u-ni-gé-ni-to Fí-li-o tu-o,

et Spí-ri-tu san-cto, u-nus es De-us, u-nus es

Dó-mi-nus: non in u-ní-us singu-la-ri-tá-te per-só-

næ, sed in u-ní-us Trini-tá-te substán-ti-æ. Quod

e-nim de tu-a gló-ri-a, reve-lánte te cré - di-mus,

hoc de Fí-li-o tu-o, hoc de Spí-ri-tu sancto,

si-ne dif-fe-rénti-a dis-cre-ti-ó - nis sentí-mus. Ut

in confes-si-ó-ne ve-ræ, sempi-ternǽque De-i - tá-tis,

§. 25. Feierlicher Präfationsgesang. 97

et in per-só-nis pro-prí-e-tas, et in es-sén-ti-a ú-nitas, et in ma-je-stá-te ad-o-ré-tur æ-quá-li-tas. Quam laudant Ange-li at-que Arch-án-ge-li, Chérubim quoque ac Sé-raphim: qui non cessant clamá-re quo-tí-di-e, u-na vo-ce di-cén-tes.

9. In Festis B. Mariæ.

An allen Marienfesten (ausgenommen ist Lichtmess mit der Präfatio de Nativ. S. 90) und während ihrer Octaven, sowie an den in diese Octaven fallenden Festen (wenn keine andere ausdrücklich angegeben ist) trifft folgende Präfation:

Per ómnia etc. Vere dignum et justum est, æquum et salutáre, nos tibi semper et ubíque grátias ágere, Dómine sancte, Pater omnípotens, ætérne Deus. (siehe S. 90.)

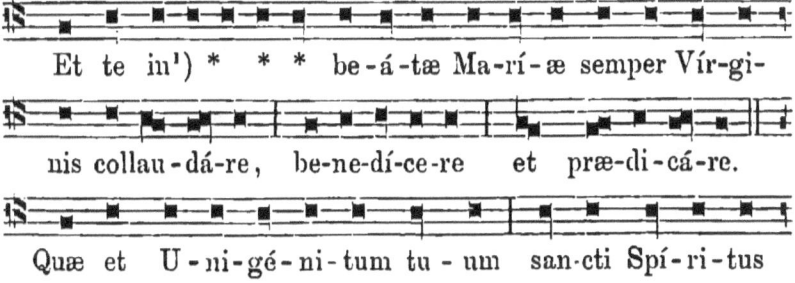

Et te in[1]) * * * be-á-tæ Ma-rí-æ semper Vír-ginis collau-dá-re, be-ne-dí-ce-re et præ-di-cá-re. Quæ et U-ni-gé-ni-tum tu-um sancti Spí-ri-tus

---

[1]) An Mariä Verkündigung wird eingeschaltet: *in Annuntiatione*, an Mariä Heimsuchung: *in Visitatione*, an Mariä Himmelfahrt: *in Assumptione*, an M. Geburt: *in Nativitate*, an M. Opferung: *in Præsentatione*, an M. Empfängniss: *in Conceptione immaculata*, an den Festen M. Schnee, M. Namen und *de Mercede: in Festivitate*, am Feste der Schmerzen Mariä: *in Transfixione*, an M. vom Berge Carmel, *in Commemoratione*, am Rosenkranzfest: *in Solemnitate*.

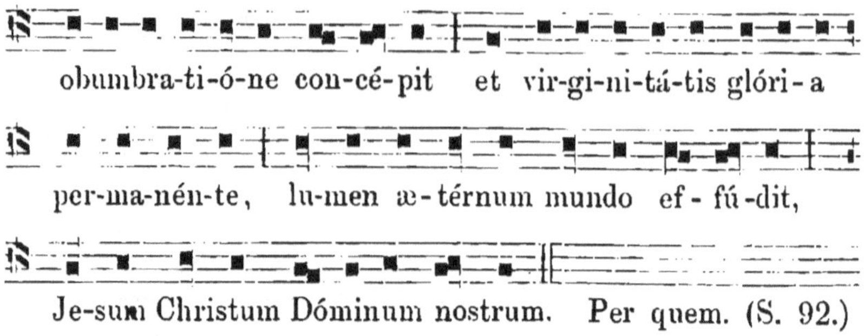

§. 25. Feierlicher Präfationsgesang.

obumbra-ti-ó-ne con-cé-pit et vir-gi-ni-tá-tis glóri-a

per-ma-nén-te, lu-men æ-térnum mundo ef-fú-dit,

Je-sum Christum Dóminum nostrum. Per quem. (S. 92.)

10. De Apostolis.

An Festen der Apostel und Evangelisten (ausser am Feste des heil. Apostels Johannes), während ihrer Octaven und an den in dieselben fallenden Festen, wenn sie keine eigene Präfation haben, wird folgende gesungen:

Per ómnia etc. (S. 90.)

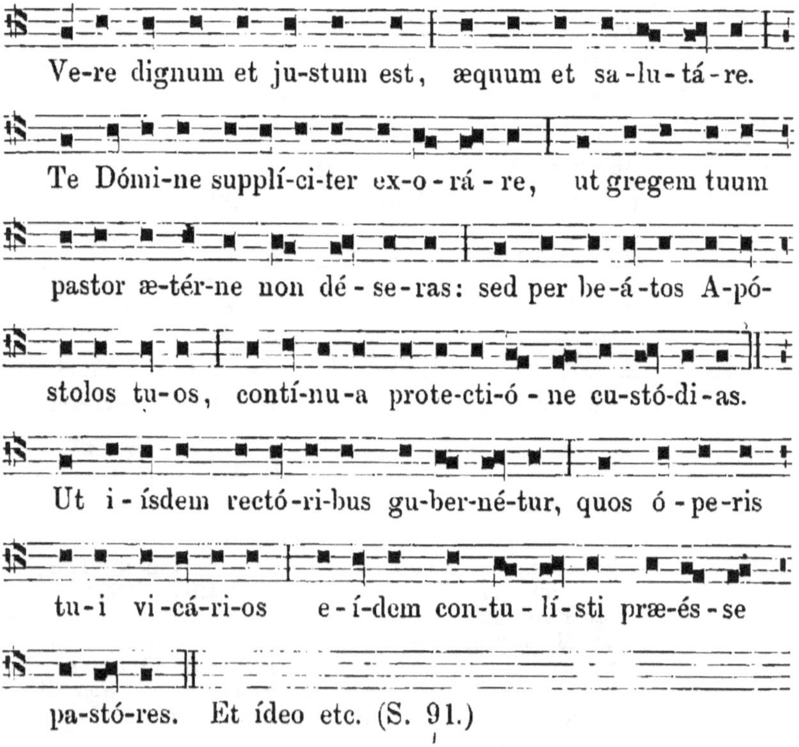

Ve-re dignum et ju-stum est, æquum et sa-lu-tá-re.

Te Dómi-ne supplí-ci-ter ex-o-rá-re, ut gregem tuum

pastor æ-tér-ne non dé-se-ras: sed per be-á-tos A-pó-

stolos tu-os, contí-nu-a prote-cti-ó-ne cu-stó-di-as.

Ut i-ísdem rectó-ri-bus gu-ber-né-tur, quos ó-pe-ris

tu-i vi-cá-ri-os e-í-dem con-tu-lí-sti præ-és-se

pa-stó-res. Et ídeo etc. (S. 91.)

§. 26. Ferialer Präfationsgesang.

11. Præfatio communis.

An allen Festen und während ihrer Octaven, auch an den Semiduplexfesten wird folgende Präfation gesungen, wenn keine andere ausdrücklich angegeben ist.

Per ómnia etc. (siehe S. 90).

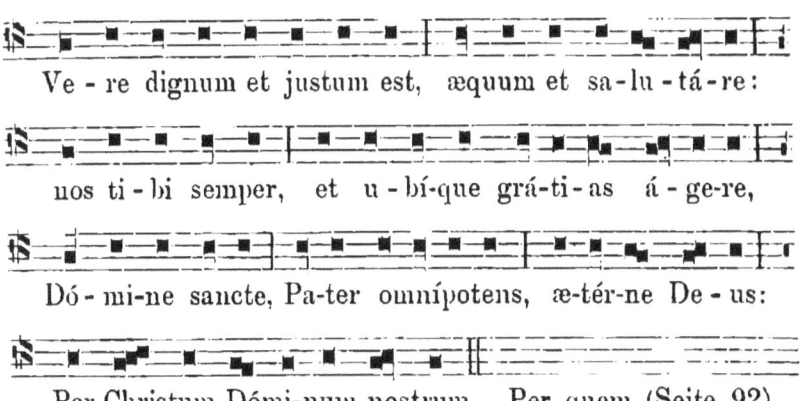

Ve - re dignum et justum est, æquum et sa-lu-tá-re:

nos ti-bi semper, et u-bí-que grá-ti-as á-ge-re,

Dó-mi-ne sancte, Pa-ter omnípotens, æ-tér-ne De-us:

Per Christum Dómi-num nostrum. Per quem (Seite 92).

§. 26. Ferialer Präfationsgesang.

Der feriale Präfationsgesang unterscheidet sich vom feierlichen durch mehr syllabische Recitation der Intervalle; zwei Beispiele dürften zur Uebung genügen.

1. De Nativitate Domini.

Bei Votivmessen vom heiligsten Altarssacramente und vom Namen Jesu.[1]

Per ómni-a sǽ-cu-la sæ-cu-ló-rum. ℞. Amen. ℣. Dóminus vo-bíscum. ℞. Et cum spíri-tu tu-o. ℣. Sursum cor-da.

---

[1] Diese Präfation ist von der S. R. C. seit 1868 genehmigt für die Votivämter an Donnerstagen etc.

§. 26. Ferialer Präfationsgesang.

℞. Ha-bé-mus ad Dó-mi-num. ℣. Grá-ti-as a-gá-mus Dó-mi-no De-o no-stro. ℞. Dignum et justum est.

Vere dignum et justum est, æquum et sa-lu-tá-re, nos ti-bi sem-per, et u-bí-que grá-ti-as á-ge-re, Dómi-ne sancte, Pa-ter omnípotens, æ-térne De-us. **Quia** per in-carná-ti Verbi my-sté-ri-um, no-va mentis nostræ ó-cu-lis lux tu-æ cla-ri-tá-tis in-fúlsit: ut dum vi-si-bí-li-ter Deum cognó-scimus, per hunc in in-vi-si-bí-li-um a-mó-rem ra-pi-ámur. **Et id-e-o** cum An-ge-lis et Archán-ge-lis, cum Thronis et Do-mi-na-ti-ó-nibus, cumque omni mi-lí-ti-a cœ-léstis ex-ér-ci-tus, hymnum gló-ri-æ tu-æ cá-nimus, si-ne fi-ne di-céntes.

Die 2. Präfation *In Quadragesima* trifft an allen Ferialtagen vom Aschermittwoch bis zum Samstag vor dem Passionssonntag (incl.).

§. 26. Ferialer Präfationsgesang.

Die 3. *de Cruce* vom Passionssonntag bis zum Gründonnerstag (excl.), sowie bei den Votivmessen[1]) vom hl. Kreuz.

Die 4. *tempore paschali* an den Ferialtagen sowie den Festen *in ritu simplici* vom weissen Sonntag bis Christi Himmelfahrt.

Die 5. *de Ss. Trinitate* bei den Privatvotivmessen zu Ehren der hl. Dreifaltigkeit.

Die 6. *de Spiritu Sancto* bei Votivmessen um die Gnade des heil. Geistes.

Die 7. *de Beata Maria* bei Votivmessen zu Ehren der Mutter Gottes.

Die 8. *de Apostolis* bei Votivmessen zu Ehren der heil. Apostel.

Die 9. endlich *(præfatio communis)* an den einfachen Festen und Ferialtagen, welche keine besondere Präfation haben, sowie bei allen Aemtern für Verstorbene.

Per ómnia sǽcula etc. (s. S. 99.)

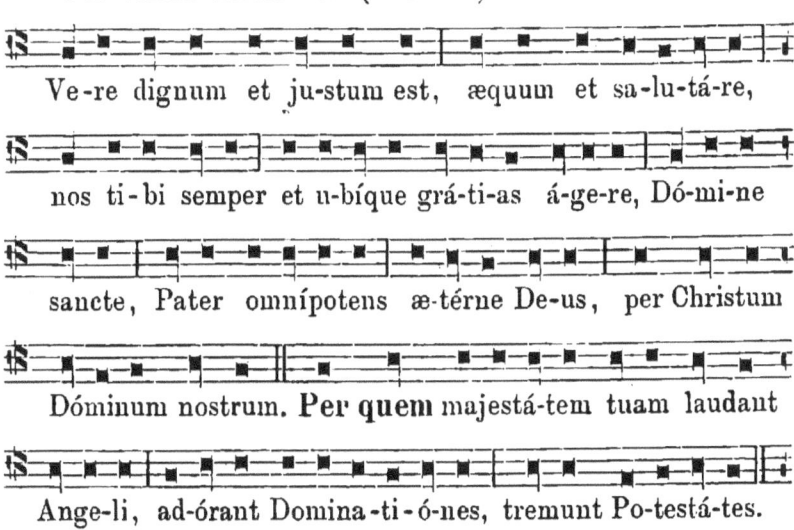

Ve-re dignum et ju-stum est, æquum et sa-lu-tá-re,

nos ti-bi semper et u-bíque grá-ti-as á-ge-re, Dó-mi-ne

sancte, Pater omnípotens æ-térne De-us, per Christum

Dóminum nostrum. **Per quem** majestá-tem tuam laudant

Ange-li, ad-órant Domina-ti-ó-nes, tremunt Po-testá-tes.

---

[1]) Darunter sind immer die Privatvotivmessen zu verstehen; denn die feierlichen haben den Orationston, also auch die Präfation *in tono festivo*.

§. 26. Ferialer Präfationsgesang.

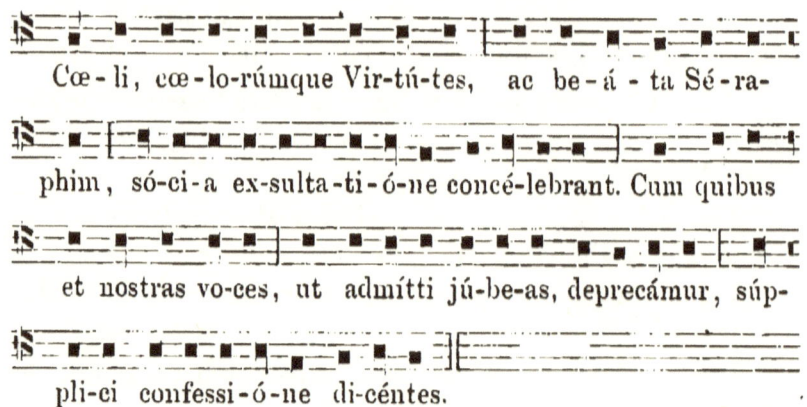

Cœ-li, cœ-lo-rúmque Vir-tú-tes, ac be-á-ta Sé-ra-phim, só-ci-a ex-sulta-ti-ó-ne concé-lebrant. Cum quibus et nostras vo-ces, ut admítti jú-be-as, deprecámur, súp-pli-ci confessi-ó-ne di-céntes.

Das *Sanctus*, je nach der Festzeit verschieden, (siehe §. 22 Anm.) schliesst sich unmittelbar an die *Præfatio* an. Während der Elevation[1]) betet der Chor mit den übrigen Gläubigen das Allerheiligste an.

Nach der heil. Wandlung folgt das *Benedictus* aus dem treffenden Messformular.[2]) *Elevato Sacramento chorus prosequitur cantum „Benedictus, qui venit". Cær. Ep. Lib. II. Cap. VIII.*

---

[1]) *Chorus prosequitur Sanctus (Organum pulsari potest alternatim) usque ad Benedictus exclus., quo finito, et non prius, elevatur Sacramentum. Tunc silet chorus, et cum aliis adorat. Organum vero si habetur, cum omni tunc melodia, et gravitate pulsandum est. Cær. Episc. Lib. II. Cap. VIII.* Der Priester ist also verpflichtet zu warten, bis der Chor das Hosanna vollendet hat, und kann dieser Vorschrift um so leichter nachkommen, wenn er eventuell bei dem Gedächtniss für die Lebenden länger als gewöhnlich verweilt. Aus obiger Stelle folgt keineswegs, dass die Orgel gespielt werden muss, wenn eine vorhanden ist. Das „*si habetur*" dürfte am besten mit „wenn man sie wirklich gebrauchen will," also wie „*adhibetur*" übersetzt werden.

[2]) *Cantari debet post elevationem. S. R. C. 12. Nov. 1831.* Siehe Mühlbauer's liturg. Sammelwerk I, 182. Nach de Herdt Tom. I. p. 1. Nr. 40, IV. können bei gesungenen nicht bischöflichen Aemtern Antiphonen zum allerheiligsten Altarssacrament statt des *Benedictus* vorgetragen werden. Siehe den Art. in Dr. Witt's „*Musica sacra.*" Jahrg. 1877.

§. 27. Pater noster. Communio.

1. Das *Pater noster* wird in feierlichem oder ferialem Tone (Ton. II.) gesungen.[1])

1. Tonus festivus.

') In der Bulle „*Quo primum temp.*" bemerkt Pius V. (14. Juli 1570.):
„*Quare abusus est, in Missa cantata legere tantum, quæ juxta ritum, modum et normam Missalis cantari debent, uti fit, quando Epistola vel Præfatio abrumpitur, cantus Pater noster omittitur vel truncatur etc.*"

§. 27. Pater noster. Communio.

2. Tonus ferialis.

Wird an gewöhnlichen Festen,¹) ferialen Tagen und bei Todtenmessen gesungen.

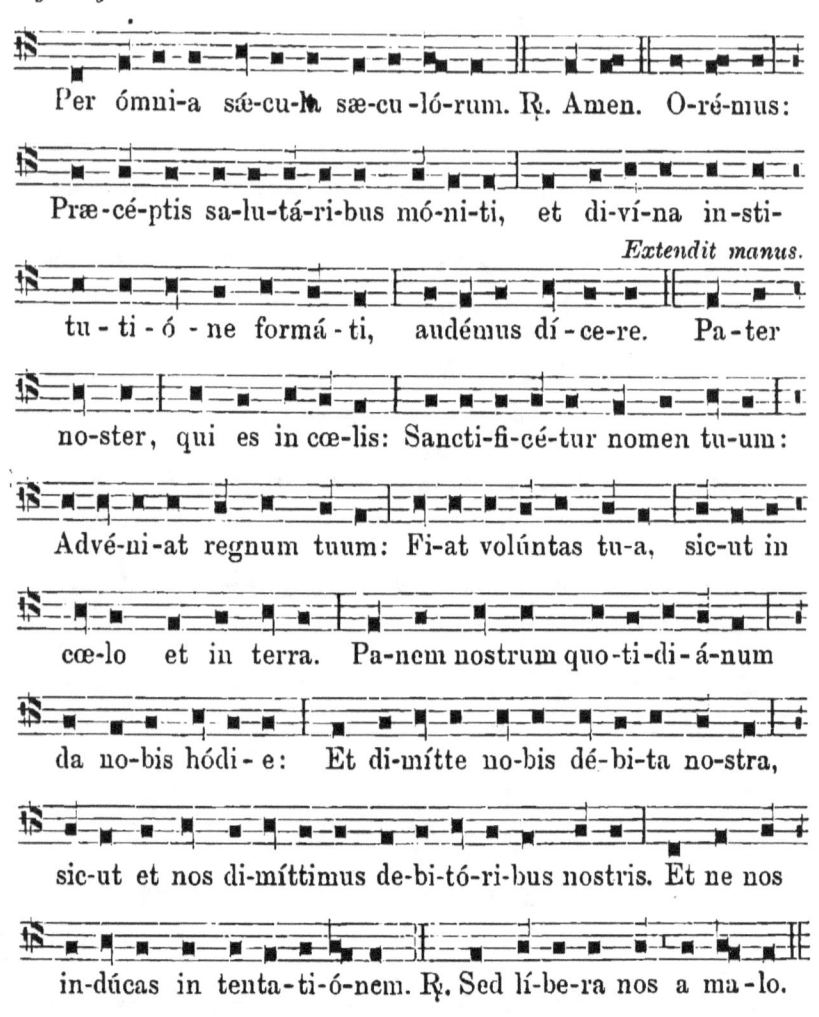

Per ómni-a sǽ-cu-la sæ-cu-ló-rum. ℞. Amen. O-ré-mus:

Præ-cé-ptis sa-lu-tá-ri-bus mó-ni-ti, et di-ví-na in-sti-

Extendit manus.

tu-ti-ó-ne formá-ti, audémus dí-ce-re. Pa-ter

no-ster, qui es in cœ-lis: Sancti-fi-cé-tur nomen tu-um:

Advé-ni-at regnum tuum: Fi-at volúntas tu-a, sic-ut in

cœ-lo et in terra. Pa-nem nostrum quo-ti-di-á-num

da no-bis hódi-e: Et di-mítte no-bis dé-bi-ta no-stra,

sic-ut et nos di-míttimus de-bi-tó-ri-bus nostris. Et ne nos

in-dúcas in tenta-ti-ó-nem. ℞. Sed lí-be-ra nos a ma-lo.

Bei jedem Amte *(in tono festivo et feriali)* folgt nach einem stillen Gebete des Priesters:

---

¹) Auch bei Votivämtern, die nicht solemnen, sondern privaten Charakter haben.

§. 27. Pater noster. Communio.

Dextera tenens particulam super Calice, sinistra Calicem. dicit:

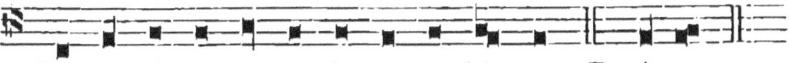

Per ómni - a sǽ - cu - la sæ - cu - ló - rum. ℟. A - men.

Cum ipsa particula signat ter super Calicem, dicens:

Pax † Dó - mi - ni sit † semper vo - bís † cum. ℟. Et cum

spí - ri - tu tu - o.

II. Dem *Pax Dni* schliesst sich das *Agnus Dei* an, das im gregor. Choral bei jeder Textwiederholung einen eigenen Melodieensatz hat, verschieden je nach der Festzeit (siehe §. 22, Anm.). Erst nach der *sumtio sanguinis* des Priesters (vor der ersten Einschenkung) darf die *Communio*[1]) vom Chore begonnen werden. Sie besteht aus einem Psalmabschnitt oder andern heil. Schriftworten, deren Sinn sich dem des *Introitus* und *Offertorium* anschliesst, und auch in gleicher Weise wie diese intonirt wird. Zur österlichen Zeit wird ein dem Tone der Communio entsprechendes *Alleluja* zugefügt.

Anmerk. *Si Communio in Missa solemni distribuitur, Diaconus*[2]) *se constituit in Cornu Epistolæ vel etiam descendit in planum ad cornu Epistolæ, ubi, versus celebrantem profunde inclinatus alta voce dicit:*

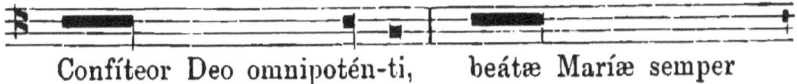

Confíteor Deo omnipotén - ti, beátæ Maríæ semper

---

[1]) *Quum pulsatur Organum in Missa cantata, Offertorium et Postcommunio submissa voce ab uno recitatur in Choro, vel nihil dicitur diebus præsertim ferialibus?* S. R. C. resp. 10. Jan. 1852. *Dici posse submissa voce, sed non omitti.*

[2]) *Convenientius est, ut confessio cantetur memoriter a Diacono. Si tamen aliquis ex Diaconis non poterit sine libro confessionem memoriter cantare, poterit ei concedi aliquis minister ex inferioribus, qui librum sustineat, donec cantet.* S. R. C. 15. Mart. 1608.

§. 27. Pater noster. Communio.

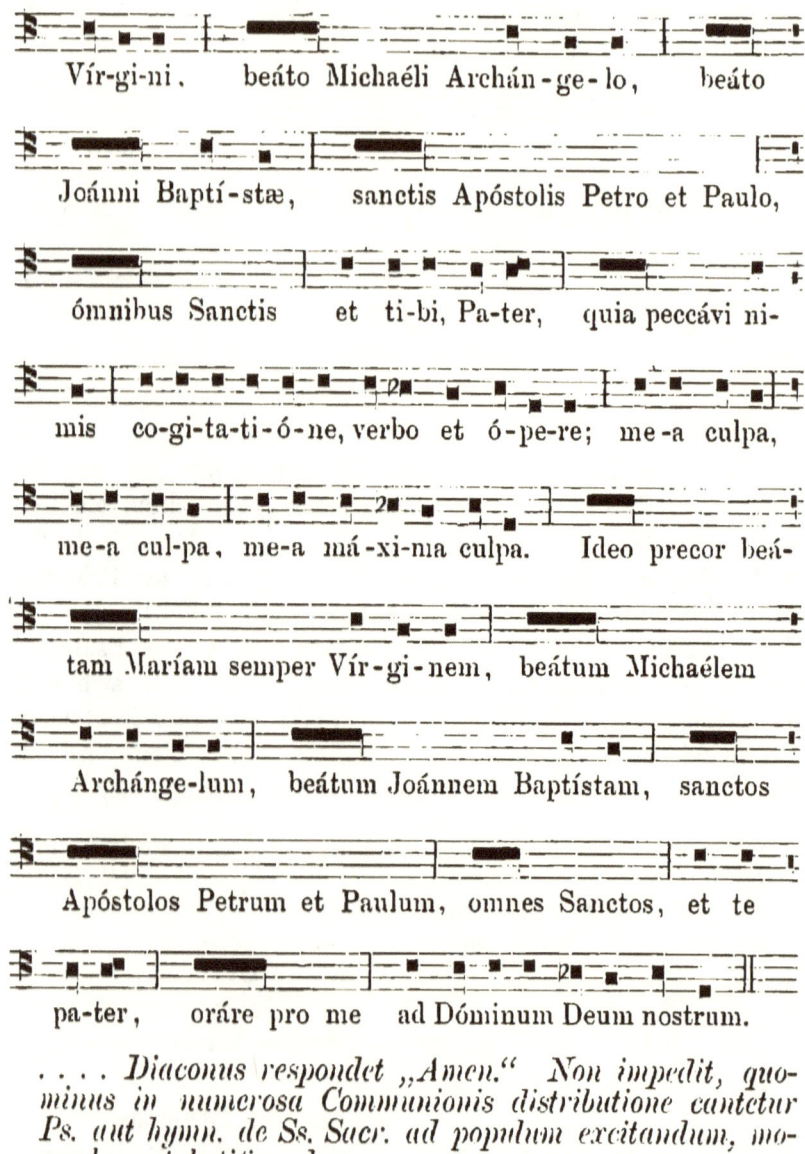

..... *Diaconus respondet „Amen."* *Non impedit, quominus in numerosa Communionis distributione cantetur Ps. aut hymn. de Ss. Sacr. ad populum excitandum, movendum et lætificandum.*

Das *Confiteor* wird auch am Ende der Pontificalmesse gesungen, wenn der päpstliche Segen ertheilt wird.

§. 28. Ite Missa est. Benedicamus Domino.

Nach den Orationen der *Postcommunio* wird das *Dóminus vobíscum* mit seinem *Resp.* in einem Tone gesungen, und dann vom Priester oder Diacon eine der folgenden Entlassungsformeln intonirt. Der Chor antwortet auf gleiche Weise[1]) mit *Deo grátias.*

1. Vom Charsamstag bis zum weissen Sonntag *(exclusive).* Mod. VIII.

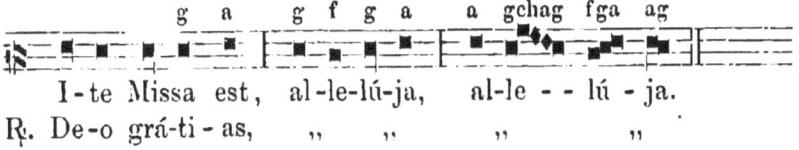

I-te Missa est, al-le-lú-ja, al-le - - lú - ja.
℞. De-o grá-ti - as, „ „ „ „

2. In Festis Solemnibus.

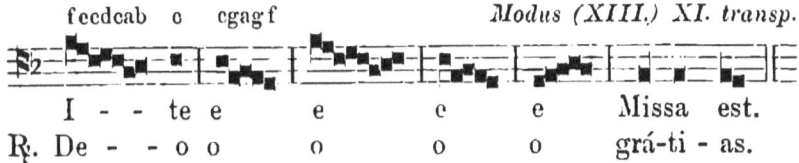

I - - te e e e e Missa est.
℞. De - - o o o o o grá-ti - as.

Dieses *Ite Missa est* trifft nur an Epiphanie, Christi Himmelfahrt, Pfingst-Sonntag, Montag und Dienstag, Fest des hl. Joseph, Joh. des Täufers und der Ap. Peter und Paul, Allerheiligen, und Kirchweihfest, sowie bei den Festen *I. cl.*, den feierlichen Votivmessen und den Patrociniumsfesten (wenn sie nicht *de Beata* sind). Weihnachten, Fronleichnam und Mariä Himmelfahrt haben *de Beata*, Ostern aber das unter 1 aufgeführte *Ite Missa est.*

Weder das lästige Hinausdehnen, noch das hastige Herabschnurren dieser Melodie ist zu billigen, und besonders zu hohe Intonation zu vermeiden. Man halte sich im Rhythmus und Athemholen genau an die gegebene Notation, und singe würdevoll, feierlich, ohne Ostentation und Affectirtheit.

---

[1]) Das offizielle *Grad. Rom.* nennt die Sitte, nach welcher der Chor mit *Deo gratias* dem Diacon antwortet, „lobenswerth": *Laudandus est mos quo chorus eodem tono respondet Deo gratias.* Eine Entscheidung der S. R. C. vom 11. Sept. 1847 besagt: *Servari potest consuetudo pulsandi tantum Organum ad respondendum, dum in Missa cantatur Ite Missa est.*

108 §. 28. Ite Missa est. Benedicamus Domino.

3. In Festis Duplicibus. *Modus I.*

I-te e e Missa est.
℞. De- o o o grá-ti-as.

Dieser Melodie bedient man sich an den Aposteltagen,[1]) und den Festen, welche *dupl. II. classis, majus et minus* sind.[2]) Die einzelnen Sätze sollen fliessend und schön rhythmisirt, nicht stossweise und gebrochen vorgetragen werden.

4. In Missis Beatæ Mariæ, in Oct. Corp. Chr. et Nativ. Dni.[3]) *Modus I.*

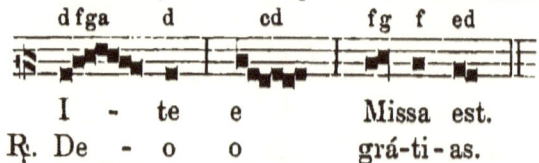

I - te e Missa est.
℞. De - o o grá-ti-as.

Die kleine Terz d—f darf nicht in eine Quart verwandelt werden. Statt des Ganztones c-d wird fehlerhaft manchmal cis-d gesungen.

5. In Dominicis infra annum, in fest. semidupl., et infra Octavas, quæ non sunt beatæ Mariæ. *Modus I.*

I - te e Missa est.
℞. De - o o grá-ti-as.

6. An den Sonntagen Septuag. — Quinquag. dagegen ist zu singen:

Be - ne-di-cámus Dó - mi-no.
℞. Deo grátias (wie oben Nr. 5).

---

[1]) Das Fest der hl. Apostel Petrus und Paulus hat als *Fest. dupl. 1. cl.* das solemne *Ite Missa est.*

[2]) Die Muttergottesfeste aber, sowie überhaupt alle Feste *dupl. II. cl., maj-, min.* oder *semid.* haben, wenn die *Præf. de Nativ.* oder *de B. Maria* trifft, auch „*Ite Missa est*" *de Beata.*

[3]) Siehe Anm. 2. Am Sonntag innerhalb der Oct. von *Immac. Conceptio* trifft Nr. 8.

§. 28. Ite Missa est. Benedicamus Domino.

7. In Festis Simplicibus, et Feriis temp. Paschali.

I - te Missa est.
℟. De - o grá - ti - as.

8. In Dominicis Adv. et Quadrag. (Advent- und Fastensonntage.)

Be-ne-di-cá-mus   Dó - o - mi-no.
℟. De - - o   o   grá - ti - as.

9. In Feriis per annum.¹)

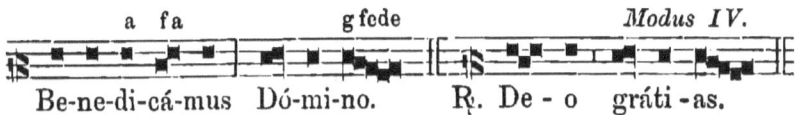

Be-ne-di-cá-mus Dó-mi-no.   ℟. De - o   gráti - as.

10. In Feriis Adv. et Quadrag.²)

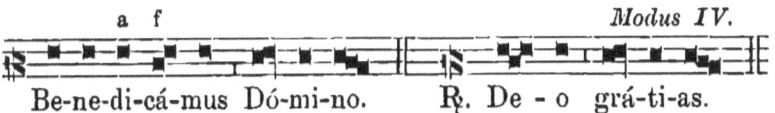

Be-ne-di-cá-mus Dó-mi-no.   ℟. De - o   grá-ti-as.

11. In Missa Vigiliæ Nat. Dni, in Festo Ss. Innocentium, et in Missis Votivis pro re gravi, quando non dicitur¹) *Gloria in excelsis.*

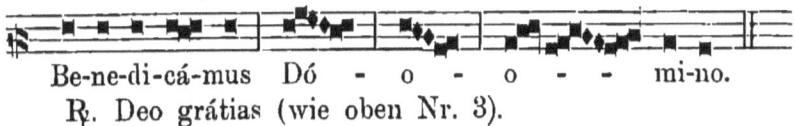

Be-ne-di-cá-mus Dó - o - o - - mi-no.
℟. Deo grátias (wie oben Nr. 3).

---

¹) Z. B. an den 3 Tagen der Bittwoche, bei privaten Votivämtern, wenn sie nicht in die Advent- oder Fastenzeit fallen.

²) Diese Gesangsweise beginnt am Aschermittwoch, (obgleich *officium divinum per annum*) weil auch *Præfatio quadr.*, *Oratio super popul.* et *Or. 3. Fidelium.*

³) Bei den Votivmessen mit *Gloria* richtet sich der Ton des *Ite Missa est* nach dem des *Gloria* und nach der Präfation. Nr. 11 trifft also nur bei feierlichen Votivmessen, die in violetter Farbe gefeiert werden, z. B. *de Passione Dni, ad tollendum schisma* etc.

110 §. 28. Ite Missa est. Benedicamus Domino.

12. In Missis Defunctorum.[1])

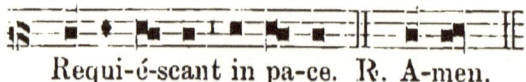
Requi-é-scant in pa-ce. R̊. A-men.

Wenn nach dem feierlichen *Requiem* die *Absolutio* an der Bahre *(ad tumulum)* stattfindet, so ist nach den Rubriken das *Resp.* *Libera* erst dann vom Vorsänger zu intoniren und vom Chor fortzusetzen, wenn der kreuztragende Subdiacon am Katafalk angekommen oder der Priester mit dem *Pluviale* angethan ist. (S. R. C. 7. Sept. 1861.) Eine Entscheidung der S. R. C. vom 12. Sept. 1840 bemerkt ausdrücklich, dass der ℣. *Dies illa* nach der Wiederholung des *Quando cœli* gesungen, mit andern Worten, dass das ganze *Resp.* unverkürzt vorgetragen werden müsse. Nach Wiederholung des *Resp.* bis zum ℣. *Tremens* singt der 1. Chor:

Ky-ri - e   e - lé - i - son.

Der 2. Chor antwortet:

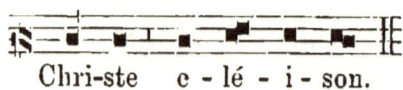
Chri-ste   e - lé - i - son.

Beide Chöre:

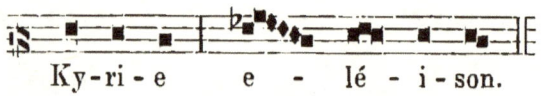
Ky-ri - e   e - lé - i - son.

Der *Celebrans* intonirt: ▩▩▩▩ das alle bis
Pa - ter no-ster,
℣. *Et ne nos* stille zu beten haben. Dann folgen die ℣℣. und R̊R̊.

                                        f d
℣. *Et ne nos indúcas in tentati-ónem.*

                      f d   f d
R̊. *Sed libera nos a ma-lo.* ℣. *A porta ín-feri.*

---

[1]) Etiamsi tantum pro uno celebratum fuisset, dicitur in Plurali: *Requiescant.*

℞. *Érue, Dómine, ánimam e-jus* (oder *ánimas eó-rum*, wenn für mehrere.)
℣. *Requiéscat* od. *Requiéscant in pa-ce.* ℞. *Amen.* ℣. *Dómine exaúdi* etc.

Nach der Oration singt der *Celebrans*:
℞. *Réquiem ætérnam dona ei* (oder *eis*) *Dómine.*
℣. *Et lux perpétua lúceat e-i* (oder *eis*).

Zwei Sänger singen dann ℣. *Requiéscant* oder *pro uno defuncto* ℣. *Requiéscat* etc. nach Melodie Nro. 12.

Die kirchlichen Tagzeiten.

§. 29. Die kirchliche Psalmodie.

I. Die Art und Weise, wie die Psalmen nach bestimmten Melodieen gesungen werden, heisst Psalmodie. Den ersten acht Octavengattungen entsprechend, gibt es für alle Psalmen (mit theilweiser Ausnahme des 113. *In exitu*) acht wesentlich verschiedene Melodieen, die man Psalmentöne, *Toni Psalmorum*, nennt. Die Antiphon, mit der diese Gesangsformeln verbunden und deren Einleitung und Abschluss sie bilden, hat den gleichen *modus* wie der Psalm.

2. Nachfolgende Vorbemerkungen und Erklärungen dürften genügen, um die Kunst des Psallirens, die mehr durch Uebung zu lernen ist, theoretisch grundzulegen.

a) Jedem Psalm geht die treffende Antiphon voraus, die bei einem *fest. dupl.* vor und nach[1]) dem Psalm gesungen werden soll. Bei Festen niedrigen Ranges, von *Semidupl.*

---

[1]) Wenn nach dem Psalm die Antiphon durch die Orgel „abgespielt" wird, so ist der Text wenigstens zu rezitiren.

an, werden nur ein paar Worte der Antiphon vor dem Psalm angegeben, und dieselbe erst nach dem Psalm vollständig gesungen.

b) Der erste Theil eines jeden Psalmtones bleibt sich immer gleich, der zweite Theil nach dem * *(asteriscus)*¹) hat beim I., III., IV., VII. und VIII. Ton mehrere Veränderungen, die man *Finalis, Differentia, Terminatio,* Ausgang, Schlusscadenz nennt.

c) Die Intonation des ersten Verses der Psalmen kann solemn (feierlich) oder ferial (für niedere Feste) sein.

d) Bei der solemnen Intonation wird nur der erste Vers mit der kleinen melodischen Phrase am Anfange (die darum auch *initium* oder *inchoatio* heisst) gesungen, bei allen folgenden Versen fällt das *initium* weg.

e) Die kleine Cadenz in der Mitte des Verses, unmittelbar vor dem *, heisst *medium, mediatio,* Mittelcadenz.

f) Nach der Antiphon ist in den Chorbüchern der zweite Theil des zu singenden Psalmtones, die *Finalis* vorgezeichnet, und oft sind unter die Noten der Finale die Buchstaben E V O V A E gesetzt. Diess sind die Vocale von *seculorum Amen,* da jeder Psalm regelmässig mit *Gloria Patri etc.* schliesst. In der officiellen Ausgabe des „Officium Def." steht U E A E I *(lúceat eis),* da beim Todtenofficium statt „*Gloria Patri*": „*Réquiem ætérnam*", statt „*Sicut erat*": „*Et lux perpétua etc.*" zu singen ist.

g) Um den nach der Antiphon zu singenden Psalm sicher und richtig anstimmen und fortführen zu können, beachte man die Schlussnote der Antiphon und die Anfangsnote des Psalmes, die in folgender Tabelle zusammengestellt sind:²)

I. Tonus.		II. Tonus.		III. Tonus.		IV. Tonus.	
D	F	D	C	E	G	E	a

---

¹) Auch wenn die Psalmen im Chore nur gebetet werden, hat der * als Pause zu gelten. S. R. C. 9. Jul. 1864.

²) Auch beim *Introitus* gelten diese Schluss- und Anfangsnoten; nicht aber beim *Gloria Patri* in den Respons. der Nocturnen.

§. 29. Die kirchliche Psalmodie.

V. Tonus.   VI. Tonus.   VII. Tonus.   VIII. Tonus,

F   F   F   F   G   c   G   G

Diese Zusammenstellung gilt für die *cantica* und die *Toni Psalmorum festivi*.

Für die *Toni Psalmorum feriales* diene folgende Tabelle:

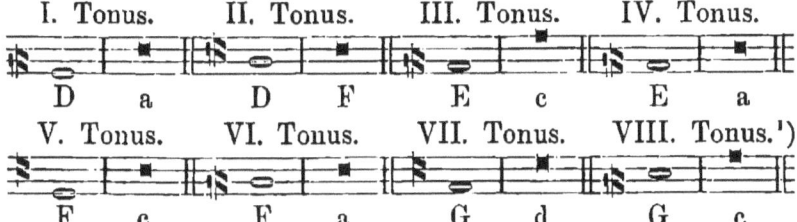

I. Tonus.   II. Tonus.   III. Tonus.   IV. Tonus.

D   a   D   F   E   c   E   a

V. Tonus.   VI. Tonus.   VII. Tonus.   VIII. Tonus.¹)

F   c   F   a   G   d   G   c

h) Wenn in der Mitte des Psalmverses vor dem *asteriscus* ein einsilbiges Wort, oder ein nicht beugbarer hebräischer Name steht, so wird beim II., IV., V. und VIII. Psalmton die letzte Note ausgelassen. Solche Wörter sind: *tu*, *sum*, *Israël*, *usquequo*, *David*, *Jacob*, *Jerusalem*, *Sion* etc., nicht aber *Juda*, *Judæ*. Diese Gesangsart nennt man *intonatio in pausa correpta*, z. B.:

Tonus VIII.

Cré-di-di propter quod lo-cú-tus sum *

i) Sind die ersten Worte der Antiphon mit den Worten des 1. Psalmverses gleichlautend, so werden letztere *in fest. semid.* und *simpl.* nicht mehr gesungen. Im *Officium de Dominica* z. B. heisst die Antiphon zum 109. Psalm: *Dixit Dominus* etc.; der 1. Psalmvers beginnt also mit *Domino meo*.

Antiph.   Ps.

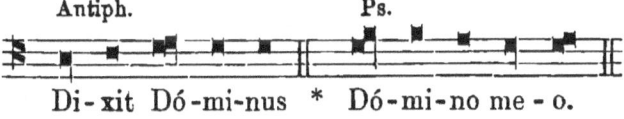

Di-xit Dó-mi-nus * Dó-mi-no me-o.

---

¹) Diese Schlüsselvertheilung wurde in den neueren Auflagen der offiziellen Choralbücher für sämmtliche Gesänge durchgeführt, so dass der F-Schlüssel auf der 2. Linie für den I., III., IV., VI. und VIII. Modus, auf der 3. Linie für den II. Modus, der C-Schlüssel auf der dritten Linie für den V. und VII. Modus gewählt wurde.

Anmerk. Wenn viele Sänger sich beim Psalliren betheiligen, so muss Jeder ohne Zögerung auf ein und derselben Silbe mit den andern steigen oder fallen, je nach der Melodie des treffenden Psalmtones. Man hat daher diese Silben in neueren Choralwerken meistens mit verschiedener Schrift gedruckt oder mit Strichen und Ziffern versehen. Diese Methode wurde in den ersten Handausgaben der offiziellen Choralbücher versuchsweise von Seite der S. R. C. geduldet. In Folge verschiedener Anschauungen und Differenzen hat die Ritencongregation im Jahre 1879 **jede Andeutung der Silbe, auf welcher die Psalmformeln beginnen sollen, für ihre Ausgaben beseitigt.** Unter den verschiedensten Versuchen, diese wichtige Frage der Silbeneintheilung zu ordnen,¹) gibt der Verfasser dieses Lehrbuches dem System des P. Mohr, das in der „Anleitung zur kirchlichen Psalmodie" ausführlich begründet und consequent durchgeführt ist, den Vorzug. Wer übrigens das Ziffersystem Mohr's nicht genau studiren und üben kann, findet in dem *„Manuale vespertinum"* von Wack in Ludwigshafen ein sicheres Hilfsmittel, um die Vesperpsalmen in allen Tönen ohne Schwankung und Zaghaftigkeit singen zu lernen. Für die Psalmen des ganzen *Officium hebd. sanctæ* hat Mohr ein eigenes Heft publizirt, die Psalmen der Stereotypausgabe des *Offic. Def.* und *Nativitatis Dni* aber hat der Verfasser dieses Lehrbuches bearbeitet.

Für geübte Sänger und Alle, welche der Deklamation der lateinischen Sprache vollkommen mächtig sind, wüsste ich vom musikalischen Standpunkt aus kein besseres Mittel, der „Monotonie" im Psalliren vorzubeugen, als die aus der Unterlage des **euouae** für die Finalen sich ergebende Regel: **So viel Noten in der Finale, so viel Silben für dieselbe** z. B.

Ton. I. *Fin. 1.*   **Ton. II.**

ex útero ... génu‑i te.   ex útero ... gé‑nu‑i te.

---

¹) Bestimmt fixirte unumstössliche Regeln für die Beugung der Silben in den Mittel- und Schlusscadenzen ruhen immer nur auf dem subjectiven Boden des Geschmackes, der Gewohnheit, der Uebung u. s. w. Ein schöner, schwungvoller Psalmengesang kann nur da gedeihen, wo man die Nothwendigkeit, bei einer Leseart zu bleiben, einsieht und vertritt.

§. 29. Die kirchliche Psalmodie. 115

Auf diese Weise kann die schwer zu vermeidende Klippe, regelmässig eine oder die andere bestimmte Note der Finale zu betonen, vermieden werden, denn in Folge des mannigfaltigen Wechsels der Silben fällt z. B. im IV. Ton der Accent bald:

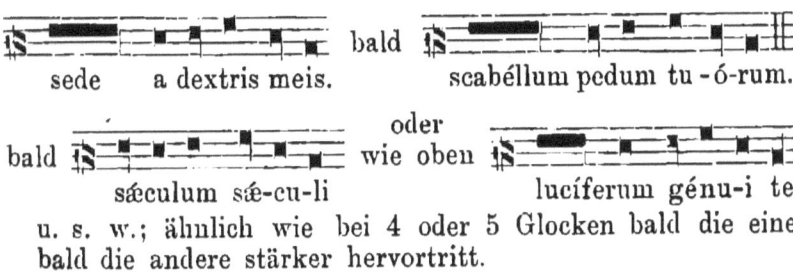

u. s. w.; ähnlich wie bei 4 oder 5 Glocken bald die eine bald die andere stärker hervortritt.

Aus diesen Beispielen ergibt sich einerseits, dass man so singen kann, aber durch keine anderen Gründe als die der Zweckmässigkeit und Erzielung der Einheit dazu genöthigt ist, und dass andererseits das Hauptgewicht nicht auf die Noten, sondern auf die Silben gelegt werden muss. Ein altes Hymnenbuch enthält die treffende Bemerkung: „*Dominam i. e. literam ancillari, ancillam i. e. notam dominari tam a jure quam a ratione est penitus alienum.*" „Es widerspricht dem Rechte und der Vernunft, dass der Buchstabe diene und die Note herrsche."

Daher ist hier wiederholt das Axiom aufzustellen: Singe, wie du sprichst. Die Note beuge sich; sie werde lang, mittelkurz oder kurz, je nach der mit ihr verbundenen Silbe.

8*

§. 30. Psalmengesang in tono duplici et semiduplici.

I. Die folgenden Psalmtöne treffen: 1) an allen Festen, die *duplex I., II. cl.* und *majus* sind, und zwar beim ganzen *Officium divinum;* 2) in *festis duplicibus, Dominicis et festis semiduplicibus* nur bei Matutin, Laudes und Vesper.

Anmerkung. Die weisse Note ○ vor dem *Initium* bedeutet die Schlussnote der Antiphon; die schwarze ■ zeigt die Note gleich nach dem *, d. h. die Dominante, an.

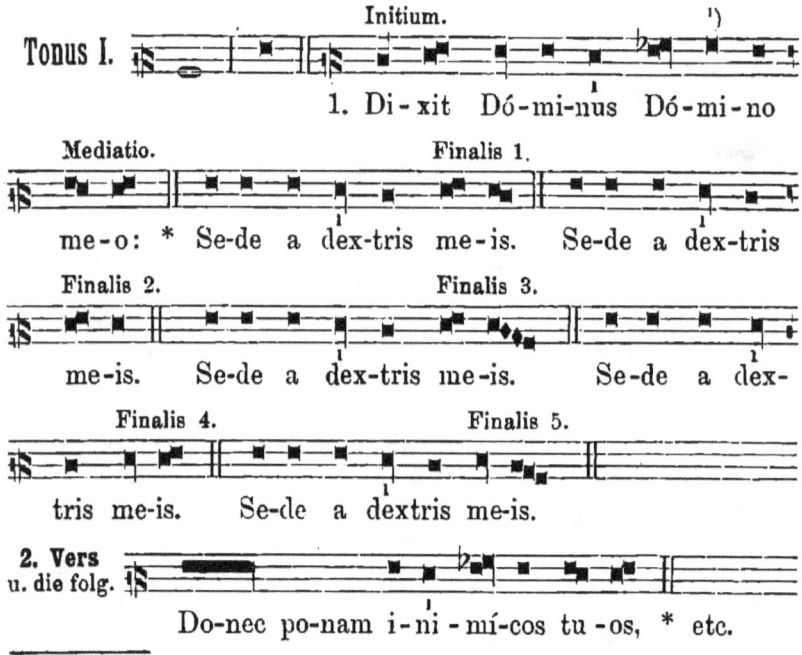

¹) Die auf die Accentsilbe folgende kurze Silbe wird am besten mit der Note der ersteren gesungen, wenn das Intervall der Secunde nicht überschritten wird. Bei Terz-, Quart- oder Quintfällen trifft die kurze Silbe auf die folgende Note. In dieser Bemerkung über die Behandlung der Nebensilben weiss sich der Verf. in Widerspruch mit P. Mohr, der es vorzieht: [notation] zu singen; siehe §. 35 der oben erwähnten Broschüre.

§. 30. Psalmengesang in tono duplici et semidupl. 117

118 §. 30. Psalmengesang in tono duplici et semidupl.

§. 30. Psalmengesang in tono duplici et semiduplici. 119

Mediatio.   Finalis.

me-o: * se-de a dex-tris¹) me-is.

2. Vers u. die folg.

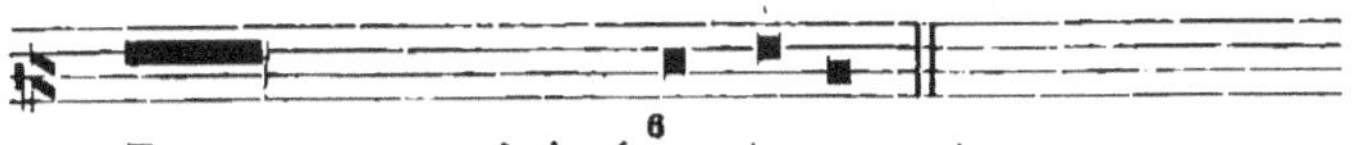

Donec ponam inimí-cos tu-os, etc.

Initium.

Tonus VII.

1. Di-xit Dó-minus Dó-mi-no

Mediatio.   Fin. 1.

me-o: * se-de a dex-tris me-is.   Se-de a dex-tris

Fin. 2.   Fin. 3.

me-is.   Se-de a dextris me-is.   Se-de a dex-tris

Fin. 4.   Fin. 5.

me-is.   Se-de a dextris me-is.

2. Vers u. die folg.

Do-nec po-nam i-ni-mí-cos tu-os, * etc.

---

¹) Diese beiden Noten dürfen nie getrennt werden. Beispielshalber ist also im 2. Vers des 109. Ps. zu singen:

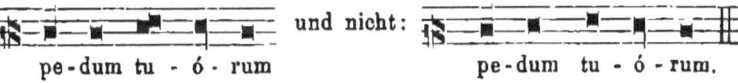

pe-dum tu - ó - rum   und nicht: pe-dum tu - ó - rum.

Diesen Irrthum der 5. Auflage, sowie die Herbeiziehung des VI. Tones für die *pausa correpta* möchte der Verfasser hier ausdrücklich widerrufen; es muss gesungen werden:

Cré-di-di propter quod lo - cú-tus sum:

120 §. 30. Psalmengesang in tono duplici et semidupl.

II. Für den 113. Psalm *In exitu Israel* hat sich eine eigene Melodie gebildet, die aus dem I. und VIII. modus zusammengesetzt ist, und *Tonus mixtus* [auch *peregrinus*,[2]) *irregularis*] heisst. Dieser *Tonus irregularis* wird beim 113. Psalm nur dann gebraucht, wenn die Antiphon *Nos qui vivimus* zu singen ist; daher richtet sich der 113. Psalm an den Adventsonntagen, am heil. Dreikönigs-, Oster-, Pfingst- und Dreifaltigkeits-Feste, sowie an den Sonntagen *tempore Paschali* nach dem Tone der treffenden Antiphon.

Der erste Vers des 113. Ps. im *Tonus peregrinus* und die Antiphon lauten, wie folgt:

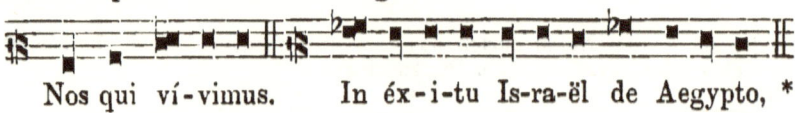

---

[1]) Auch diese Vereinfachung des VIII. Tones ist gegenüber der früheren Ausgabe des *Mag. Chor.* und einzelnen Inconsequenzen der offiziellen Choralbücher, welche manchmal angeben, als eine Verbesserung und Correctur zu notiren.

[2]) Nach *Gerbert* stammt der *Tonus peregrinus* aus Frankreich, wo ihn die römischen Sänger, welche im 9. und 10. Jahrhundert dorthin gesendet wurden, hörten und in Rom einbürgerten.

§. 30. Psalmengesang in tono duplici et semidupl. 121

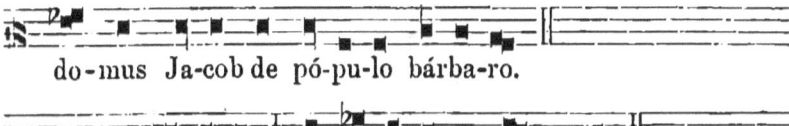

do-mus Ja-cob de pó-pu-lo bárba-ro.

Nos qui ví-vimus be-ne-dí-cimus Dó-mi-no.

Die folgenden 28 Verse werden einfacher in folgender Weise gesungen:

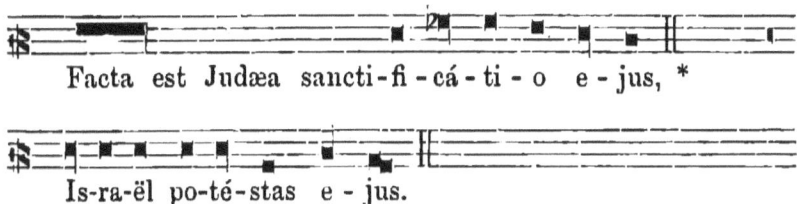

Facta est Judæa sancti-fi-cá-ti-o e-jus, *

Is-ra-ël po-té-stas e-jus.

Nachfolgendes Schema sollte Jeder, der mit dem Psalliren schöne Textes-Declamation verbinden und üben will, auswendig erlernen:

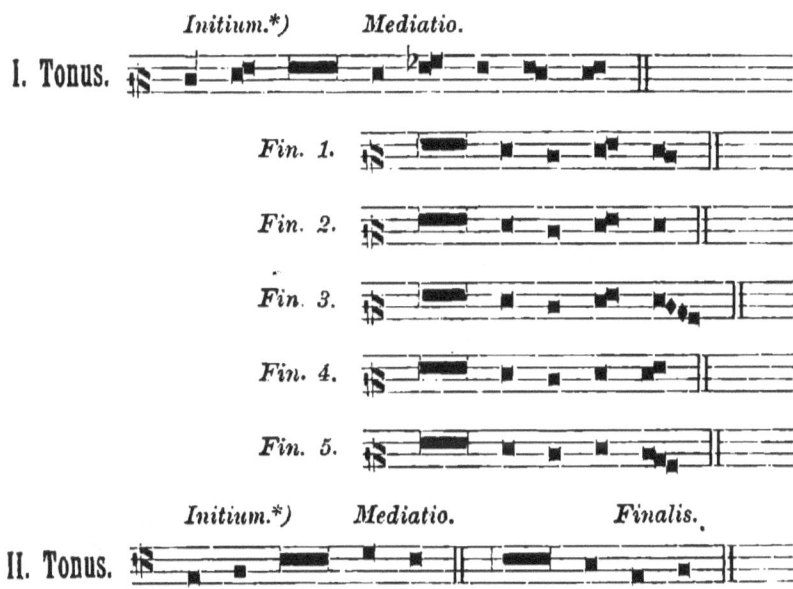

I. Tonus.

Initium.*) *Mediatio.*

Fin. 1.
Fin. 2.
Fin. 3.
Fin. 4.
Fin. 5.

Initium.*) *Mediatio.* *Finalis.*

II. Tonus.

---

*) Hier (beim *) beginnt der 2. und die folgenden Verse.

122 §. 30. Psalmengesang in tono duplici et semidupl.

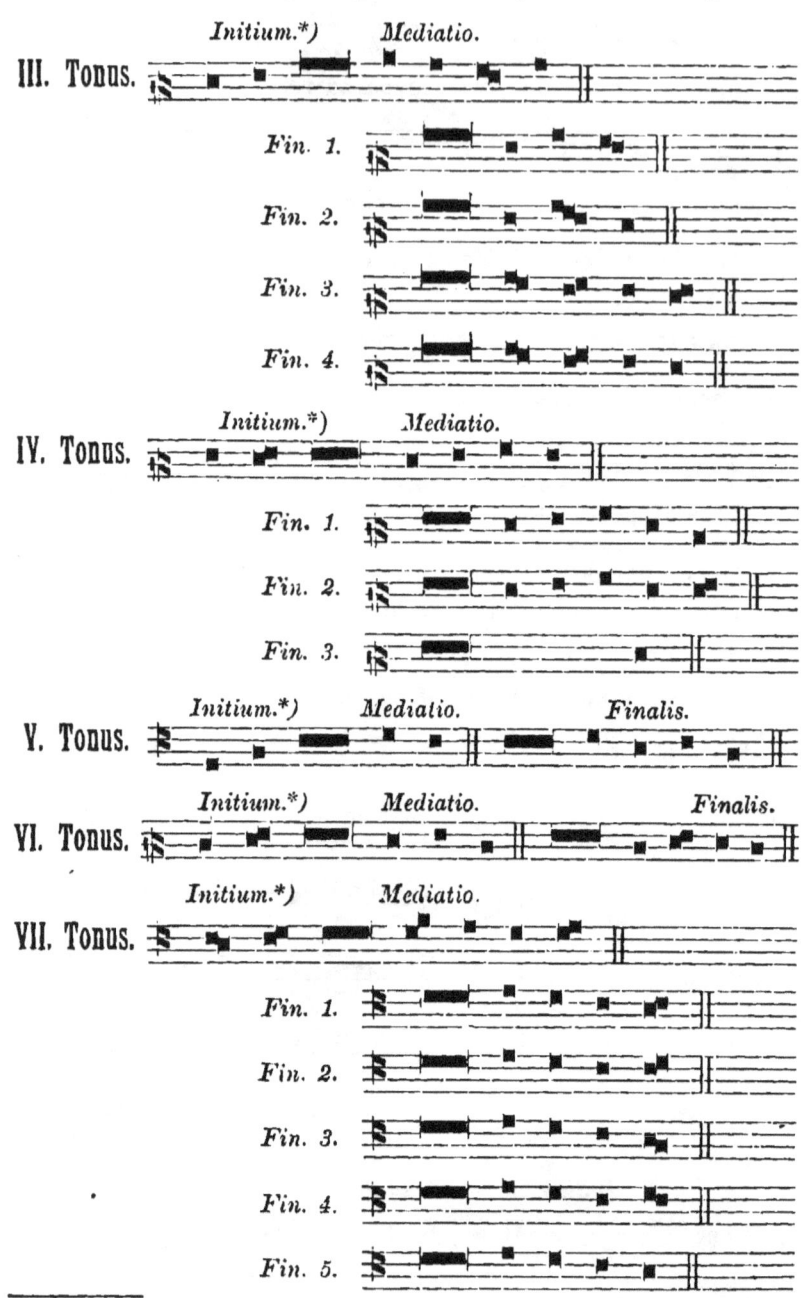

*) Hier (beim *) beginnt der 2. und die folgenden Verse.

§. 31. Ferialgesang der Psalmen, die Cantica. 123

§. 31. Ferialgesang der Psalmen, die Cantica.

I. Der Tonus ferialis wird gebraucht: *1) in Festis duplicibus minoribus* (die also nicht *I., II. cl.* oder *majus* sind,) *Dominicis et Fest. semidupl.* bei Prim, Terz, Sext, Non und Complet, *2) in Festis simplicibus et in Feriis* beim ganzen Officium, sowie im *Officium Defunctorum*.

Anmerk. Da die *Toni festivi* und *feriales* nur im *initium* und theilweise in der *mediatio* verschieden sind, die Finalen aber miteinander gemein haben, so genügt es, die erste Vershälfte anzuführen. Wie der erste, so sind alle folgenden Psalmverse eines jeden Tonus. Die *Intonatio in pausa correpta* wird in den treffenden Tönen nach §. 30 ausgeführt; nur ist natürlich das *initium* ferial.

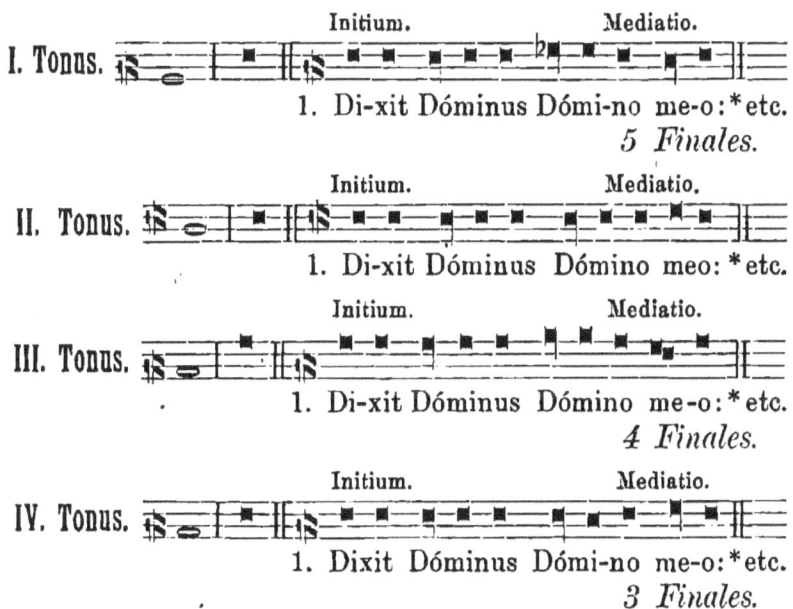

124 §. 31. Ferialgesang der Psalmen, die Cantica.

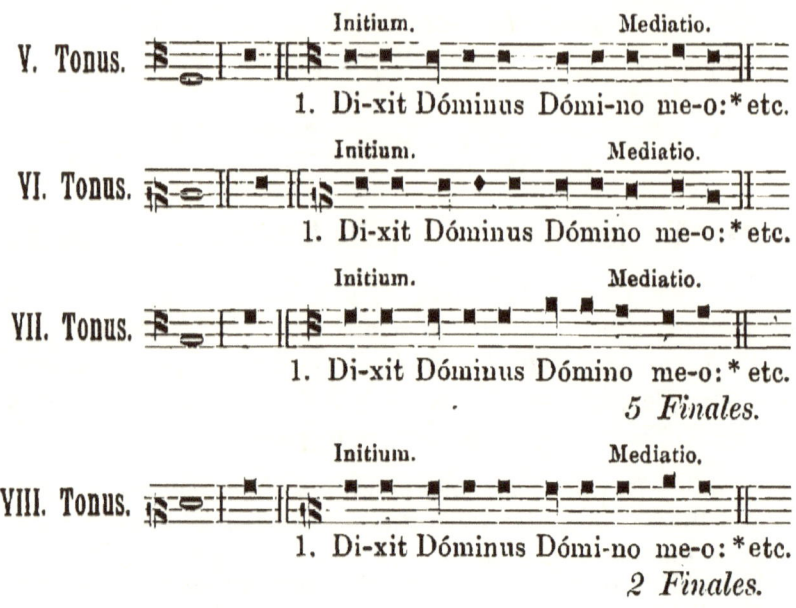

II. Das officielle *Directorium chori* enthält die Rubrik: „*Benedictus* und *Magnificat* werden stets feierlich intonirt und ebenso durch alle Verse zu Ende gesungen, auch beim Ferial- und Todtenoffizium."[1])

Der erste Vers des *Magnificat* hat für die gewöhnliche Psalmodie zu wenig Silben, und wird in nachstehender Weise intonirt; der zweite und die folgenden Verse aber, sowie der erste und alle Verse des *Benedictus* werden nach §. 30 ausgeführt.

---

[1]) Wo sich eine Gewohnheit *(consuetudo)* gebildet hat, können diese *cantica* im Ferialoffizium auch ferial gesungen werden. S. R. C. 9. Maji 1857. *Act. ephem.* T. III. p. 587.

§. 31. Ferialgesang der Psalmen, die Cantica. 125

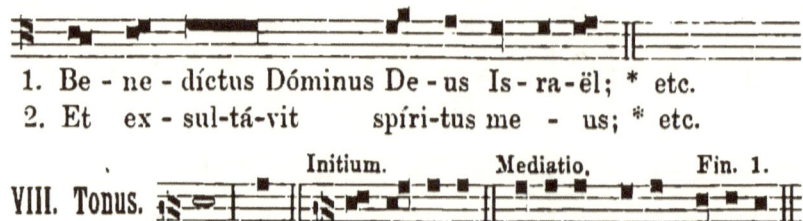

1. Be - ne - díctus Dóminus De - us Is - ra - ël; * etc.
2. Et ex - sul-tá-vit spíri-tus me - us; * etc.

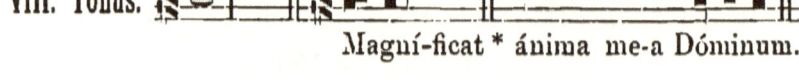

VIII. Tonus.

Maguí-ficat * ánima me-a Dóminum.

1. Be-ne-díctus Dóminus De-us Is-ra-ël; * etc.
2. Et ex - sul-tá-vit spí-ri-tus me-us etc.

§. 32. Vesper, Completorium.

I. Jedes Offizium hat sieben Theile oder *horæ* (Horen, Gebetsstunden), welche in den folgenden Paragraphen nach ihren Bestandtheilen erklärt werden sollen.[1])

Die meisten Feste haben zwei Vespern, die erste am Vorabend, die zweite am Abend des Tages. Die mit jedem Jahre wechselnde Ordnung der Vesper findet sich im Kirchenkalender angegeben. Ist die Vesper vom nächsten Tag, so sagt das *Directorium: Vesperæ de sequenti,* ist sie vom Tage, so heisst es: *In II. Vesp.,* ist die Vesper getheilt, so lautet die Rubrik: *Vesp. a Capitulo de sequenti,* d. h. bis zum Kapitel wird die II. Vesper des Tages, von da an die erste des folgenden Festes gefeiert.

Die Vesper beginnt der *Celebrans* oder *Hebdomadar* nach dem stillen „*Pater noster*" und „*Ave Maria*" · mit „*Deus in adjutórium meum,*" das festiven und ferialen Ton[2]) hat.

---

[1]) Was allen Horen gemeinsam eigenthümlich ist, wird an der Stelle, wo es zuerst vorkömmt, im Zusammenhang angeführt, später nur citirt.

[2]) Am Gründonnerstag und Charfreitag wird die Vesper nur recitirt, nicht gesungen, und beginnt gleich der Todtenvesper mit den Antiphonen und Psalmen.

§. 32. Vesper, Completorium. 127

a) In Festo dupl. et semid. ad omnes horas.

Hebdomad.

De-us, in ad-ju-tó-ri-um meum in-ténde.

Chorus.

Dómine, ad adjuvándum me festí-na. Glória Patri, et Fílio,

et Spi-rí-tui sancto: Sicut erat in princípio, | et nunc,

et semper, | et in sǽcula sæculórum. Amen. Al-le-lú-ja.

Von Septuagesima bis zum Gründonnerstage wird an Stelle des *Alleluja* gesungen:

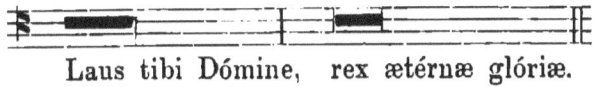

Laus tibi Dómine, rex ætérnæ glóriæ.

b) In Festo simplici et Feriis ad Matut.

Hebdomad.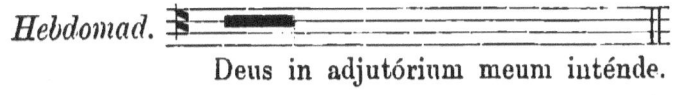
Deus in adjutórium meum inténde.

Chorus.
Dómine, ad adjuvándum me festína. Glória Patri,

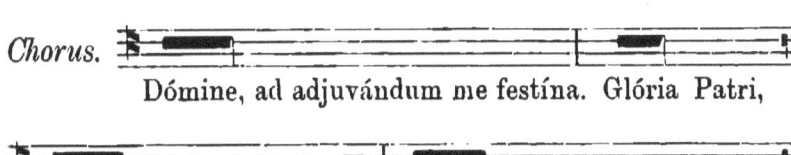

et Fílio, et Spirítui sancto: Sicut erat in princípio, et nunc,

et semper, et in sǽcula sæculórum. Amen. Al-le-lú-ja.
Vel Laus tibi. ut supra.

§. 32. Vesper, Completorium.

c) In Festo simplici et Feriis ad Laudes et ad reliquas horas.

℣. De-us in ad-ju-tó-ri-um meum inténde. *Chorus* wie bei b).

Jede Vesper hat fünf Antiphonen, denen je ein Psalm folgt. Der Kirchenkalender gibt Aufschluss, ob dieselben dem *Psalterium,* dem *Proprium de Tempore* oder *de Sanctis,* oder dem *Commune Sanctorum* zu entnehmen sind. In der Zeit von *Septuagesima* bis Ostern wird jedes *Alleluja* nach der Antiphon weggelassen, in der österlichen Zeit (Ostern bis Dreifaltigkeitssontag excl.) ist jeder Antiphon, die kein *Alleluja* hat, ein solches nach dem treffenden Ton beizufügen. Im offiziellen *Vesperale Rom.* sind diese *Alleluja* im *Comm. Vesperarum* zu finden.

An jedem Feste bis *semiduplex* (incl.) gibt der Intonator dem *Celebrans* die erste Antiphon an. Bei Ferialvespern und in *festis simpl.* intonirt der *Celebrans* ohne die *præintonatio*.[1])

Nach dem Anstimmen der Antiphon[2]) intoniren je nach der Festzeit zwei oder mehrere Sänger den Psalm nach den auf S. 116 u. ff. aufgeführten Tönen.

Die Psalmen müssen vom Chor, den Kanonikern, Benefiziaten und allen zum Capitel gehörigen Klerikern im treffenden gregorianischen Choral ernst und würdevoll *(cum gravitate et decore)* gesungen werden, so dass die Worte deutlich verstanden werden können. *Gloria Patri* bis *Sicut erat* ist in feierlicherem Rhythmus zu singen, und alle Kleriker verneigen sich mit entblösstem Haupte.

---

[1]) Diese Regeln und Vorschriften sind dem *Direct. chori* entnommen und gelten überall, wo die nöthige Zahl von Geistlichen, Altardienern und Sängern vorhanden ist. In kleineren Kirchen soll die erste der fünf Antiphonen, der Hymnus und die Ant. zum Magnificat vom *Celebrans* intonirt werden, die Fortsetzung der Ant., des Hymnus, Intonation und Recitation der Psalmen fällt dem Musikchore zu. — Diesem Paragraphen liegen besonders die „*Prænotanda*" zum offiziellen *Vesp. Rom.* zu Grunde.

[2]) Beim *Festum duplex* nach der vom Chor abgesungenen Antiphon. Siehe Anm. zu S. 111.

§. 32. Vesper, Completorium. 129

Nach jedem Psalm kann die zu wiederholende Antiphon von der Orgel abgespielt werden, wenn der Text von einigen Klerikern „*clara voce*" recitirt wird.

Die übrigen vier Antiphonen sind an Collegiat- und Kathedralkirchen[1]) nach der im *Direct. chori* angegebenen Ordnung zu präintoniren, in kleineren Kirchen vom Cantor und den übrigen Sängern auszuführen.

Nach Wiederholung der fünften Antiphon singt der *Celebrans* das sogenannte Capitel.[2])

Tonus Capituli.

Beátus vir, qui invéntus est sine mácula, et qui post aurum non ábiit, nec sperávit in pecúnia et thesaúris. Quis est hic, et laudábimus

e - um?

Fecit enim mirabília in vi-ta su-a. ℟. De-o grá-ti-as.

Ist das letzte Wort einsilbig, wie im Cap. *Epiph. Dni: Surge illumináre*, am III. Adventsonntag, am Feste Christi Himmelfahrt etc., oder hat es den *accentus acutus*, wie im Capit. ad Primam: *Regi sæculórum*, so wird in folgender Weise geschlossen:

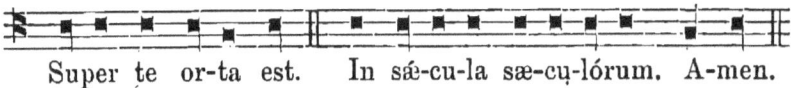

Super te or-ta est. In sǽ-cu-la sæ-cu-lórum. A-men.

---

[1]) Bei Pontificalvespern („*Episcopus tenetur prænuntiare Canonicis per diem ante quando intendit celebrare in Pontificalibus.*" S. R. C. 9. Dec. 1634.) trifft die zweite Antiphon den assistirenden Diakon, die dritte den *Presbyter assistens*, die vierte den ersten Kanoniker im Chore, die fünfte den Subdiakon. Eine ähnliche Ordnung kann bei levitirten Vespern eingehalten werden. „*In distributione Antiphonarum, et reliquorum omnium, quæ cantari debent a Canonicis, semper servandus est ordo antianitatis, non attenta majori habilitate, et experientia modulandi.*" S. R. C. Die 7. Sept. 1658.

[2]) In der Osterwoche und im *Officium Defunctorum* wird kein Capitel gesungen. Der Hymnus bleibt aus, wenn das Capitel wegfällt.

§. 32. Vesper, Completorium.

Das ℟. *Deo grátias* aber bleibt wie oben.

Der *Celebrans* intonirt den Hymnus, der Chor fährt fort und beendigt die erste Strophe.¹) Die letzte Strophe des Hymnus wechselt öfter, je nach der Festzeit. Diese Veränderung steht regelmässig im Kirchenkalender (auch *Dir. chori*) und gilt dann für alle Horen, die gleiches Versmass haben. Im Hymnus *Iste Confessor* wird öfter *méruit suprémos laudis honóres* statt *méruit beátas scándere sedes* gesungen, was im Directorium entweder durch *MS.* oder *mut. 3. Vers.* angegeben ist.

Diejenigen Hymnenstrophen, bei denen eine liturgische Handlung (die *genuflexio*)²) vorgeschrieben ist, wie die erste von *Veni Creator* und *Ave maris stella*, die Strophe *O Crux ave* im Hymnus *Vexilla Regis*, *Tantum ergo* im Hymnus *Pange lingua*, wenn das Allerheiligste ausgesetzt ist, sowie überhaupt die erste und letzte Strophe der Hymnen müssen gesungen werden. Die nicht gesungenen Strophen der Hymnen kann man während des Orgelspiels vernehmlich und deutlich recitiren.

Auf den Hymnus folgt der Versikel mit Responsorium, zur österlichen Zeit wird ein *Allelúja* beigefügt.

Toni Versiculorum.
a) In Festo Duplici.

℣. Constítues eos príncipes | super omnem terram, a, a - m.³)
℟. Mémores erunt | nóminis tui Dómine, e, e.

---

¹) „*Chorus prosequitur in cantu plano vel musicali prout magis placuerit; dummodo verba distincte intelligantur. Cui etiam intermisceri organum poterit, dum tamen verba ipsa Hymni clara voce per aliquos ad id deputatos repetantur, vel cum organo cantentur.*" *Vesp. Rom. p. VI.*

²) *Genuflexio intelligenda est non usque ad finem prædicti versus, sed de integra stropha.* S. R. C. 14. Nov. 1676.

³) Schliesst das Wort mit einem Consonanten, so ist der Vocal zu neumisiren, und der Consonant erst ganz am Schluss zu sprechen.

§. 32. Vesper, Completorium.

b) In Festo Semiduplici.

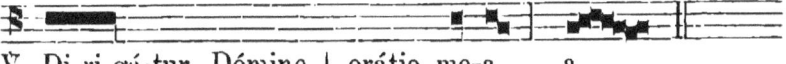

℣. Di-ri-gá-tur Dómine | orátio me-a,   a.
℟. Sicut incénsum | in conspéctu tu-o,   o.
℣. Angelis suis Deus mandávit   de te,   e.
℟. Ut custódiant te in ómnibus viis tu-is,   i - s.

Dieser Ton trifft auch bei den *Vers.* und *Resp.* nach dem *Resp. br.* der kleineren Horen in allen Festen *(ritu solemni* bis *semid. incl.).*

c) In Festo Simpl. et diebus ferialibus per totum officium.

℣. Dómine in cœlo | misericórdia tu-a.
℟. Et véritas tua | usque ad   nu-be - s.

Anmerk. In Matutin und Laudes der drei letzten Charwochentage, und in Vesper, Matutin und Laudes des *Offic. Defunct.* werden die *Vers.* gesungen wie folgt:

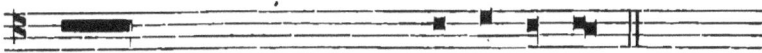

℣. Avertántur re-trór-sum | et e - ru - bé-scant.
℟. Qui cógitant   mi-hi ma-la.
℣. A   por-ta ínfe-ri.
℟. Erue, Dómine, áni - - mas e - ó - rum.[1])

Die Antiphon zum Magnificat wird vom Celebrans intonirt, vom Chore zu Ende gesungen, und dann der erste Vers des Magnificat nach S. 124 angestimmt. Der Gesang des Magnificat ist wenn nöthig so lange auszudehnen *(Advertant cantores et organista, ut cantum et sonum invicem alternatim ita dimetiantur, ut ante repetitionem Antiph. incensatio sit expleta),* bis die *thurificatio* vorüber ist; erst dann soll die Antiphon vom Chore repetirt werden.[2])

---

[1]) In der I. Nocturn des *Offic. Defunct.* bleibt dieses ℟. auch *pro uno Defuncto* im Plural.

[2]) Zu dieser Vorschrift des *Cærem. Episc.* Lib. 2. C. 3. n. 13 bemerkt Carpo in seinem Commentar (p. 1. n. 65): „*Si ad versum „Gloria*

§. 32. Vesper, Completorium.

Die einzelnen Verse des Magnificat sind stets (wie der erste Vers der Psalmen) feierlicher vorzutragen.

Darauf folgt *Dóminus vobíscum* mit Responsorium und die Oration des Festes. (§. 23.) ˇ

Wenn im Ferialofficium die sogenannten *Preces* treffen, so werden sie **nicht** gesungen, sondern auf Einem Tone recitirt.[1])

Die Versikel und Responsorien zu den Commemorationen,[2]) marianischen Antiphonen, vor dem Allerheiligsten, bei Processionen und ähnlichen Gelegenheiten haben folgende Gesangsweisen:

Toni Versiculorum in Commemorat. &c.

℣. Ora pro nobis | sancta Dei   Gé-ni-trix.
℟. Ut digni efficiámur | promissiónibus Chri - sti.

Bei einsilbigen oder mit *accentus acutus* am Ende versehenen Wörtern, z. B. *Amen, David*, schliesst der Gesang nach folgendem Beispiele:

℣. Fiat misericórdia tua Dómi-ne su-per nos.
℟. Quemádmodum sperávimus   in te.

℣. An-ge-lis su-is De-us   mandá-vit de te.
℟. Ut custódiant te in ómnibus vi - is tu - is.

Patri" post *Magnificat incensatio necdum fuerit absoluta, ab illa cessatur"*.

[1]) *S. R. C. 9. Maji 1739, vide Prænotanda ad Vesp. Rom. p. XIII.*

[2]) *Commemoratio* = „Erwähnung" 'eines Festes geschieht, wenn zwei oder mehrere Offizien auf einen Tag fallen. Da nur **eines** derselben **ganz** recitirt wird und zwar das höhere, so werden die andern in Laudes und Vesper nur commemorirt. Den Commemorationen folgen manchmal die *Suffragia Sanctorum*, welche im *Direct.* und Brevier vor dem *Completorium* stehen, und mit Ausnahme der *festa duplicia* und der Tage *infra octavam* bei *Laudes* und Vesper gesungen werden.

§. 32. Vesper, Completorium. 133

Der *Tonus orationis* zur Commemoration ist gleich mit dem der Hauptoration.

Nach der Oration und den etwa treffenden Commemorationen singt der Hebdomadar: *Dóminus vobíscum*. In *Dominica et die solemni* wird dann das *Benedicamus* von zwei oder mehreren Cantoren, ausserdem *a binis Musicis vel ab uno* nach einer der folgenden Melodieen gesungen.

Toni Benedicamus pro Officio.

1. In Festo Solemni. *Modus XI. (XIII.)*

Be-ne-di-cámus Dó - o - o - o - o - mi-no.

℟. De - - o   o   o   o   o grá-ti-as.

2. De beata Virgine.¹)   *Modus I.*

Be - ne-di-cámus Dó - - mi-no.

℟. De - o   o   grá-ti-as.

3. De Apostolis, et in Festis Duplicibus. *Modus I.*

Be-ne-di-cá-mus Dó - - o - - o - - mi-no.

℟. De-o   o   o   grá-ti-as.

---

¹) *Et in Vesperis Feriæ VI., quando fit seq. Sabbato Offic. de B. M. V.* Auch in der Octav von *Nativitas* und *Corpus Dni*, sowie an allen Festen, deren Hymnus mit *Jesu tibi sit gloria, qui natus es de Virgine* schliesst.

§. 32. Vesper, Completorium.

4. In Dominicis, (etiam **Adventus et Quadrag.**) Semidupl. et infra Octav. quæ non sunt B. M. V. *Modus I.*

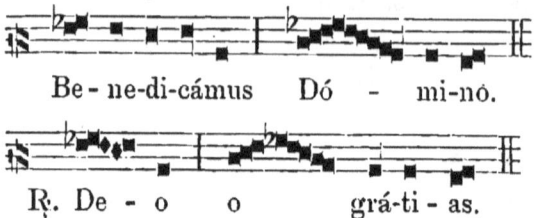

Be - ne-di-cámus Dó - mi-nó.

℞. De - o o grá-ti - as.

5. A Vesp. Sabbati sancti usque ad Vesp. sequentis Sabb. exclus.

Modus VIII.

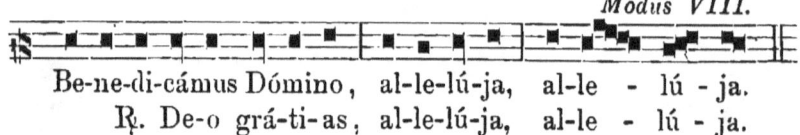

Be-ne-di-cámus Dómino, al-le-lú-ja, al-le - lú - ja.
℞. De-o grá-ti-as, al-le-lú-ja, al-le - lú - ja.

6. In Festis simplicibus bei Matutin, Laudes und Vesper.

a g a gf ed fgbag g fg *Modus I.*

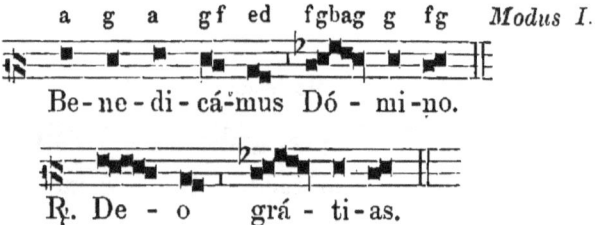

Be - ne - di - cá - mus Dó - mi - no.

℞. De - o grá - ti - as.

7. In Feriali Officio per totum annum ad Vesp., Matutin et Laudes.

Modus IV.

Be - ne - di - cá - mus Dómi-no.

℞. De - o grá - ti - as.

8. In Officio Defunctorum.

Requi-é-scant in pa-ce. ℞. A-men.

Die aufgeführten acht Gesangsweisen werden nur am Schlusse der Matutin, Laudes und Vesper gebraucht.

§. 32. Vesper, Completorium. 135

Folgendes *Benedicamus* trifft bei Prim, Terz, Sext, Non und Complet sowohl *in Festis solemnibus, duplic.*, als in *semidupl., simpl. ac Feriis.*

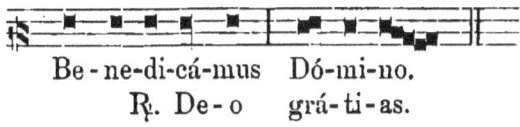

9. In horis minoribus ac Completorio.

Be - ne-di-cá-mus   Dó-mi-no.
℟. De - o   grá- ti - as.

Auf *Benedicamus* folgt immer *Fidélium ánimæ per misericórdiam Dei requiéscant in pace. Amen.* in tieferem Sprachtone ohne Veränderung der Stimme.[1])

Wenn der Vesper nicht unmittelbar das Completorium folgt, dann betet der Celebrans ein stilles *Pater noster*, recitirt ohne Tonfall *(mediocri voce) Dóminus det nobis suam pacem*, der Chor antwortet in gleicher Weise *Et vitam ætérnam. Amen.* Je nach der Zeit des Kirchenjahres intonirt der Celebrans eine der vier marianischen Antiphonen.[2])

Von Advent bis Lichtmess inclusive.   Bis Gründonnerstag.

Al - - - ma.   A - ve.

Von Ostern bis zum Dreifaltigkeitssonntag excl.

Re- gí- na   cœ - li.

Bis Advent.

Sal - ve.   oder: Sal-ve Re- gí - na.

Die Orationen zu den vier marianischen Antiphonen werden im *Ton. fer.*, S. 81, gesungen. Nach dem ℟. *Amen*

---

[1]) *Fidélium ánimæ, Dóminus det nobis, Divínum auxílium, submissa voce sine vocis variatione canuntur. Vesp. Rom. p. XIII.*

[2]) Im *Vesper. Roman.* steht eine feierliche und einfache Gesangsweise der marian. Antiphonen.

§. 32. Vesper, Completorium.

der Oration wird in tieferem, gleichsam harmonisch abschliessenden Ton *Divínum auxílium máneat semper nobíscum* mit dem ℟. *Amen* ohne Veränderung *(submissa voce)* recitirt.

II. Wird das Completorium mit der Vesper verbunden, so singt der Cantor oder Lector nach dem Amen des ℣. *Fidélium:*

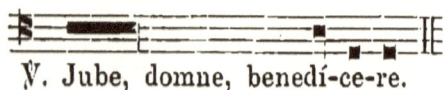

℣. Jube, domne, benedí-ce-re.

Der Hebdomadar oder Celebrans antwortet:

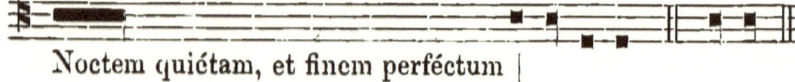

Noctem quiétam, et finem perféctum |
    concédat nobis Dóminus omní-potens. ℟. Amen.

Darauf folgt in *tono Lectionis* (siehe §. 33, S. 142) das *Fratres, Sóbrii estóte* mit dem ℟. *Deo grátias* und ℣. *Adjutórium,* nebst ℟. *Qui fecit cœlum et terram.* *Pater noster* ist ganz still zu beten. *Confíteor* nebst *Misereátur* und *Indulgéntiam* wird nur recitirt, nicht gesungen.

Mit Abrechnung unbedeutender Aenderungen in der Charwoche und der Osterzeit ist das Completorium im ganzen Jahre gleich. Der Antiph. *Miserére* (oder *Allelúja*) folgen stets die vier Psalmen, an sie schliesst sich nach Absingung der Antiphon der Hymnus *Te lucis* an, dessen Gesangsweise im offiziellen *Vesp. Rom.* (je nach der Festzeit und dem Offizium verschieden) genau angegeben ist. Siehe auch §. 34, Anmerk.

Darauf folgt das Capitel mit ℟. *Deo grátias,* und das sogenannte *Resp. breve* mit eigener Gesangsweise. Das Canticum *Nunc dimíttis* wird wie die Psalmen (also nicht wie das Magnificat) behandelt.

Die *Preces* (wenn sie treffen) werden nicht im Gesangston recitirt. Orationsgesangsweise für *Visita* siehe §. 23, S. 79. *Benedicámus Dómino,* S. 135, Nro. 9.

§. 33. Matutin und Laudes.

Die *Benedictio* vor der treffenden marianischen Antiphon lautet immer feierlich:

Benedícat et custódiat nos omnípotens et misé-ricors Dó-

minus Pater, et Fí-li-us, et Spí-ritus sanctus. ℟. Amen.

Das Officium des Tages schliesst nach dem *Divínum auxílium.* mit stillem *Pater noster, Ave Maria* und *Credo.*

§. 33. Matutin und Laudes.

I. Alle festiven und ferialen Matutinen beginnen nach dem stillen *Pater noster, Ave Maria* und *Credo* mit:

Hebdomad. Dómine | lábia mea apéries.[1])
Chorus. Et os meum | annuntiábit laudem tuam.
auf gleichem Tone.

Das *Deus in adjutórium* im festiven oder ferialen Tone siehe §. 32, S. 127.

II. Nun folgt das *Invitatorium*, welches je nach dem Feste verschieden sein kann. Es wird durch den *Asteriscus* * in zwei Theile getheilt, und abwechselnd mit den Versen des 94. Psalmes nach Angabe des Breviers oder *Direct.* entweder ganz oder im letzten Theile gesungen. Beim *Officium de tempore* steht es im *Proprium de temp.*, bei den Festen der Heiligen ist es aus dem *Proprium Ss.* zu entnehmen, oder wenn es da fehlt, aus dem *Commune Sanctorum;* am Feste einer Jungfrau z. B. aus dem *Comm. Virg.*, eines Apostels aus dem *Comm. Apost.* (wenn im *Proprium de Sanctis* kein eigenes steht). —

---

[1]) Im *Officium hebd. s.* und *Epiphaniæ* beginnt das Officium sogleich mit den Antiphonen und Psalmen, beim *Offic. defunct.* mit drei Noct. aber beim *Invitatorium.*

§. 33. Matutin und Laudes.

Am Feste der heiligen Dreikönige, an den drei letzten Tagen der Charwoche und beim gewöhnlichen Todtenoffizium (ausser am Allerseelentag und wenn die drei Nocturnen [Theile der Matutin] gesungen werden), bleiben *Invitatorium* und Psalm ganz weg. — In der österlichen Zeit (vom Ostertag bis zur Non des Samstags nach Pfingsten) wird dem *Invitatorium* ein *Allelúja* beigefügt, das im *Dir. chori* eigens verzeichnet steht. Der 94. Psalm (wie überhaupt jeder andere) schliesst mit *Glória Patri* ab, ausser im *Officium de temp.* (Sonntag oder Ferie) vom Passionssonntag bis Ostern. Im *Offic. Defunct.* wird statt *Gloria Patri* immer *Réquiem ætérnam* etc. gesungen. Ist das *Invitat.* aus dem 94. Psalm entnommen (wie in den Ferien), so werden die gleichen Worte des Psalmes ausgelassen.

Die zehn verschiedenen Gesangsweisen zum Invitàtoriums-Psalme *Veníte exsultémus* finden sich für die acht Töne feierlich, für den IV. Ton in drei, für den VI. in zwei Arten im *Antiphon.* und *Director.*[1]) Die *Cantores*[2]) singen zuerst das treffende Invitatorium ganz, der Chor repetirt es. Dann wird der Psalm *Veníte* von den *Cantores* gesungen, während der Chor nach den einzelnen Psalmversen das ganze oder halbe *Invitatorium* wiederholt.

III. Im *Officium de Dominica et die solemni* intoniren die Sänger dem Hebdomadar den Anfang des Hymnus, der Hebdomadar wiederholt diese Intonation. Ist das Officium nicht solemn oder *de Dominica*, so intonirt der Chor den Hymnus.

Derselbe steht gleich dem *Invitat.* entweder beim Feste angegeben (als im *Psalterium dispositum per hebdom.*,

---

[1]) Der 8. Ton steht nicht im *Commune Directorii*, da er nur einmal im Jahre, bei der 3. Nocturn *in festo Epiphaniæ* trifft.

[2]) Genauere Angaben, wie beim feierlichen Officium im Chore die Pluvialisten als *Cantores*, der *Officiator* in der Person des *Vicarius*, *Canonicus*, *Dignitarius* oder *Episcopus* die Intonationen in bestimmter Ordnung und Reihenfolge auszuführen haben, finden sich in den liturgischen Werken, kurz und bequem auch in Schneider's *Manuale Clericorum. Ratisbonæ, 1866.* und besonders im *Cæremoniale Roman. juxta ritum Romanum* von *Bartoli de Carpo. Typogr. Polyglotta.*

§. 33. Matutin und Laudes.

Propr. de temp. oder *de Sanctis*) oder wird aus dem *Commune Sanctorum* genommen. An den drei Tagen vor Ostern und der folgenden Octav, am Feste der Epiphanie (nur bei Matutin) und im *Offic. Defunct.* fällt der Hymnus weg. Siehe auch S. 130.

IV. Auf den Hymnus folgen die Nocturnen *(horæ nocturnæ)*, drei oder eine. Drei Nocturnen haben alle Feste *ritu dupl. et semid.* (mit Ausnahme von Ostern und Pfingsten mit Octav) und alle Sonntage. Eine Nocturn haben die *festa simpl.*, die Ferien und Vigilien, sowie *Pascha* und *Pent. cum Octava*.

Die Nocturnen bestehen aus Antiphonen,[1]) Psalmen,[2]) Versikel (V.) und Responsorium (R.), *Absolutio* und *Benedictio*, sowie Lectionen mit Responsorien.

In Duca et die solemni intonirt ein Cantor dem Hebdomadar die Anfangsworte der ersten Antiphon zur Matutin, der Hebdomadar repetirt diese Intonation. Ist das Officium nicht solemn oder *de Duca*, so intonirt der Hebdomadar allein. *In Festo duplici* singt der Chor die Antiphon zu Ende.

Zwei Cantores intoniren dann den ersten Psalmvers; an Vigilien, Quatember, und den Ferien im Advent und in der Fasten aber intonirt den 1. Vers nur ein Cantor.

Ist der erste Psalm mit seiner Antiphon gesungen, so präcinirt *in Festis et Feriis* ein Cantor den assistirenden Kanonikern nach ihrer Würde und Rangstufe die übrigen

---

[1]) Je nach Zeiten und Festen werden sie aus den fünf Theilen des Breviers genommen, *ritu dupl.* vor und nach dem Psalm ganz gesungen (siehe S. 111), bei niederem *ritus* aber am Anfange bloss angedeutet (bis zum *). In der österlichen Zeit hat jede Nocturn nur die erste Antiphon mit *Alleluja* für alle Psalmen mit Ausnahme von Christi Himmelfahrt und Pfingsten.

[2]) Die 1. Nocturn *de Dom.* hat 12 Psalmen (je 4 für eine Antiphon), die 2. und 3. Nocturn haben je drei Psalmen und Antiphonen. Die Ferien haben eine Nocturn mit 12 Psalmen und 6 Antiphonen; die *festa dupl.* und *semid.* bei den 3 Nocturnen je drei Antiphonen und Psalmen; die *festa simpl.* und *Vigiliæ* die Antiphonen und Psalmen der betreffenden Ferie, also 6 Antiphonen und 12 Psalmen.

Antiphonen. Jeder Kanonikus repetirt diese Intonation. Die übrigen Psalmen werden von den Cantores in der Ordnung, wie sie eben beim ersten Psalm angegeben wurde, intonirt.

Nur wenn den Psalmen unmittelbar eine Antiphon vorhergeht, werden sie von den Cantoren intonirt; folgen also mehrere Psalmen ohne Antiphon nacheinander, so geschieht die Intonation von Seite der Cantoren nur beim ersten.

Anmerk. Bei dem Psalmengesang an den drei letzten Tagen der Charwoche wird jeder Psalm ohne den Vers *Gloria Patri* etc. geschlossen. Für die letzte Hälfte des letzten Verses hat sich ein eigener Ausgang gebildet, der bei jedem Psalmton ohne Unterschied angewendet wird, nämlich:

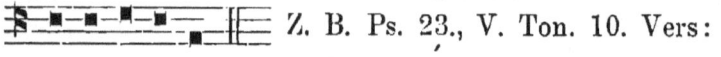

Z. B. Ps. 23., V. Ton. 10. Vers:

Mediatio.   Alle feierlich, langsam u. kräftig.

Quis est iste Rex gló-ri-æ? * Dóminus virtútum | ipse est Rex gló-ri-æ.

So bei allen Psalmtönen und Finalen.

V. *In Dnca et diebus solemnibus* singen zwei oder mehrere Cantoren den Versikel; *in Feriis et Festis non solemnibus* zwei vom Musikchor; an Vigilien, Quatemper und den Advent- und Fasten-Ferien aber nur Einer vom Musikchor.

Die *Toni Versiculorum* siehe §. 32, S. 130.

Nach dem Versikel singt der Hebdomadar:

Pater noster. *secreto.* V. Et ne nos indúcas in tentati-ónem.
    Chorus. R. Sed líbera nos a   ma-lo.
Hebdomad. Absolutio.

Exaúdi Dómine Jesu Christe | preces servórum tuórum, |
Ipsíus píetas et miseri - - - - - -
A vínculis pecca - - - - - -

§. 33. Matutin und Laudes.

et mise-ré-re no-bis,   qui cum Patre et Spíritu sancto |
cór - di - a nos ád-juvet, qui cum Patre et Spíritu sancto |
tó - rum nostrórum   absólvat nos | omnípotens

vivis et regnas | in sǽcula sæcu-lórum. *Chorus.* ℞. Amen.
vivit et regnat | in sǽcula sæcu-lórum.
et miséricors Dó-minus.

Ein *minister choro assistens* tritt nun an den für die

Lesung bestimmten Platz, u. singt:

Jube domne benedíce-re.

Der Hebdomadar antwortet mit der *Benedictio*. Von den 12 gewöhnlichen Benedictionen sind hier nur einige angeführt, da sich die Melodie gleich bleibt.

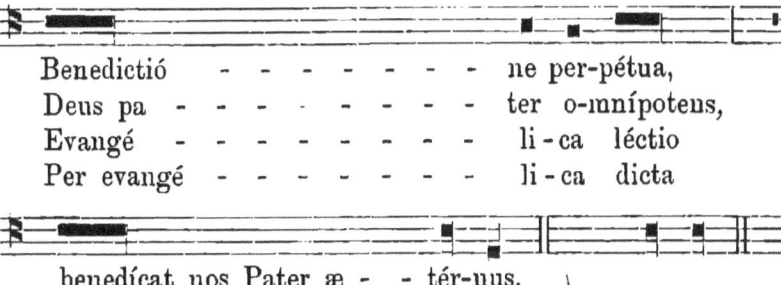

Benedictió - - - - - - - ne per-pétua,
Deus pa   - - - - - - - ter o-mnípotens,
Evangé   - - - - - - - li - ca   léctio
Per evangé - - - - - - - li - ca   dicta

benedícat nos Pater æ - - tér-nus.
sit nobis propítius et   clemens.
sit nobis salus et pro - - té - ctio.
deleántur nostra de   - - lí -cta.

} ℞. Amen.

Beim *ritus simplex, ferialis* und im *Offic. B. V. Mariæ in Sabbato* lauten Absolution und Benediction wie in folgendem Beispiel:

Absolutio.

Précibus et méritis B. M. semper V., | et ómnium Sanctórum | perdúcat nos Dóminus —

ad regna cœ-lórum. ℟. A-men.

Benedictio.

Nos cum prole pia | benedícat Virgo Ma-rí- a. ℟. Amen.

Der Lector (der *minister choro assistens*) singt hierauf die Lection in folgendem Tone:

Tonus Lectionis.

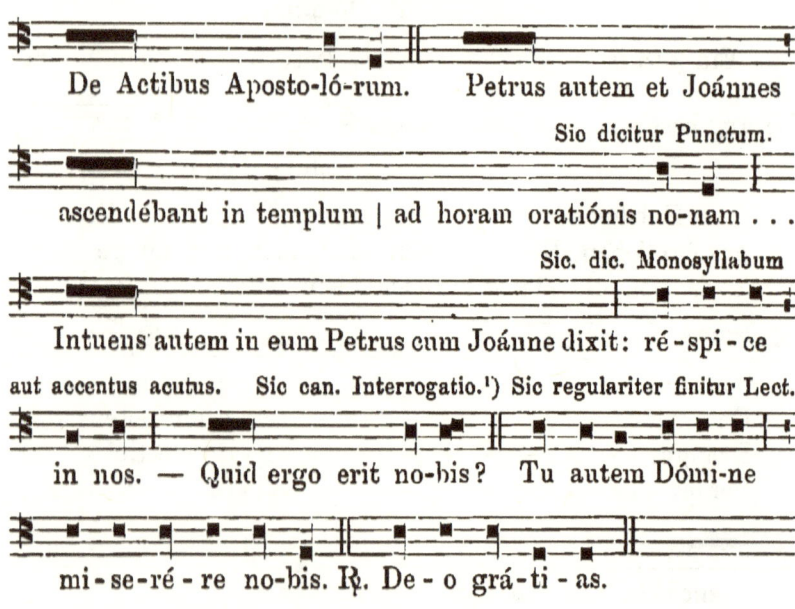

De Actibus Aposto-ló-rum.   Petrus autem et Joánnes

Sic dicitur Punctum.

ascendébant in templum | ad horam oratiónis no-nam . . .

Sic. dic. Monosyllabum

Intuens autem in eum Petrus cum Joánne dixit: ré-spi-ce

aut accentus acutus.   Sic can. Interrogatio.¹) Sic regulariter finitur Lect.

in nos. — Quid ergo erit no-bis? Tu autem Dómi-ne

mi-se-ré-re no-bis. ℟. De-o grá-ti-as.

Anmerk. Die Lectionen beim *Officium Defunctorum* und an den drei letzten Tagen der Charwoche haben keine *Absolutio, Benedictio* und kein *Tu autem Domine*. Der Lector beginnt die Lection nach dem stillen *Pater noster*, beobachtet die Interpunctionen obiger Gesangsweise,

---

¹) In der 9. Lection des Weihnachtsfestes (und in ähnlichen Fällen), wo bei den Worten *factum est?* *accentus acutus* und *interrogatio* in Collision zu kommen scheinen, wird die *interrogatio* auf est gesungen, der *accentus acutus* aber fällt aus.

§. 33. Matutin und Laudes.

schliesst jedoch nicht mit dem Fall in die Quint, oder in einer andern Melodie, sondern mit dem Hauptton, langsamer und etwas gedehnt; z. B.

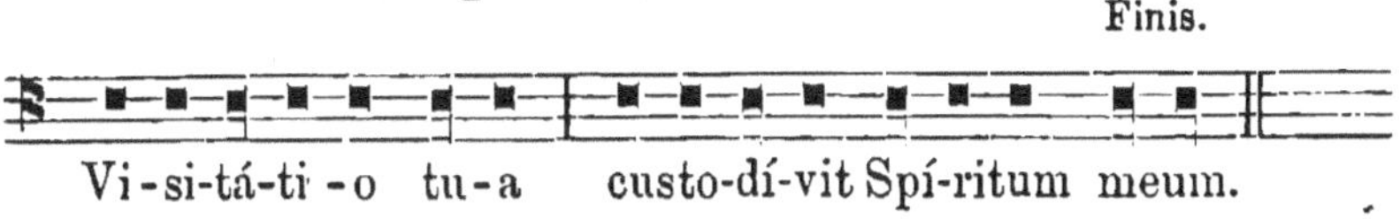

Finis.

Vi-si-tá-ti-o tu-a   custo-dí-vit Spí-ritum meum.

Die erste Nocturn der drei letzten Charwochentage hat ihre Lectionen aus dem Propheten Jeremias, und es besteht für diese *Threni* oder *Lamentationes* eine eigene tiefernste Gesangsweise im 6. Tone. Ein Theil dieser Lamentationen ist hier als Beispiel beigegeben. Die 9 Lamentationen finden sich vollständig mit Noten im offiziellen *Direct. chori* und *Officium hebdom. sanctæ*.

Tonus Lamentationis.

De Lamenta-ti-ó-ne   Je-re-mí-æ Prophé-tæ.   *Heth.*

Co-gi-tá-vit Dóminus dis-si-pá-re murum fí-li-æ Si-on:

te-téndit fu-ní-culum su-um, et non a-vértit manum su-am

a perdi-ti-ó-ne: lu-xítque ante-murá-le, et murus pá-

riter dis-si-pá-tus est etc.

Jede Lamentation schliesst mit:

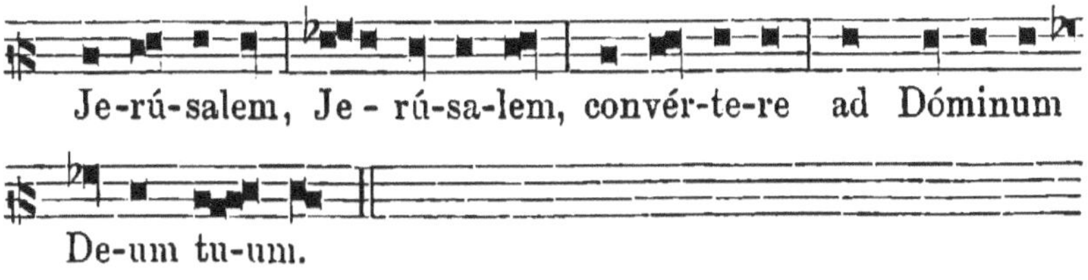

Je-rú-salem, Je-rú-sa-lem, convér-te-re   ad Dóminum

De-um tu-um.

§. 33. Matutin und Laudes.

VI. Auf jede Lection folgt das *Responsorium,* welches aus drei Theilen besteht. Der erste wird eigentlich *Responsorium* genannt, der zweite beginnt mit dem *Versikel,* im dritten Theile wird die zweite Hälfte des *Responsoriums* vom * *(asteriscus)* an wiederholt.

Hat die Matutin 3 Nocturnen, so wird dem 3. ℟. der 1. und 2. und dem 2. ℟. der 3. Nocturn (die Passionszeit ausgenommen) nach dem ℣. noch *Gloria Patri* etc. beigesetzt, und dann erst die zweite Hälfte des *Responsoriums* wiederholt. Besteht die Matutin aus einer Nocturn, so trifft das *Gloria Patri* beim 2. *Responsorium.*

Wenn aber das *Te Deum* ausfällt, so wird der ℣. *Gloria Patri* dem 3. ℟. der 3. (resp. einzigen) Nocturn angehängt.

Anmerk. Abänderungen dieser Ordnung in den Responsorien der Matutinen zu Weihnachten, Ostern, der Passionszeit, Charwoche etc. sind im *Antiphonarium Romanum* genauer verzeichnet.

Noch ist zu merken, dass *in Festis solemnibus et Dominicis privilegiatis* der Hebdomadar die neunte Lection zu singen hat.

In Festis solemnibus et Dncis gibt der Cantor die Intonation des *Te Deum* dem Hebdomadar an, und dieser wiederholt sie. Ist kein *F. solemne* oder Sonntag, so treten die Cantores in die Mitte des Chores, und intoniren selbst den ambrosianischen Lobgesang.

Intonatio Hymni Ss. Ambrosii et Augustini.

Te De-um lau-dá - mus.

Die grossartigen Gesangssätze dieses Hymnus können auch abwechslungsweise mit Orgel vorgetragen werden. Siehe §. 22. S. 77. Eine einfachere, vielleicht sogar vom Volke zu erlernende Gesangsweise wurde im Jahre 1877 von der S. R. C. approbirt. (Siehe *Cantus diversi* und die offiziellen Choralbücher.)

§. 33. Matutin und Laudes.

VII. Die *Laudes* beginnt der Hebdomadar mit *Deus in adjutórium* (S. 127).

Im *Offic. de Dominica* werden die Antiphonen aus dem Psalterium genommen,[1]) an den Festen der Heiligen aus dem *Proprium* oder *Comm. Sanctorum*, an den Festen des Herrn aus dem *Proprium de temp.*, an den Ferien aus dem *Psalterium*.[2]) Siehe §. 33, S. 137. Die Psalmen zu den *Laudes* sind für alle Feste und Tage mit Ausnahme von *Septuag.* bis Palmsonntag und der Ferien und Vigilien ausser der Osterwoche folgende fünf: 1) Ps. 92, 2) Ps. 99, 3) Ps. 62 und 66, 4) *Canticum trium puerorum*, 5) Ps. 148, 149 und 150.

In Dominica aut die solemni gibt der Cantor dem Hebdomadar die erste Antiphon an. Ausser diesen Festen intonirt der Hebdomadar selbst.

Nach der Intonation[3]) der Antiphon intoniren je nach der Festzeit zwei oder mehrere Cantores den Psalm nach dem treffenden Tonus.

In diebus festivis et ferialibus hat der Cantor den Kanonikern nach ihrer Würde die übrigen Antiphonen anzugeben.

Die Psalmen werden nach der auf S. 128 angegebenen Ordnung im treffenden Tonus von den Cantores intonirt.

Sind die Psalmen alle zu Ende, so singt der Hebdomadar das *Capitulum*.[4]) Siehe §. 32, S. 130.

---

[1]) Die drei ersten Psalmen haben nur eine Antiphon. Die Advent- und Fastensonntage (inclus. *Septuag.* bis *Quinquag.*) haben eigene Antiphonen und Psalmen.

[2]) Die 6 Ferien vor Weihnachten, sowie die Ferien in der Char-, Oster- und Pfingstwoche haben ein eigenes im *Proprium de Temp.* verzeichnetes Offioium.

[3]) Wenn das Festum ein *duplex*, nach Absingung der Antiphon von Seite der Musiker.

[4]) Vom Gründonnerstag bis zum Samstag vor dem weissen Sonntag und im *Offic. Defunct.* wird kein Capitel gesungen.

In *Duca et die solemni* singt der Cantor den Anfang des Hymnus[1]) dem Hebdomadar vor, dieser repetirt ihn. Ausserdem intonirt der Chor.

Auf den Hymnus folgt der **Versikel** nach einer der auf S. 131 angegebenen Gesangsweisen, in der österlichen Zeit mit Beifügung eines *Alleluja*.

Die **Antiphon** zum *Benedictus* wird *in Duca et die solemni* dem Hebdomadar vom Cantor angegeben. Zu anderer Zeit intonirt der Hebdomadar selbst. Das *Benedictus* wird von einem oder mehreren Cantoren (nach der Festzeit) stets *solemniter* (siehe §. 31, S. 124) intonirt, und von abwechselnden Chören oder mit Zwischenspielen der Orgel unter Recitation des Textes zu Ende gesungen.

Nach gesungener Antiphon folgt die **Oration** mit vorhergehendem *Dóminus vobíscum* nach §. 23, S. 79 und 80.

Die *Preces* werden abwechselnd vom Hebdomadar und Chor recitirt.

Bei Commemorationen werden die Versikel *in Duca et diebus solemnibus* von zwei oder mehreren Cantoren intonirt, zu anderen Zeiten *a binis Musicis vel ab uno*. Die Versikel und Responsorien zu den *Commemorationen*, sowie den Abschluss des Officiums der Matutin und Laudes etc. siehe §. 32.

Die *Toni Benedicamus pro Officio* siehe §. 32, S. 133.

§. 34. Prim. Terz. Sext. Non.

I. Der Hebdomadar singt *Deus in adjut.* (S. 127) Die Hymnen für Prim, Terz, Sext und Non haben (nach der Festzeit) verschiedene Gesangsweisen, d. h. sie schliessen sich der Melodie des Hymnus der Matutin oder Laudes an, welcher **gleiches Versmass hat.**

Anmerk. Diese allgemeine Regel wird nach dem *Direct. chori* in nachstehender Weise erläutert: Beim *Offic. de*

---

[1]) Der Hymnus bleibt aus, wenn das Capitel wegfällt; die letzte Strophe ist je nach dem Feste manchmal zu ändern.

§. 34. Prim. Terz. Sext. Non. 147

Tempore in Advent und Fasten *(in Dominicis et Feriis)* wird die Melodie des *Hymnus ad Laudes* genommen, in der Passionszeit die von *Vexilla Regis*. An Weihnachten mit Octav und an allen in dieselbe fallenden Festen trifft die Melodie von *Jesu Redémptor;* an Epiphanie mit Octav die Melodie von *Crudélis Heródes.* In der Osterzeit trifft täglich, auch wenn nicht *Offic. de Temp.* ist, die Ostermelodie *Ad régias;* an Christi Himmelfahrt mit Octav die Melodie von *Jam Christus;*[1]) am Dreifaltigkeitsfest die von *Jam sol recédit.* An Fronleichnam mit Octav, an allen Muttergottesfesten mit Octaven und wenn die Schlussstrophe *Jesu tibi sit glória* lautet, wird die Melodie von *Quem terra* genommen. Am Feste der Verklärung Christi werden die Hymnen der kleinen Horen nach der Melodie von *Salútis humánæ,* am Feste Allerheiligen mit Octav nach *Placáre Christe* gesungen. An den Festen der Apostel und Evangelisten sowie *in duplic.,* deren Hymnen mit denen der Horen nicht gleiches Versmass haben, z. B. Johann Baptist, *Dedicatio S. Michaëlis,* Schutzengel, Kirchweih etc., sowie innerhalb der Octaven, trifft die Melodie von *Aetérna Christi múnera;* ebenso beim *Comm. plurim. Mart. sub ritu duplici.* Innerhalb der Octav eines Festes *de Comm. plur. Mm.* jedoch, oder wenn es *semidupl.* gefeiert wird, singt man die Hymnen der Horen nach *Rex gloriósæ Mm.* Die gleiche Melodie trifft bei den Horen vom *Comm. Conf. Pont.* und *non Pont., Virg.* und *non Virg.,* dieselben mögen *dupl.* oder *simplex* gefeiert werden. Meistens ist im Directorium die Melodie, nach der die Hymnen zu singen sind, bei den Festen eigens angegeben.

Der Hymnus *Jam lucis* zur Prim, sowie die Hymnen zur Terz, Sext und Non fallen nur in den drei letzten Charwochentagen und in der Osterwoche weg. Die Antiphon zu den Psalmen wird am Anfang nur intonirt und ist in der Regel die erste der *Laudes.* An Sonntagen, Ferien und Vigilien ist sie dem *Psalterium* oder *Propr. de temp.* entnommen, an den Hauptfesten des Kirchenjahres dem *Propr. de temp.,* an den Festen der Heiligen etc. dem *Propr.* oder *Commune Sanctorum.*

---

[1]) Der Hymnus zur Terz ist während der Pfingstoctav *Veni Creátor Spíritus.*

§. 34. Prim. Terz. Sext. Non.

Die Intonation der Antiphon vor den Psalmen steht dem Hebdomadar zu, Intonation und Fortsetzung der Psalmen dem *Chorus Musicorum et Capellanorum*, nach den in §. 30 oder 31 angegebenen Gesangsweisen.

Die Psalmen zur Prim wechseln nach Massgabe der Festzeit, d. h. dem 53. Psalm, sowie den zwei Abtheilungen des Ps. 118 werden beim Sonntagsofficium Psalm 92 oder 117 nebst dem *Symbol. S. Athanasii*, beim Werktagsofficium Ps. 23, 24, 25, 22 u. 21 nach Wochentagen vertheilt, beigegeben.

Das Capitel singt der Hebdomadar nach Seite 130. — Die *Resp. brev.* mit dem *Vers.* werden in allen Horen von zwei Sängern der *capella Musicorum* vorgetragen; an den Vigilien, den Advent-, Fasten- und Quatemper-Ferien aber nur von Einem.

Die Melodie des *Responsorium breve* ist bei allen Horen im Kirchenjahr in der Regel gleich, nur der verschiedene Text bewirkt hie und da kleine Veränderungen; die *Resp. brev.* mit eigener Melodie stehen im *Directorium*.

Toni „Responsorii brevis."

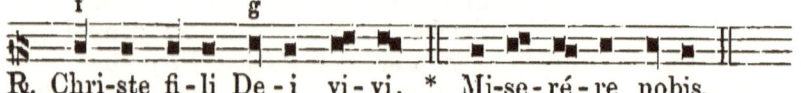

℟. Chri-ste fi-li De-i vi-vi, * Mi-se-ré-re nobis.

Der Chor repetirt das ganze *Responsorium*.

Chor: Miserére nobis:

℣. Qui se-des ad déxteram Pa-tris.

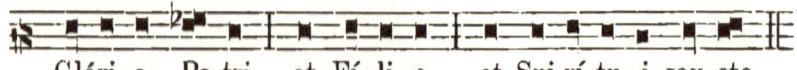

Glóri-a Pa-tri, et Fí-li-o et Spi-rí-tu-i san-cto.

Chorus: Christe Fili Dei vivi, miserére nobis. ℣. *Exsurge Christe adjuva nos.* ℟. *Et libera nos propter nomen tuum.* Nach Seite 131 b¹) oder c.)

---

¹) Dieser Vers (nach dem *Resp. br.*) hat in *fest. solemn., dupl. et semid.* die auf S. 131 unter b) aufgeführte Gesangsweise, *in fest. simpl. et diebus ferial.* jedoch die unter c) angegebene.

§. 34. Prim. Terz. Sext. Non.

Temp. Pasch. und an mehreren Festen des Kirchenjahres sind zwei *Allelúja* beizusetzen oder schon angefügt, und die Melodie ändert sich dann in folgender Weise:[1]

℟. Christe Fi-li De-i vi-vi, mi-se-ré-re no-bis. * Al-le-lú-ja, al-le-lú-ja. ‖ *Chorus repetit Respons.*

℣. Qui surre-xí-sti a mórtu-is. ‖ *Chor:* Allelúja, allelúja.

Gló-ri-a Pa-tri, et Fí-li-o, et Spí-ri-tu-i sancto.

Chorus: Christe Fili Dei vivi, miserére nobis, * allel., allel.
Vers. mit *Allelúja* (p. 131, b), *in fest. simpl. et diebus fer.* c) p. 131.

Der Hebdomadar recitirt dann die **Preces**, wenn sie treffen, *Dóminus vobíscum,* Oration *Dómine Deus* nach S. 79 oder 80; *Dóminus vobíscum, Benedicámus Dómino* nach S. 135, Nr. 9.

Nach dem *Benedicámus* und *Deo grátias* der Prim findet täglich im Chor die Lesung aus dem *Martyrologium* statt.[2] Der Lector beginnt unmittelbar, ohne sich eine *Benedictio* zu erbitten, die für den folgenden Tag treffende Lesung[3] im Lectionstone nach S. 142; z. B.

Ca-léndis Ja-nu-á-ri-i, lu-na prima Circumcísio Dómini nostri Jesu Christi | et Octáva Nativitátis ejúsdem.

---
[1] Im offiziellen *Antiphon. Roman.* (Tom. II.) ist diese Melodie nur im *Commune Antiphon.* aufgenommen; bei den einzelnen Festen wurde durch fettgedruckte Vocale die Silbenvertheilung für dieselbe angezeigt.
[2] An den drei letzten Tagen der Charwoche nicht.
[3] Die Rubriken zum Martyrologium und dieses selbst geben Näheres an.

150 §. 34. Prim. Terz. Sext. Non.

Bei einsilbigen Wörtern siehe S. 142.
ad-é-pta est.

Am Schlusse wird täglich beigesetzt: *Et álibi aliórum plurimórum Ss. Mártyrum, et Confessórum atque sanctárum*

Vír-gi-num. Chorus: R̃. De-o grá-ti - as.

In Vigilia Nat. Dni[1]) erhebt sich die Stimme in die Oberquart bei den Worten:

In Béthlehem Judæ náscitur ex María Vírgine factus ho-mo.

Daran schliesst sich *altius, et in tono Passionis* der Satz:

Natívitas Dómini nostri Je-su Christi secúndum carnem. Der noch übrige Theil wird im gewöhnlichen *Tonus Lectionis* zu Ende gesungen.

Nach dem Martyrologium singt der Hebdomadar abwechselnd mit dem Chor im Versikelton (S. 132): *Pretiósa, Sancta María (in tono fer.*, S. 81), *Deus in adjutórium* im Versikelton, die Oration *Dirigere* nach S. 82. Die *Lectio brevis* nach S. 142.

I. Terz, Sext und Non beginnen mit *Deus in adjutórium* nach S. 127 oder 128. Jede Hore hat einen eigenen Hymnus, dessen Melodie in der nach Anm. dieses § angegebenen Weise wechselt. Die Antiph. für die Terz ist gewöhnlich die zweite aus den Laudes, für die Sext die dritte, für die Non die fünfte. Für die Sonntage von Sept. bis zur Charwoche sind dieselben im *Propr. de temp.* eigens verzeichnet; an den übrigen Sonntagen und Ferien stehen sie im *Psalterium*. Die Psalmen sind in jedem Officium gleich, in jeder Hore nämlich drei Abtheilungen des 118. Psalm,

---

[1]) Den besondern Ritus an diesem Tag siehe im Martyrologium.

§. 34. Prim. Terz. Sext. Non.

von denen jede mit *Glória Patri* schliesst. Der erste Vers wird je nach dem Grade des Festes immer neu intonirt. Die Töne für das *Resp. br.* sind bei der Prim angegeben, wenn nicht eigene treffen, die im *Psalt.* aufgeführt sind.

Anmerk. In vielen Kirchen wird allein noch die Non am Feste Christi Himmelfahrt und Pfingsten feierlich gesungen. Dieselbe hat nach den bisher gegebenen Regeln in folgender Weise stattzufinden. *Deus in adjutor.* (S. 127) Hymnus. *Rerum Deus* wird *in Ascensione* nach *Salútis humánæ, in Pentecoste* nach *Veni Creátor* mit veränderter letzter Strophe gesungen.

Ant. in Ascens. Ton. VIII. *Fin. 1.*

Vidén-ti-bus il-lis. Ps. 118. Mirabília testimónia.

Ant. in Pentec. Ton. VIII. *Fin. 2.*

Lo-quebántur. Ps. 118. Mirabília testimónia.

Resp. br.

In Ascens. Ascéndo ad Patrem me-um, et Patrem vestrum, *
In Pentec. Repléti sunt omnes Spí-ri-tu san-cto, *

Al-le-lú-ja, al-le-lú-ja.
Al-le-lú-ja. al-le-lú-ja. *Repet.* Ascéndo oder Repléti.

℣. Deum meum, et Deum vestrum. *Repet.* Allelúja, allelúja.
℣. Et cœ - - - - pérunt lo-qui. ,, ,, ,,

Glória Patri, siehe S. 149. *Repet. Ascéndo* od. *Repléti.* ℣. *Dóminus in cœlo, Allelúja,* oder *Loquebántur* etc. nach S. 131, b. *Dóminus vobiscum,* Oration nach S. 79. *Dóminus vobiscum, Benedicámus Dómino,* nach S. 135, 9. Terz, Sext und Non werden mit *Fidélium ánimæ* nach S. 135 abgeschlossen.

Die ausserordentlichen Feierlichkeiten des Kirchenjahres.

§. 35. Aspersio aquæ benedictæ, Litaniæ.

I. An allen Sonntagen wird vor dem Amte das Weihwasser ausgetheilt. Der Celebrans intonirt:[1])

Infra Tempus Paschale.

Vom Osterfeste bis zum Dreifaltigkeitssonntage *exclusive*.

Vi-di a-quam.

Der Chor fährt fort mit: *Egrediéntem* bis zum Psalm, dessen erste Hälfte, sowie *Glória Patri* von Cantores, die zweite Hälfte vom Chor vorgetragen werden. Siehe *Grad. R.* oder *Ord. Missæ.* S. 2*.

Sac. ℣. Osténde nobis Dne misericórdiam tuam, Al-le-lú-ja.
Chor. ℟. Et salutáre tuum da nobis, Al-le-lú-ja.
Sac. ℣. Dómine exaúdi oratiónem meam.
Chor. ℟. Et clamor meus ad te véniat.
Sac. ℣. Dóminus vobíscum.
Chor. ℟. Et cum spíritu tuo. *Oratio in tono fer.* S. 79, 3.

Extra Tempus Paschale.

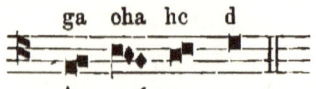

A-spér-ges me.

Der Chor fährt fort mit: *Dómine hyssópo,* nach S. 1* des *Grad. Rom.* oder *Ordinarium Missæ.*

---

[1]) „Sacerdos, inclinatione aut genuflexione facta, flectit utroque genu super infimum gradum altaris, accipit aspersorium, et incipiens cantare antiphonam *Asperges* vel *Vidi aquam,* cantando ter aspergit altare etc.

§. 35. Aspersio aquæ benedictæ, Litaniæ. 153

Wenn der *Celebrans* bei der Intonation des *Asperges* d als ersten Ton singt (d, e, | g, fis, e, | fis, g, | a), so kann der Chor ohne Mühe mit h, c, d fortfahren; wegen der hohen Tonlage der im VII. Tone geschriebenen Antiphon ist immer eine Transposition (am besten die eben bezeichnete) zu wählen.

Am Passions- und Palmsonntag bleibt das *Glória Patri* weg, und wird nach dem ℣. *Miserére* sogleich die Antiphon repetirt. Vers. (ohne *Allelúja*) und Oration wie bei *Vidi aquam*.

II. Am Feste des heil. Marcus und in der Bittwoche wird die Litanei von allen Heiligen nach *Director. chori* oder *Rituale* und *Processionale Roman.* gesungen.[1]) Am Charsamstag und Pfingstsamstag unterscheiden sich Anfang und Ende in wenigen Noten von der für die Bittwoche geltenden Gesangsweise; auch bleiben an diesen beiden Tagen mehrere Verse weg, und bei den heil. Jungfrauen wird die Aufeinanderfolge geändert. Letztere Litanei steht im *Graduale*, *Rituale* und *Processionale Roman.* Zur Uebung finden hier die einzelnen Theile der Litanei Aufnahme.

1. Am Charsamstag und Pfingstsamstag.

Ky-ri-e   e-lé-i-son.   Christe   e-lé-i-son.   Ky-ri-e

e-lé-i-son.   Christe au-di nos.   Christe ex-aú-di nos.

---

[1]) Duo cantores litanias cantare incipiunt, ceteris singulos versus eadem voce respondentibus. Wenn die Litanei bei ausserliturgischen Feierlichkeiten, z. B. Nachmittagsandachten, getheilt (also *Cant.: Sancta Maria*, Chor.: *Ora pro nobis*, oder *Cant.* Einen ganzen Vers mit *Resp.* und Chor den nächstfolgenden) gesungen wird, so ist diess geduldet. Regel bleibt die Wiederholung der ganzen Verse durch den Chor an den 3 Tagen der Bittwoche, dem Feste des hl. Marcus, dem Char- und Pfingstsamstag. S. R. C. 16. Sept. 1865.

§. 35. Aspersio aquæ benedictæ, Litaniæ.

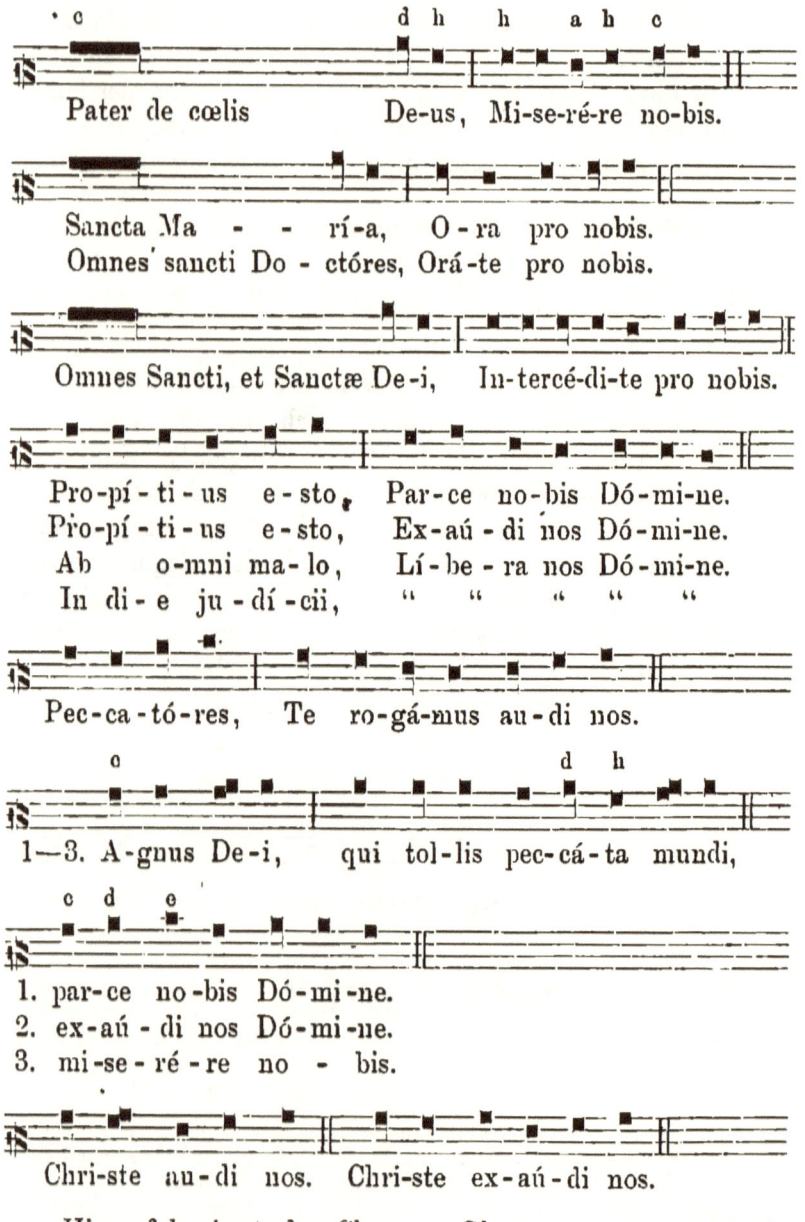

Pater de cœlis De-us, Mi-se-ré-re no-bis.

Sancta Ma - - rí-a, O - ra pro nobis.
Omnes' sancti Do - ctóres, Orá-te pro nobis.

Omnes Sancti, et Sanctæ De-i, In-tercé-di-te pro nobis.

Pro-pí - ti - us e - sto, Par-ce no-bis Dó-mi-ne.
Pro-pí - ti - us e - sto, Ex-aú - di nos Dó-mi-ne.
Ab o-mni ma-lo, Lí-be - ra nos Dó-mi-ne.
In di - e ju - dí -cii, " " " " "

Pec-ca-tó-res, Te ro-gá-mus au-di nos.

1—3. A-gnus De-i, qui tol-lis pec-cá-ta mundi,

1. par-ce no-bis Dó-mi-ne.
2. ex-aú - di nos Dó-mi-ne.
3. mi-se - ré - re no - bis.

Chri-ste au-di nos. Chri-ste ex-aú-di nos.

Hierauf beginnt der Chor am Charsamstag unmittelbar das *Kyrie* der Messe für die Osterzeit, am Pfingstsamstag das *Kyrie in festis solemnibus*.

§. 35. Aspersio aquæ benedictæ, Litaniæ.

2. **Bei den Processionen am Markustage, in der Bittwoche und bei Nachmittagsandachten.**

Vor Beginn der Procession schreibt das *Rituale* die Antiphon *Exsúrge Dómine* vor.

Ky-ri-e e-lé-i-son. Christe e-lé-i-son. Ky-ri-e e-lé-

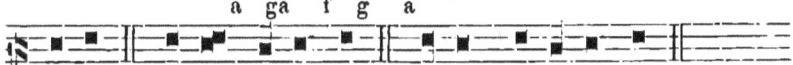

i-son. Christe au-di nos. Christe ex-aú-di nos.

Pater de cœlis. Sancta María. Propítius esto. Peccatóres. Agnus Dei etc. wie oben, sub Nro. 1. Dann folgt *Christe audi nos. Christe exaúdi nos. Kyrie eléison. Christe eléison,* wie oben, sub Nr. 2, und als Schluss:

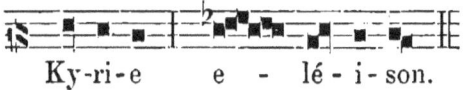

Ky-ri-e e - lé - i - son.

Der Psalm *Deus in adjutórium* wird im *Ton. fer.* (Ton. VI.) abwechselnd gesungen; die *Vers.* und *Resp.* nach S. 132.

Werden die Orationen mit der *claus. major* geschlossen, so trifft *Ton. simpl. fer.*, pag. 80, bei der *claus. minor Ton. fer.*, pag. 81. Nach *Dóminus vobíscum* singen zwei *Cantores:*

℣. Exaúdiat nos omnípotens et misé-ricors Dóminus. ℟. Amen.

℣. *Et fidélium ánimæ* wird in tieferem Tone recitirt, und mit ℟. *Amen* geschlossen.

Die Procession, bei der die Allerheiligenlitanei in dieser Form gesungen wird, heisst nach altem liturgischen Sprachgebrauch am Tage des heil. Marcus *Litaniæ majores,*[1]) an den drei Tagen der Bittwoche aber *Litaniæ minores.*

---

[1]) Diese Rogationen heissen die „grösseren,“ weil sie seit uralten Zeiten feierlicher begangen wurden, und noch zu begehen sind. Das *Cærem. Ep. Lib. II. Cap. 32.* bemerkt bei den drei Litaneien der Bittwoche, sie seien „*aliquanto remissius*“ abzuhalten, während es für die er-

156 §. 35. Aspersio aquæ benedictæ, Litaniæ.

3. Lauretanische und Namen-Jesu-Litanei.

Ausser der auch für Privatandachten¹) üblichen Allerheiligenlitanei sind nur noch zwei approbirt und für gottesdienstlichen Gebrauch erlaubt: die lauretanische und die Litanei vom heiligsten Namen Jesu.²) Dieselben sind auch allein in die beziehungsweisen liturgischen Bücher *(Rituale, Processionale, Direct. chori)* aufgenommen und mit offiziellem Gesange versehen.

Die einzelnen Cadenzen der **lauretanischen Litanei** sind folgende:

Ky-ri-e e-léison. Christe au-di nos. Christe ex-aúdi nos.
Chri-ste e-léison.
Ky-ri-e e-léison.

Vers 1—4. Pa-ter de cœ-lis De-us, mi-se-ré-re no-bis.

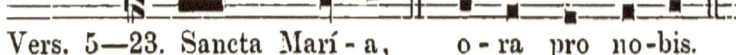

Vers. 5—23. Sancta Marí-a, o-ra pro no-bis.

---

steren den bischöfl. Segen und Verkündung des Ablasses anordnet. Andere Bestimmungen der *S. R. C.* sind: *In Processione in festo S. Marci et in triduo Rogationum singuli Litan. versus integre a Cantoribus dici, et a Clero repeti debent, et non sufficit, ut ab illis inchoatis ab hoc terminentur.* 16. Sept. 1865. — *In Processionibus, quæ obtinent in festo S. Marci, et Rogationibus tolerari potest ut Antiphonæ cantentur in Ecclesiis, quas Processio ingreditur, ritu Paschali. Non licet vero introgressa Processione in Ecclesiis interruptis Litaniis Sanctorum, invocare nomina Titularium, licet in iisdem non adsint Litaniis.* S. R. C. 9. Mart. 1857.

¹) Bei solchen Gelegenheiten ist es erlaubt, die Litanei zu theilen, also Cant. *Sancta Maria*, Chor: *Ora pro nobis.* oder Einen ganzen Vers mit *Resp.*, und Chor den nächstfolgenden.

²) Die *Litaniæ de Ss. nomine Jesu* sind übrigens nur in jenen Diözesen offiziell, deren Bischof die Erlaubniss zur Einführung vom röm. Stuhl besitzt.

§. 35. Aspersio aquæ benedictæ. Litaniæ. 157

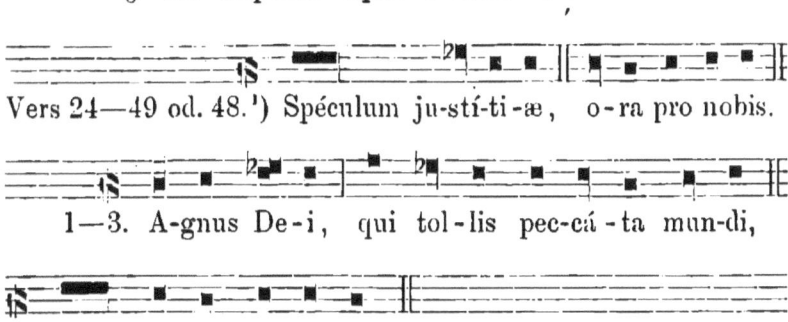

Vers 24—49 od. 48.¹) Spéculum ju-stí-ti-æ, o-ra pro nobis.

1—3. A-gnus De-i, qui tol-lis pec-cá-ta mun-di,

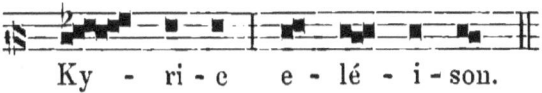

parce no-bis Dó-mi-ne.
exaú-di nos Dó-mi-ne.
mi-se-ré-re no - bis.

Christe audi und *exaúdi nos*, *Kyrie* und *Christe eléison* wie oben; das letzte *Kyrie* lautet:

Ky - ri - e e - lé - i - son.

Die Versikel und Oration nach dieser Litanei sind je nach der Zeit des Kirchenjahres und den einfallenden Muttergottesfesten verschieden, die Oration ist nach S. 81, 3. zu singen. — Die Gesangsweise der **Namen-Jesu-Litanei** ist folgende:

Ky-ri-e e-léi-son. Christe e-léi-son. Ky-ri-e e-léi-son.

Je-su au-di nos. V. 1—4. Pater de cœlis De-us, mise-rére
Jesu ex-aú-di nos.

no-bis. V. 5—42. Je-su Fili Dei vi-vi, mi-se-ré-re nobis.

---

¹) In einzelnen Diözesen ist es Sitte, in der lauret. Litanei am Anfange oder vor dem *Agnus Dei* das *Regina sine labe origináli concépta* zu setzen, daher die Verschiedenheit der Verszahl.

§. 36. Benedictio palmarum etc.

V. 43. Propítius e-sto: par-ce no-bis Je-su.
44. „ „ „ ex - aúdi nos Je-su.
45—64. Ab omni ma-lo, lí-be - ra nos Je-su.

1—3. A-gnus De-i, qui tol-lis pec-cá-ta mundi,

par-ce no-bis, Je-su. Je-su au-di nos. Je-su exaúdi nos.
ex-aú-di nos, Je-su.
miseré-re no-bis, Je-su.

Nach dieser Litanei folgt kein V., sondern sogleich die Oration.

§. 36. Benedictio candelarum, cinerum, palmarum, cerei Paschalis, fontis Baptismalis.

I. Die 5 Orationen zur Kerzenweihe am Lichtmesstage sind alle *in tono simpl. ferial.* zu singen, S. 80, 2. Während der Austheilung der Kerzen singt der Chor die Ant. *Lumen ad revelationem* mit dem Cantic. *Nunc dimíttis*, (siehe *Grad. Rom.*) und hierauf noch vor der Procession: *Exsúrge, Dómine.*

Der Priester singt dann die Oration: *Exaúdi nos* (nach Septuagesima mit vorhergehendem *Flectámus génua* etc. S. 82.) *in tono feriali*, S. 81, 3., und der Diakon zum Volke gewendet im Versikelton:

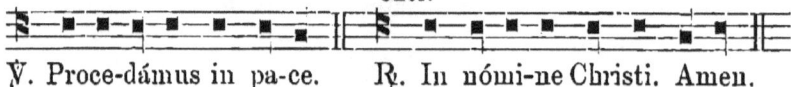

V. Proce-dámus in pa-ce. R. In nómi-ne Christi. Amen.

Während der Procession werden vom Chore die Antiph.: *Adórna thálamum* oder *Respónsum accépit*, beim Eintritt in die Kirche das Resp. *Obtulérunt pro eo* gesungen; siehe *Graduale, Processionale* und *Rituale Romanum.*

II. Am Aschermittwoch wird vor der Aschenweihe vom Chore die Antiph. *Exaúdi nos* mit dem Psalmvers *Sal-*

§. 36. Benedictio palmarum etc.

cum me fac und *Glória Patri* gesungen, dann die Antiph. repetirt. *(Grad. Rom.)*

Die nun folgenden vier Orationen sind *in tono feriali*, S. 81, 3. zu singen. Während der Bestreuung mit der geweihten Asche singt der Chor die Antiphon: *Immutémur hábitu*, oder *Inter vestíbulum*, und zum Schluss das Resp. *Emendémus in mélius* mit dem ℣. *Adjuva nos* und *Glória Patri*. *(Grad. Rom.)* Zur Oration nach der Bestreuung mit Asche trifft der *Ton. fer.* S. 81.

III. Nach der Austheilung des Weihwassers beginnt in *Dominica Palmarum* die Palmweihe mit der Ant. *Hosanna filio David*. (*Grad. Rom.* oder *Offic. Hebdom. sanctæ.*) Die Oration, *Deus quem dilígere*, singt der Priester *in tono simpl. fer.* S. 80, 2. Darauf folgt die Epistel nach pag. 84. Als *Graduale* singt der Chor *Collegérunt Pontífices*, oder *In monte Olivéti*, der Diakon das Evangelium *more consueto* nach S. 87. Darauf folgt die Oration *Auge fidem* nach S. 80, 2. Die Präfation *in tono feriali* stimmt mit der *in Missis* gebräuchlichen ferialen Gesangsweise bis auf den Text überein. Der Chor singt *Sanctus* und *Benedictus* nach einer eigenen mit der *Missa pro Def.* übereinstimmenden Gesangsweise. Von den nun folgenden 6 Orationen wird die vierte: *Deus qui per Olivæ ramum* nach S. 81, 3. gesungen, die übrigen *in tono simpl. fer.* (S. 80, 2.) Während der Austheilung der Palmzweige singt der Chor die Antiph. *Púeri Hebræórum*. Die Oration *Omnípotens* singt der Celebrans *in tono fer.* S. 81, 3.

Bei Beginn der Procession singt der Diakon: *Procedámus...* S. 158. Je nach Bedarf wird die eine oder andere der Antiph. *Cum appropinquáret*, *Cum audisset pópulus*, *Ante sex dies*, *Occúrrunt turbæ*, *Cum Angelis*, *Turba multa* gesungen. Bei der Rückkehr der Procession treten 2 oder 4 Sänger in die Kirche zurück und beginnen, der vor den Thoren stehenden Procession zugewendet, die ersten zwei Verse des Hymnus: *Glória, laus*. Der Priester mit den Uebrigen, die ausserhalb der Kirche stehen, repetirt sie. Die

§. 37. Benedictio palmarum etc.

Cantores singen die folgenden 5 Strophen,[1]) und der Chor antwortet jedesmal mit *Glória, laus* in folgender Weise:

Gló-ri-a, laus, et ho-nor, ti-bi sit, Rex Christe, Redémptor:

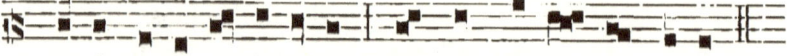

cu-i pu-e-rí-le decus prompsit Hosán-na pi-um.

Nachdem der Subdiakon mit dem Schaft des Kreuzes an die Thüre gestossen, öffnet sich diese und die Procession tritt unter dem Gesange des Responsoriums *Ingrediénte Dómino* in die Kirche.

IV. Bei der Feuerweihe[2]) am Charsamstag werden die Weihrauchkörner für die Osterkerze geweiht. Der Diakon, welchem die *benedictio cerei Paschalis* übertragen ist, singt beim Eintritt in die Kirche mit Beachtung der vorgeschriebenen Ceremonieen in dreimaliger Erhöhung der Stimme:

Lu-men Christi. *Chorus.* De-o grá-ti-as.

Die Weihe der Osterkerze ist in einen prächtigen Gesang, *præconium paschale* genannt, verflochten, der mit dem Präfationsgesang Aehnlichkeit hat, ihn aber an Mannigfaltigkeit und Schönheit weit übertrifft. Einleitung und Schluss lauten wie folgt:

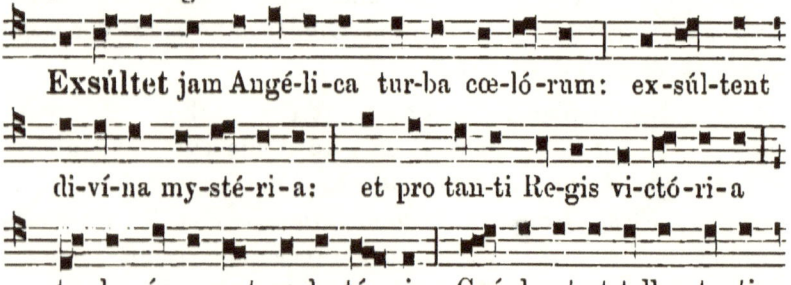

Exsúltet jam Angé-li-ca tur-ba cœ-ló-rum: ex-súl-tent

di-ví-na my-sté-ri-a: et pro tan-ti Re-gis vi-ctó-ri-a

tu-ba ín-so-net sa-lu-tá-ris. Gaú-de-at et tellus tantis

---

[1]) *Omnes, vel partim, prout videbitur.*
[2]) Die Orationen zur Feuerweihe werden bloss gesprochen; siehe S. 81, Note 1.

§. 36. Benedictio cerei Paschalis.

ir-ra-di-á-ta ful-gó-ri-bus: et æ-tér-ni Re-gis splendóre

il-lu-stráta, to-tí-us or-bis se sén-ti-at a - mi-sís-se

ca - lí - ginem. Læ-té-tur et ma-ter Ecclé-si-a, tan-ti

lú-mi-nis ad-orná-ta ful-gó-ri-bus, et magnis popu-ló-rum

vó-ci-bus hæc au-la re-súl-tet. Quaprópter adstán-

tes vos, fra-tres ca-rís-si-mi, ad tam mi-ram hujus sancti

lú-minis cla-ri-tá-tem, u-na me-cum, quæso, De-i omni-

po-tén-tis mi-se-ri-córdi-am invo-cá-te. Ut qui me

non me-is mé-ri-tis intra Le-vi-tá-rum númerum di-gná-

tus est aggre-gá-re: lú-minis su -i cla-ri-tátem in-fún-

dens, Cé-re-i hujus laudem im-plére per-fí-ci-at.

§. 36. Benedictio cerei Paschalis.

Per Dóminum nostrum Je-sum Christum Fí-li-um su-um:

qui cum e-o vi-vit et re-gnat in u-ni-tá-te Spí-ri-tus

san-cti De-us.' Per ómni-a sǽ-cu-la sæ-cu-ló-rum.

℟. Amen. ℣. Dómi-nus vo-bís-cum. ℟. Et cum spíri-tu tu-o.

℣. Sur-sum corda. ℟. Habémus ad Dó-minum. ℣. Gráti-as

a-gámus Dómi-no De-o nostro. ℟. Dignum et justum est.

Ve-re dignum et ju-stum est, etc. Der Schluss lautet:

Per e-úmdem Dóminum nostrum Je-sum Christum Fí-li-um

tu-um: Qui tecum vi-vit et regnat in u-ni-tá-te Spíri-tus

sancti De-us: per ómnia sǽ-cu-la sæ-cu-lórum. ℟. Amen.

Anmerk. Das *Pontif. Rom.* schreibt die gleiche Gesangsweise für die Verkündung der beweglichen Feste *(festa mobilia)* vor, welche am heil. Dreikönigsfest *(Epiphania Domini)* unmittelbar nach dem gesungenen Evangelium in jeder

§. 36. Benedictio fontis Baptismalis.

Kathedralkirche stattfinden soll. Dieser Gesang ist vorher eigens je nach dem Texte aufzuschreiben, und obliegt dem jüngsten Kanonikus. *Cærem. Episc. Lib. II., Cap. 15.*, vgl. die Entscheidung der *S. R. C.* vom 16. Jan. 1607.

Der *benedictio cerei Paschalis* folgen 12 Prophezien, die im Lectionstone gesungen werden, wie folgt:

Tonus Prophetiæ.

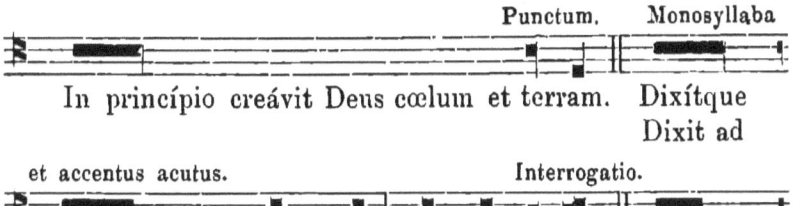

In princípio creávit Deus cœlum et terram. Dixítque Dixit ad

et accentus acutus. Interrogatio.

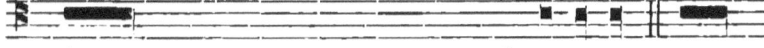

Deus: fi-at lux. Quid vis, fi-li? Requiévit eum: Abraham, A-braham.

:Sic finitur Prophetia.

die séptimo ab univérso ópere, quod pa-trárat.

Nach jeder Prophezie[1]) folgt *Orémus, Flectámus* etc., S. 82. der Orationston *simpl. fer.*, S. 81, 2.

Nach der 4., 8. und 11. Prophezie singt der Chor einen *Tractus* (siehe *Grad.*, oder *Offic. Hebd. sanctæ*).

Anmerk. Die sechs Prophezieen mit den Orationen am Pfingstsamstag, nämlich die 3., 4., 11., 8., 6. und 7. des Charsamstags, werden in gleicher Weise gesungen; der Chor hat nach der 2. (4.) Prophezie den Tractus *Cantémus*, nach der 3. (11.) *Atténde cœlum*, nach der 4. (8.) *Vínea facta est* vorzutragen.

V. Bei der Procession zur Taufquelle wird der Tractus *Sicut cervus* gesungen. Die zwei Orationen vor der Präfation nach S. 81, 2.

Die Präfation stimmt in der Gesangsweise mit den Messpräfationen überein. Gegen das Ende der Wasserweihe ist folgende Stelle dreimal immer in höherem Tone zu singen:

---

[1]) Bei der 12. jedoch nur *Oremus* und Oratio *in tono simpl. fer.*

164 §. 37. In Cœna Domini, in Parasceve et Sabbato sancto.

Descéndat in hanc plenitúdinem fontis, virtus Spíritus sancti.

Der vorletzte Ton *(e)* soll als erster Ton für die erste Wiederholung, *fis* als erster Ton für die zweite Wiederholung gewählt werden. — Bei der Rückkehr zur Kirche oder zum Altar singen zwei Cantores die Allerheiligenlitanei in abgekürzter Form (nach S. 153), der Chor wiederholt das Vorgesungene; ebenso am **Pfingstsamstag**.

§. 37. In Cœna Domini, in Parasceve et Sabbato sancto ad Missam.

I. Am Gründonnerstag kann die Orgel beim Beginn des Hochamtes gespielt werden bis zum *Gloria* incl., und schweigt dann bis zum *Gloria* des Charsamstags.

Die Messe dieses Tages unterscheidet sich nur in Kathedralkirchen von der gewöhnlichen Ordnung der *Missa cantata*. In diesen schreitet der Bischof mit 12 Priestern, 7 Diakonen und 7 Subdiakonen zur Weihe der heil. Oele, zum erstenmale nach der heil. Wandlung vor den Worten des Canon: „*Per quem hæc omnia.*" Der Archidiakon singt:

O - le - um in - fir - mó - rum.

Ein Subdiakon mit zwei Akolythen bringt das Oel, die Weihe durch den Bischof geschieht ohne Gesang, und das Amt wird hierauf von *Per quem* an fortgesetzt wie gewöhnlich. Nach der Communion des Klerus *(Confíteor,* siehe S. 105) und der ersten Ablution begibt sich der Bischof zum zweitenmal an den für die Oelweihe im Presbyterium bestimmten Platz, und der Archidiakon singt:

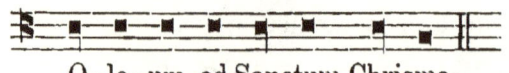

O - le - um ad Sanctum Chrisma.

§. 37. In Cœna Domini, in Parasceve et Sabbato sancto. 165

Und unmittelbar darauf in gleichem Tone:

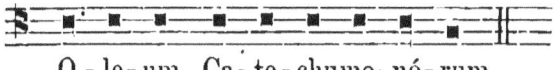

O - le - um Ca - te - chume - nó - rum.

Bei der feierlichen Procession singen zwei Sänger:
Ton. II.

O Redémptor, su-me carmen temet con - ci-nénti-um.

Der Chor repetirt stets den gleichen Vers, während die zwei Sänger die im *Pontif. Rom.* (auch *Offic. hebdom. sanctæ*) verzeichneten Verse: *Audi Judex, Arbor fœta* etc. singen, bis die von der Stelle, wo die Oelgefässe bereit standen, ausgehende Procession im Presbyterium angelangt ist, und der Bischof mit der Weihe beginnt. Der gesungenen *Præfatio in tono feriali* gehen drei Orationen mit *Amen* voraus. Nach der Präfation begrüssen der Bischof und die 12 Priester (je zwei gemeinsam) den geweihten Chrysam dreimal, in jedesmaliger Tonsteigerung:

A - ve san-ctum Chrisma.

Die *benedictio olei Catechumenorum* besteht aus zwei Orationen, dann folgt die Begrüssung des heil. Oeles dreimal, immer höher:

A - ve san-ctum ó - le - um.

Schliesslich singen die zwei Cantores, während die geweihten Oele in feierlicher Procession zurückgetragen werden, vier Verse, auf die der Chor mit *O Redémptor* antwortet. Erst nach der Oelweihe ist vom Chor die *Communio* zu singen und das Amt in gewöhnlicher Weise *(Ite Missa est in tono solemni)* abzuschliessen.

Nach der heil. Messe ist feierliche Procession mit den für den Charfreitag consecrirten Gestalten von Brod und Wein zu dem für die Aufbewahrung derselben bestimmten

§. 37. In Cœna Domini, in Parasceve et Sabbato sancto.

Orte. Während derselben wird der Hymnus *Pange lingua* gesungen. Andere Gesänge sind ausdrücklich verboten.[1])

Nach dieser Feierlichkeit wird die Vesper im Chor **gebetet, nicht gesungen** und nach Beendigung derselben während der Recitation des 21. Ps. die *denudatio Altarium* vorgenommen. An Kathedralkirchen folgt hierauf die feierliche Fusswaschung durch den Bischof, eingeleitet mit dem Gesang des Evangeliums *Ante diem festum Paschæ*, vollbracht unter ganzem oder theilweisem Vortrage von 9 Antiphonen, und abgeschlossen durch mehrere *Vers.* und *Resp.* nebst Oration. Die ausführlichen Rubriken und Gesänge finden sich im *Offic. Hebdom. sanctæ.*

II. **Am Charfreitag** liest der Lector die Prophezie *Hæc dicit Dóminus.* (*Ton.* S. 163.) Vom Chore wird dann der Tractus *Dómine audívi* vorgetragen. Der Priester spricht *Orémus*, *Flectámus* etc. nach S. 82. Oratio *Deus, a quo*, S. 81, 2., *Ton. simpl. fer.* Der Subdiakon singt im Epistelton die Lection *In diébus illis.* Nach dem Tractus *Eripe me* folgt die Passion nach Johannes. Von *Post hæc autem* angefangen wird der Evangelienton gebraucht (S. 87). Der Priester betet dann die 9 Orationen nach der S. 83. angegebenen Weise.

Hierauf intonirt der Priester die Antiphon *Ecce lignum* allein; von *in quo salus* an singen die *Ministri* mit, der Chor aber respondirt mit *Veníte adorémus*, wie folgt:

---

[1]) *In ostiolo, ubi Feria V. in Cœna Domini reconditur Ss. Euchar. Sacramentum, non licet apponi sigillum: et eo recondito non potest cantari: Sepulto Domino. S. R. C. 7. Dec. 1844.*

§. 37. In Cœna Domini, in Parasceve et Sabbato sancto. 167

Diese Antiphon muss noch zweimal, und immer in höherem Tone gesungen werden.

Während der Adoration des Kreuzes singt der Chor die Improperien *Pópule meus,* den Hymnus *Crux fidélis* etc. Während das Allerheiligste in Procession vom bestimmten Orte zum Altare getragen wird, wird der Hymnus *Vexílla regis pródeunt* gesungen, der während der Ceremonien bis zum *Pater noster* fortgesetzt werden kann.

Nach dem *Oráte fratres* singt der Celebrans ohne weitere Einleitung: *Orémus, præcéptis salutáribus . . . in tono fer.,* nach S. 104. *Amen* spricht er leise, und singt dann ohne *Oremus* im ferialen Messton (nach S. 88, 2) *Líbera nos,* der Chor antwortet mit *Amen.*

III. Am Charsamstag beginnen die Cantores im Anschluss an die Litanei das *Kyrie eleison* (siehe *Grad. Rom., Ordin. Missæ*). Das *Glória* ist feierlich nach S. 77 zu singen. Die Oration *in tono festivo* (siehe S. 79). Nach der Epistel singt der Celebrans:

Al-le - - - - - lú-ja.

Noch zweimal, immer in höherem Tone hat der Celebrans diese Melodie zu intoniren, der Chor repetirt sie jedesmal, und singt nach der 3. Repetition des *Allelúja* den Psalm *Confitémini,* sowie den Tractus *Laudáte Dóminum.* Hierauf wird das Evangelium gesungen und nach dem *Dóminus vobíscum* etc. kann die Orgel gespielt werden, da das *Offertorium* wegfällt (S. R. C. 12. Mart. 1678.). *Agnus Dei* und *Communio* bleiben aus. Nach der *sumtio sanguinis* wird mit dem Amte gleich die Vesper verbunden, indem der Chor die Antiphon *Alleluja* und den Psalm *Laudáte Dóminum* absingt, und die Antiphon repetirt. Capitel, Hymnus und Versikel bleiben aus, der Celebrans aber intonirt die Antiphon zum *Magnificat,* wie folgt:

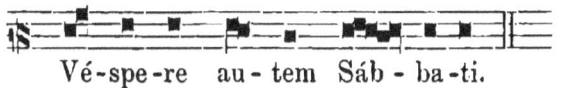
Vé-spe-re au - tem Sáb - ba-ti.

Der Chor führt mit *quæ lucescit* ... fort und singt das Canticum *Magnificat*, nach dem VIII. Ton, Finale 1. Ist die Antiphon repetirt, so singt der Celebrans: *Dóminus vobíscum, Orémus* etc. *in tono festivo* (S. 79). *Dóminus vobíscum, Ite Missa est, Allelúja, allelúja*. (S. 107, Nr. 1.)

§. 38. Verschiedene Intonationen.

Der Ritus bei der Fronleichnamsprocession, bei Processionen mit dem Allerheiligsten und bei Privatandachten etc. ist in den einzelnen Diözesen so verschieden, dass wir uns begnügen müssen, besonders wichtige Entscheidungen der S. R. C. etwaigen Missbräuchen gegenüber anzuführen.

1. *Concentus musicus vulgo la Banda dum sacris Processionibus intervenit, assignetur locus ab Episcopo, verum ante utrumque Clerum. S. R. C. 23. Sept. 1837. 7. Dec. 1844.*

2. *Cantores in Processionibus Ss. Corporis Christi, aliisque solemnibus cotta induti incedere debent, et servandum Cærem. Ep. in Cap. II. libr. 1.*[1]*) S. R. C. 8. Oct. 1650.*

3. *In actu expositionis Ss. Sacramenti debetne cani aliquid a Choro, seu Celebrante? Resp. Cantus in actu expositionis permitti tantum potest judicio Episcopi. Decr. cit. ad 14.*

4. *In benedicendo populum cum Ss. Sacramento Celebrans nihil dicere, Cantores et Musici nihil quoque canere interim debent ad præscriptum Rit. Rom. et Cærem. Ep., non obstante quacumque contraria consuetudine. Die 12. Jun. 1627, 9. Dec. 1634, 11. Maji 1641, 3. Aug. 1839. Et idem aliis Decretis declaratur.*

5. Die S. R. C. entschied auf die Anfrage: *An in benedictione populo impertienda cum Ss. Sacramento permitti possit cantus alicujus Versiculi vernacula lingua con-*

---

[1]) Dort wird den Sängern der Platz **nach** den Klerikern unmittelbar vor **den** Kapiteln angewiesen.

§. 38. Verschiedene Intonationen. 169

cepti, vel ante, vel post ipsam benedictionem? wie folgt: *Resp. Permitti posse post benedictionem. S. R. C. Bobien. die 3. Aug. 1839 ad 2.*

Das *Rituale Rom.* schreibt für die Fronleichnamsprocession nachstehende Hymnen vor, deren Intonation auch vom Priester geschehen kann, wenn er an den Stufen des Altars vor dem Sanctissimum kniet. Die vollständigen Melodieen sind im *Processionale Romanum* zu finden.

1. Hymni coram Ss. Sacramento ex Rit. Rom.

a) Pan-ge lin-gua glo-ri - ó - si.

b) Sa - cris so - lé-mni-is.

c) Ver-bum su - pér-num pród-i-ens.

d) Sa-lú - tis hu-má-næ sa-tor.

e) Ae-tér - ne Rex al-tís - si-me.[1]

2. Invocatio S. Spiritus.

Ton. VIII.

Antiph. Ve-ni sancte Spí - ri-tus, reple tu-órum corda fi-dé-li-um, et tu-i a-mó-ris in e-is ignem ac-cénde,

---

[1] Im *Antiphon.* hat dieser Hymnus die Melodie von *Salutis humanæ.* Die Aenderung im *Rituale* scheint wegen der unmittelbaren Aufeinanderfolge zwei gleicher Melodien veranlasst zu sein.

§. 38. Verschiedene Intonationen.

qui per diversi-tátem linguárum cunctárum, gentes in u-ni-

tá-te fíde-i congregá-sti. T. P. Allelú-ja, al-lelúja.

Hymn. Ve-ni, Cre-á-tor Spí-ri-tus.

Oration: *Deus, qui corda.*

℣. Emítte Spíritum tuum, et creabúntur.
℟. Et renovábis fáciem ter-ræ.

3. Benedictio Pontificalis.

℣. Sit nomen Dómini bene-dí-ctum.
℟. Ex hoc nunc et usque in sǽ-culum.

℣. Adjutórium nostrum in nómine Dó-mini.
℟. Qui fecit cœlum et ter-ram.

Benedícat vos o-mní-po-tens De-us, Pa-ter, et

[1])

Fí-li-us, et Spí-ri-tus san-ctus. ℟. A-men.

4. Pro gratiarum actione.

Te De-um lau-dá-mus.

---

[1]) Eine *benedictio tempestatis*, etwa gar mit dem *Sanctissimum* in obiger Gesangsweise ist ein zu beseitigender Missbrauch. Wem durch den Papst oder Bischof erlaubt ist, in feierlicher Weise den Segen zu ertheilen, der bediene sich obiger Gesangsweise.

§. 38. Verschiedene Intonationen.

Wird das *Te Deum* am Schlusse einer Procession gesungen, so schreibt das *Rit. (Processionale)* 5 Versikel nebst *Dóminus vobíscum* vor; ausserdem sind folgende üblich:

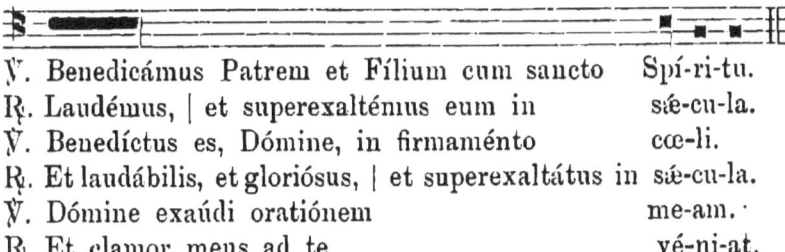

℣. Benedicámus Patrem et Fílium cum sancto   Spí-ri-tu.
℟. Laudémus, | et superexaltémus eum in   sǽ-cu-la.
℣. Benedíctus es, Dómine, in firmaménto   cœ-li.
℟. Et laudábilis, et gloriósus, | et superexaltátus in sǽ-cu-la.
℣. Dómine exaúdi oratiónem   me-am.
℟. Et clamor meus ad te   vé-ni-at.

5. In Exsequiis.

Das römische *Rituale* enthält unter der Rubrik *Exsequiarum Ordo* alle beim Begräbniss Erwachsener und Kinder und beim sogen. *Officium Defunctorum* vorgeschriebenen Gesänge. Dieser römische Ritus erleidet nach den verschiedenen Diözesen manche Abänderungen, die jedoch nicht die Haupttheile des röm. *Rituale* berühren. Da das *Exsequiale Roman.* in eigenem Abdruck mit besonderer Genehmigung und nach Revision der *S. R. C.* publizirt wurde, so genügt an dieser Stelle die Aufführung derjenigen *Intonationen*, die nach den Rubriken dem Priester obliegen. Es wäre sehr zu wünschen, dass die verschiedenen Diöcesanrituale in Form von *Proprien* dem römischen *Rituale* beigegeben würden.

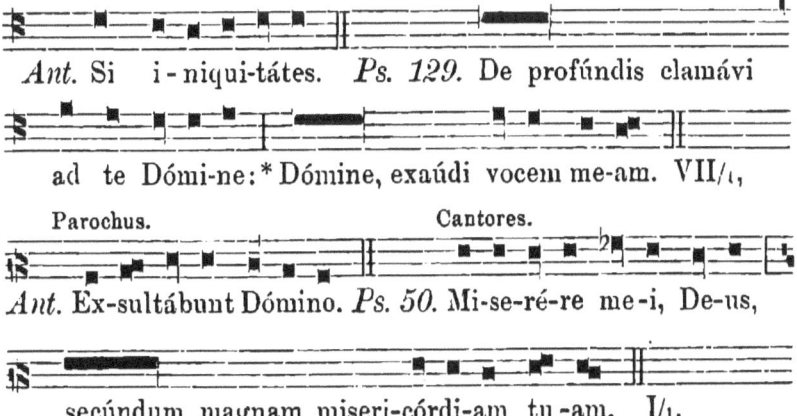

Ant. Si i-niqui-tátes. *Ps. 129.* De profúndis clamávi ad te Dómi-ne: * Dómine, exaúdi vocem me-am. VII/t,

Parochus.   Cantores.

Ant. Ex-sultábunt Dómino. *Ps. 50.* Mi-se-ré-re me-i, De-us, secúndum magnam miseri-córdi-am tu-am. I/t.

§. 38. Verschiedene Intonationen.

Der Cantor intonirt das *Resp. Subvenite,* der Clerus (Chor) antwortet. Besonders schön und sinnvoll auf den Vorabend des Auferstehungsfestes *(Vespere autem Sabbati)* hinweisend ist der Gesang des „*In Paradisum.*"

Die Orationen, welche mit *Per Christum Dnm nostrum* oder *Qui vivis et regnas in sæcula sæculórum* schliessen, sind im *Ton. fer.* S. 82 zu singen, die übrigen nach S. 81, 2.
— Nach dem *Libera me, Dómine,* folgt:

Pa-ter noster *secreto,*

nach der Incensation und Aspersion ℣. *Et ne nos indúcas in tentatió-nem.* ℟. *Sed libera nos a ma-lo.* ℣. *A porta in-feri.* ℟. *Erue, Dómine, ánimam e-jus.* ℣. *Requiéscat in pa-ce.* ℟. *Amen.* ℣. *Dne, exaúdi oratiónem meam.* ℟. *Et clamor meus ad te véniat.* ℣. *Dns vobiscum.*

Nach der Benediction des Grabes intonirt der Priester:

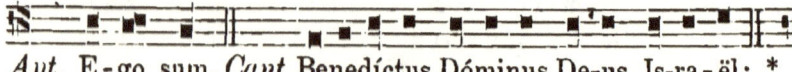

Ant. E-go sum. *Cant.* Benedíctus Dóminus De-us Is-ra-ël; *
2. Et e-ré-xit cornu etc.

quia visitávit, et fecit redemptiónem ple-bis su-æ. II.

Bei Kinderleichen *(in exsequiis parvulorum)* intonirt der Priester:

Ant. Sit nomen Dómi-ni. *Ps. 112.* Laudáte, púeri, Dóminum:

laudáte nomen Dó-mi-ni. II.

Alle übrigen Antiphonen und Psalmen sind nach Angabe des *Officium Defunctorum* von den Sängern auszuführen.

Anmerk. Für den Empfang des Bischofs bei Spendung der Firmung oder Visitation der Pfarreien verweisen wir auf das *Process. Rom.*, für die feierliche Priesterweihe und Einweihung der Kirche auf die im §. 19 aufgeführten bequemen Handausgaben und Auszüge aus dem *Pontif. Rom.*

§. 39. Die Orgel beim gregorian. Choral.

I. Die Orgel hat sich seit Jahrhunderten so sehr in der Kirche eingebürgert, dass sie allenthalben unentbehrlich geworden ist.[1]) Auch diejenigen, welche eine harmonische Begleitung des gregorianischen Chorals als unpassend verwerfen, müssen für Ausführung eines stylgerechten Vor-, Zwischen- oder Nachspieles beim gottesdienstlichen Gesange ein ernstliches ausdauerndes Studium der Orgel verlangen.

In diesem Lehrbuche sollen wenigstens die Principien für die Begleitung des gregorian. Chorals kurz dargelegt werden.

Gleichwie sich die Structur der gregorian. Melodieen von der des modernen Tonsystems wesentlich unterscheidet, so muss auch die Harmonisation derselben nach den Grundsätzen des einfachen Contrapunctes mit diatonischen und consonirenden Accorden ausgeführt werden. „Die Harmonie der Kirchentonarten darf die Melodie der gregorian. Gesänge unter keinem Vorwande verändern, muss sich in allen Beziehungen — ohne Ausnahme — der Oberherrschaft dieser Melodieen unbedingt unterwerfen und soll, soweit es die Gesetze der Harmonie und der Cadenzbildung gestatten, diatonisch sein."

Da sich die gregorian. Melodieen schon vor Erfindung der Harmonie gebildet haben, so ist letztere immer eine Zuthat, ein „nothwendiges Uebel," und verdeckt, auch unter

---

[1]) *Hoc solo instrumento utitur Ecclesia in diversis cantibus, et in prosis, in sequentiis, et in hymnis, propter abusum histrionum ejectis aliis communiter instrumentis.* Ægid. Zamorensis bei *Gerb. Script.* T. II. p. 388. Das *Cæremoniale Episc.* enthält die gemessene Weisung: *Nec alia Instrumenta musicalia, præter ipsum organum addantur. Lib. I, Cap. 28, Nr. 11.*

§. 39. Die Orgel beim gregorian. Choral.

den günstigsten Verhältnissen, die Nüancirungen der Sprache und des Vortrags oft in beklagenswerther Weise. Wo sie in Folge mannigfaltiger Verhältnisse nicht umgangen werden kann, hat sie sich vor einem Conglomerat von Dur- und Molldreiklängen ohne inneren Zusammenhang zu hüten, und die Eigenthümlichkeiten der einzelnen Octavengattungen genau in's Auge zu fassen. Zwar lässt sich z. B. im Allgemeinen sagen, der regelmässige Schluss des I. und II. *modus* sei *D moll*, des III. und IV. *E dur*, des V. und VI. *F dur*, des VII. und VIII. *G dur* u. s. w. — ganz unrichtig aber wäre es, den I. und II. Ton wie unser *D moll* zu behandeln.

Als allgemeine Regel gilt: „**Alle Töne der eigenen diatonischen Tonleiter können zur Bildung von Accorden verwendet werden, der Schlussaccord aber soll sich auf der Finale aufbauen.**" Siehe auch *Musica sacra* von Fr. Witt. 10. Jahrg. Nr. 5.

Anmerkung. Die Frage der Harmonisirungsart des Chorals ist in neuerer Zeit wieder vielfach behandelt worden. In Rom wird der Choral nie mit Orgel begleitet; *Gevaërt* und *Van-Damme* in Belgien gehen vom Grundsatz aus, dass zur Harmoniebildung nur diejenigen Töne verwendet werden sollen, die in dem zu begleitenden Choralsatz vorkommen; L. Schneider harmonisirte ohne jede Herzuziehung von ♯ oder ♭, sogar wo vollkommene Cadenzen angezeigt sind, ohne harmonischen Leitton; J. G. Mettenleiter gab jedem Tone der Melodie einen Accord in unvermittelter Aufeinanderfolge, jedoch meist nach den alten Regeln des zweistimmigen Contrapunctes *(nota contra notam)*; Fr. Witt endlich adoptirte in der Orgelbegleitung zum *Ordinarium Missæ* des offiziellen *Graduale* das diatonische System mit vollkommenen harmonischen Cadenzen, jedoch mit Beachtung der rhythmischen Anordnung des Chorals, so dass zusammengehörige, schwungvoll vorzutragende Neumen oder Perioden mit durchgehenden Noten über einem liegenden Bass begleitet und nur an bedeutungsvoller Stelle mit neuen Accorden versehen werden. Näheres über sein System siehe in dem höchst interessanten Vorwort zu obenerwähntem Werke. Die Wahl zwischen dem einen oder andern der angeführten Systeme wird immer Geschmacks-

§. 39. Die Orgel beim gregorian. Choral.

sache bleiben; die Orgelbegleitung zum officiellen *Grad.* und *Vesperale* ist in ähnlicher Weise mit besonderer Rücksicht auf den freien declamatorischen Rhythmus des Chorals von H. Jos. Hanisch gefertigt worden; Transposition und Redaction besorgte der Verf. dieses Buches.[1])

In der Regel soll vierstimmig, und nach Erforderniss in weiter (getheilter), oder enger Harmonie begleitet werden. Bei stark besetzten Sängerchören muss die Begleitungsweise nach der Sängerzahl und dem Raum der Kirche sich erweitern, und wo möglich durchgehends in der getheilten Art ausgeführt werden. Zur rechten Zeit und am rechten Orte darf sich das Spiel 5-, 6- und 8-stimmig entfalten, und der durchgebildete Organist wird dieses Mittel wohl mit grosser Vorsicht wählen, aber für den sich steigernden Vortrag des Choralgesanges mit ausserordentlicher Wirkung anwenden. Dass aber eine übermässige Fülle von Noten und Verdoppelungen schlecht klingt, dass Läufe, Coloraturen, Passagen und andere Modulationen nicht den Gesang ausmalen oder gar unterbrechen dürfen, ist von selbst klar.

Die Vorspiele (Præludien) sollen mit den folgenden Gesangsstücken in innerem nothwendigen Zusammenhang stehen, einen oder mehrere Gedanken aus demselben dem Sänger vorführen, den Choralgesang entsprechend vorbereiten und einleiten, und sich an die gegebene Tonart halten. Dieses Verlangen ist sicher nicht übertrieben, da die Vorspiele im kathol. Gottesdienst nicht so lange dauern können, dass sie einen unterrichteten Organisten in Verlegenheit bringen. Man nehme sich daher Meister zum Vorbild, durchdringe ihre Compositionen, lerne Passendes auswendig, schäme sich nicht,

---

[1]) *Organum comitans ad Ordinarium Missæ. Editio II. augmentata. Auctore Dr. Fr. X. Witt. In 4° oblongo. 1876. — Organum comitans ad Graduale Romanum, compositum et redactum a Fr. X. Haberl, Magistro capellæ et Jos. Hanisch, Organista Cathedralis Ratisbon. 2 Vol. in 3°. — Organum comitans ad Vesperale Rom. Pars I. continens communia Vesperarum, cui additur Libellus Psalmorum ad Vesperas numeris notatorum. Pars II. Continens Vesperas per Hebdomadam, Proprium de Tempore et de Sanctis necnon Commune Sanctorum et Festa Prædicta pro aliquibus locis. Quæ omnia redegit ac transposuit F. X. Haberl, J. Hanisch harmonice ornavit.*

§. 39. Die Orgel beim gregorian. Choral.

aus Vorlagen zu spielen, und versuche sich schriftlich in Ausarbeitung kurzer Orgelsätze nach altem Tonsystem.[1])

Zwischenspiele (Interludien) müssen, wo sie mit Fug und Recht angebracht werden dürfen, natürlich um so strenger den Charakter der betreffenden Kirchentonart ausprägen.

Die Nachspiele (Postludien) sollen die Erhabenheit und Würde des vorgetragenen Choralgesanges besiegeln, nicht den Sänger oder Hörer gewaltsam zu einer andern Stimmung fortreissen. — Folgen mehrere Choralgesänge von verschiedenen Tonarten aufeinander, z. B. bei den Tagzeiten die Ant. mit den Psalmen, so sollte auf eine gleichmässige oder doch annähernde Tonlage und Klangfarbe Rücksicht genommen werden. Es ist demnach Aufgabe des Organisten, **durch freie Transposition** die Choralgesänge dem Bedürfniss gemäss in **mehrfacher** resp. **jeder** geforderten Tonlage wiedergeben zu lernen. Um diesen Grad der Fertigkeit zu erlangen, ist stete Uebung im Lesen **aller** Schlüssel nach Anleitung der §. 7. und 17. unumgänglich nothwendig, und zwar so lange, bis den Spieler keine Forderung in dieser Beziehung mehr in Verlegenheit bringt.

Ueberhaupt kann nicht oft genug betont werden, dass Gewissenhaftigkeit, strenge Selbstkritik, eifrige Beobachtung grosser Meister, verbunden mit unausgesetztem theoretischen Studium, Eigenschaften eines katholischen Organisten sein sollten.[2])

---

[1]) *Franz Commer* hat bei *Trautwein in Berlin* eine Sammlung von Orgelstücken aus dem XVI. und XVII. Jahrhundert edirt. H. Kapellmeister Schmidt in Münster gab eine Sammlung von Orgelsätzen in den Kirchentonarten bei Theissing heraus; ebenso Riegel, die *Praxis organœdi* nach den Kirchentonarten, Brixen, Weger; und Kothe, Orgelstücke in den alten Kirchentonarten; Regensburg, Pustet. Auch in Herzog's *das kirchliche Orgelspiel* finden sich im Anhange sehr schöne kürzere und längere Sätze und Modulationen. Eine reiche auch für den gregor. Choral belehrende Literatur (Theorie und Praxis) weist der Cäcilien-Vereins-Catalog auf.

[2]) Wer sich zu schwach fühlt, den gregorianischen Choral richtig und fliessend, im engsten Anschluss an den Sängerchor, zu begleiten, unterlasse die Harmonisirung, um nicht mehr zu schaden, als zu nützen.

§. 40. Für Kleriker.

Ich schliesse diese kurzgedrängte Abhandlung mit den Worten von *Ambros:*[1] „Die innere Lebenskraft dieser Gesänge ist so gross, dass sie auch ohne alle Harmonisirung sich auf das Intensivste geltend machen und nichts weiter zu ihrer vollen Bedeutung zu erheischen scheinen, während sie doch andererseits für die reichste und kunstvollste harmonische Behandlung einen nicht zu erschöpfenden Stoff bieten und Jahrhunderte lang einen Schatz bildeten, von dessen Reichthümern die Kunst zehrte. Die Musik ist an der gewaltigen Lebenskraft des gregorianischen Gesangs erstarkt; sie hat sich an seinen Melodieen von den ersten ungeschickten Versuchen des *Organums,* der *Diaphonie* und des *Faux bourdon* an bis zur höchsten Vollendung im Palestrinastyle herangebildet . . ."

C. Erkenntniss.

I. Allgemeine Andeutungen.

§. 40. Für Kleriker.

Es ist bekannt, mit welcher Sorgfalt in früheren Jahrhunderten der Choral vom Klerus[2] geübt wurde, wie die Kirche nicht nur das Lob bei *Ecclesi.* 44, 5. *Laudemus viros gloriosos, et parentes nostros in generatione sua . . . in peritia sua requirentes modos musicos, et narrantes carmina scripturarum* als Auszeichnung ihrer Heiligen *(in Comm. Conf. Pont.)* adoptirt, sondern auch den ganzen katholischen Ritus mit den Gesängen heiliger, erleuchteter Männer gleichsam durchwoben und verklärt hat; wie Bischöfe, Priester und Kleriker wetteiferten, all diese herrlichen Choral-

---

[1] Geschichte der Musik, Band 2, S. 67.
[2] *Laicus in ecclesiis non debet recitare, nec Alleluja dicere, sed psalmos tantum sine Alleluja.* Theod. von Canterbury bei Gerbert. *De Cantu, T. I. p. 243.*

gesänge in würdiger Weise auszuführen, wie Concilien¹) sogar zur gewissenhaften Pflege des Choralgesanges aufforderten.

Wenn wir uns hier zuerst an den Klerus richten, so thun wir dieses in der festen Ueberzeugung, dass das Studium des Choralgesanges und die gute Aufführung desselben hauptsächlich von ihm abhängt . . . Es ist aber nur zu wahr, dass manche Männer durch ihre Sorglosigkeit (Unwissenheit) die vorzüglichste Veranlassung werden, dass er dahinwelke und vergehe. Man möchte mit Cardinal Bona ausrufen: *„Ut fatear quod res est, pudet me plerosque ecclesiasticos viros totius vitæ cursu in cantu versari, ipsum vero cantum, quod turpe est, ignorare."* De cantu eccl. §. III., Nr. 1.²) *Stein* bespricht in seinem trefflichen Büchlein³) die Pflichten des Priesters als Hausherr in seiner Kirche auch auf dem Gebiete der Kirchenmusik, erwähnt, dass in früheren Zeiten musikalische Kenntniss vorzüglich unter dem Klerus anzutreffen war, und dass sich erst von der ausgearteten Kirchenmusik der grössere und bessere Theil mit Recht abgewendet habe, aber mit unverzeihlicher Sorglosigkeit unthätig geblieben sei. „Wäre die Gleichgiltigkeit nicht gewesen, so würde die Unkenntniss nicht so gross und allgemein geworden sein."⁴) Er betont daher möglichst frühen, gründlichen

---

¹) 8. Conc. von Toledo, Can. 6., Conc. von Trient, Sess. 28, Can. 18. de ref., Conc. von Rom (1725) und viele Provincialsynoden und bischöfliche Erlasse. Die Nationalsynode von Thurles verordnet: *Nullus cantus nisi gravis et ecclesiasticus in Ecclesiis adhibeatur. Rectores Seminariorum curent præpositis etiam præmiis, ut alumni in cantu gravi et ecclesiastico bene instituantur.* Das Concil von Laodicæa (im 4. Jahrhundert): *Non oportet nisi canonicos cantores qui suggestum ascendunt, et ex diphtera seu membrana canunt, alium quemlibet in ecclesia psallere.*

²) Janssen, *méthode (les vrais principes) du Chant Gregorien.* H. Dessain, Malines. Auch deutsch von *Smeddink*, Mainz, Schott.

³) Die katholische Kirchenmusik nach ihrer Bestimmung und ihrer dermaligen Beschaffenheit. Köln, Bachem.

⁴) Hoffen wir, es seien in Folge der grösseren Theilnahme und gründlicheren Einsicht des Klerus die Worte von Fr. Bollens in *der deutsche Choralgesang in der kathol. Kirche etc.* S. 180, unwahr geworden: „Der Unterricht im gregor. Gesang ist meistens gerade solchen Männern übergeben, welche selbst nichts von ihm wissen, und desswegen, wie auch wohl zuweilen aus anderen Gründen, gar keine Autorität

§. 40. Für Kleriker.

Unterricht im Klavier- und Orgelspiel für alle jungen Leute, die den geistlichen Stand erwählen. „Wenn in diesen Stadien der Bildung der zukünftige Priester die Erwerbung musikalischer Kenntnisse und Fertigkeiten versäumt hat, dann kann ihm später im Priesterseminar nicht viel mehr beigebracht werden. Hier ist es zu spät, um die musikal. Bildung eines jungen Mannes zu beginnen, selbst zu spät, um ihn zu einer würdigen Ausführung des so einfachen liturgischen Altargesanges anzuleiten." *Proksch:*[1] „Der Geistliche selbst muss in der Kirche, wenn auch nur am Altare, als Sänger auftreten; er hat die Oberaufsicht über die Kirchenmusik, den Volksgesang, das Orgelspiel . . ." *Antony:*[2] „Wenn gleich manche sich in etwa damit entschuldigen können, dass sie in musikalischer Befähigung von der Natur stiefmütterlich behandelt sind, und dass sie die Fehler im Gesange, sowie die Mittel zur Verbesserung derselben nicht kennen, so bleibt ihnen doch die Pflicht, durch fremde Hilfe das zu erwirken, was sie selbst zu thun nicht im Stande sind; denn auch für sie steht geschrieben *(Jac. IV, 17.) Scienti igitur bonum facere, et non facienti, peccatum est illi."* *Amberger:*[3] Jeder, welcher in das Gebiet der Liturgie

besitzen, wodurch dann die Gesangsstunde zur Erholungs- und Belustigungsstunde gemacht wird. Man ist gern zufrieden, wenn die Zöglinge die Collecten, Præfationen etc. nothdürftig absingen, und das *Gloria, Ite Missa est* etc. intoniren können, wohin es viele doch nicht einmal bringen!" „Sunt etiam plerique Clerici vel monachi, qui artem Musicæ jucundissimæ neque sciunt, neque scire volunt, et, quod gravius est, scientes refutant et abhorrent, et quod si aliquis musicus eos de cantu, quem vel non rite vel imcomposite proferunt, compellat, impudenter irati obstrepunt, nec veritati adquiescere volunt, suumque errorem suo conamine defendunt." Guidon. Arretin. bei Gerbert Scriptores T. II. p. 51.

[1] Aphorismen über katholische Kirchenmusik. Prag, Bellmann.
[2] Archäolog.-liturgisches Lehrbuch des gregorianischen Kirchengesanges.
[3] *Pastoraltheologie,* II. Band von S. 216—34 enthält beherzigenswerthe Motive, den liturg. Gesang mit Liebe zu pflegen. Auch der Hirtenbrief des sel. Bischofes *Valentin von Regensburg* in Betreff der Kirchenmusik muss hier erwähnt werden, besonders aber Lüft's Liturgik, II. Band. C. Sev. Meister schreibt in seinem kostbaren Werke *das katholische deutsche Kirchenlied*: „Der kirchl. Gesang ist ein wesentlicher Theil des Cultus; die Geschichte desselben ist ein Stück Kirchengeschichte; Kenntniss desselben

eintritt, ist ebenfalls verpflichtet, den Choralgesang nach Möglichkeit genau zu erlernen und ebenso im Sinne der Kirche zu singen, wie ihm die Pflicht obliegt, der getreueste Beobachter der Rubriken zu sein." „Ob auch nicht Jeder jenen wundervollen Einklang des Tones und der zartesten Bewegungen im Herzen der Kirche zu suchen und zu erkennen vermag, so ist es doch Pflicht eines Jeden, mit heiliger Freude auf diese Gesänge der Kirche zu achten, nicht mit Gleichgiltigkeit darüber sich wegzusetzen, nach ihrer Wahrheit und Schönheit und Macht zu suchen, und nicht vielleicht durch Versäumniss der nothwendigen Uebung oder durch Hudelei sich zuletzt jeden Gefühles selbst zu berauben. Jeder soll die Schönheit des Chorales immer tiefer zu fühlen trachten, damit er auch mit Andacht ihn singen möge." „Wende nicht ein, dass das Volk wenig davon verstehe; du singst im Namen der Kirche zur Verherrlichung ihres ewigen Bräutigams; aber du darfst auch glauben, dass durch erhebenden Gesang die Gemüther der Gläubigen wunderbar ergriffen werden."

Anderseits sind für Kleriker folgende Aussprüche beherzigenswerth: „Der Singende soll ein Mann des Gebetes und der That sein." — Bernardus:[1]) *Sunt quidam voce dissoluti, qui vocis suæ modulatione gloriantur, nec tantum gaudent de dono gratiæ, sed etiam alios spernunt. Tumentes elatione aliud cantant, quam libri habeant, tanta est levitas vocis, forsitan et mentis. Cantant, ut placeant populo magis quam Deo. Si sic cantas, ut ab aliis laudem quæras, vocem tuam vendis, et facis eam non tuam, sed suam. Viros decet virili voce cantare, et non more fæmineo tinnulis vel falsis vocibus velut histrionicam imitari lasciviam.* Der Ausdruck *castigatio vocis* bei der Subdiakonatsweihe (Humerale) kann wohl auch in diesem Sinne

---

in seiner kirchengeschichtlichen und liturgischen Bedeutung ein Theil der theologischen Wissenschaft." Siehe auch *Durandus*, *Rationale divinorum officiorum*, Lib. II. De cantore, de psalmista etc.

[1]) Bei Bona, Div. Psalmod. cap. XVII., de cantu Eccles. §. V.

verstanden werden! Instit. Patr.: *Nec volubilitate nimia confundenda quæ dicimus, qua et distinctio perit et affectus ... cui contrarium est vitium nimiæ tarditatis.* — Jérôme de Moravie:[1] *Nunquam cantus nimis basse incipiatur, quod est ululare; nec nimis alte, quod est clamare; sed mediate, quod est cantare.* — Bona: *Receptum a majoribus cantum integrum oportet, et illibatum custodire; ne si semel aberrare cœperimus a semitis antiquis, quas posuerunt Patres nostri, paulatim inconsultis emtationibus religionis integritas destruatur.*

Denique damnati sunt illi, qui parcentes vocibus suis rapinam faciunt in holocaustis, qui vitulos scilicet labiorum suorum Domino reddere negligentes, vel dolorem capitis vel stomachi debilitatem, vel exilitatem vocis prætendunt ad excusandas excusationes in peccatis: cum revera totum in eis sibi vendicent mentis evagatio, distractio cordis, carnis inertia et propriæ salutis incuria. Non enim considerant, quod, qui a communi labore se subtrahunt, communi etiam retributione carebunt, et qui Ecclesiam servitute, proximum ædificatione, Angelos lætitia, sanctos gloria, Deum cultu defraudant, ipsi quoque Dei gratia, sanctorum suffragiis, Angelorum custodia, proximi adjutorio, Ecclesiæ beneficiis se reddunt indignos. Eis enim, qui legitime canunt, et sapienter psallunt (inquit Rupertus Abbas) remuneratio vel præmium erit carmen æternum.

§. 41. Für Dirigenten.

Dem Dirigenten, der leitenden Seele des Chores, obliegt die strenge Pflicht, die Sänger im Vortrage des Choralgesanges durch Wort und Beispiel zu belehren, und seine ganze Aufmerksamkeit einer sorgfältigen Ausführung desselben zu schenken. Natürlich muss die erschöpfende theoretische und praktische Kenntniss der alten Tonarten und Choräle vorausgesetzt werden.

---

[1] Bei Coussemacker, Script.

§. 41. Für Dirigenten.

Ein Haupthinderniss der Pflege und guten Ausführung des gregorianischen Gesanges liegt aber in der schmerzlichen Thatsache, dass viele Dirigenten wohl hinreichend in der modernen Musik unterrichtet sind, für Vortrag des Choralgesanges aber in Folge ihrer mangelhaften und einseitigen Kenntniss nur mitleidiges oder verächtliches Achselzucken haben.

Näher lassen sich die Pflichten des Dirigenten in folgenden Puncten zusammenfassen:

1) Er muss die Sprache der Kirche, die lateinische nämlich, verstehen, da alle liturgischen Gesangstexte in dieser Sprache verfasst sind. Das beste Verständniss des Textinhaltes, den richtigsten Ausdruck der Melodie nach Erforderniss und Zusammenhang der liturgischen Handlung vermittelt freilich die eigene, gewöhnliche Kenntniss der lateinischen Kirchensprache, wo aber diese mangelhaft oder gar nicht sich findet, muss jedenfalls eine Uebersetzung nachhelfen, wenn auch durch dieselbe nicht so fast der richtige Sinn der einzelnen Worte, sondern vielmehr der Textinhalt im Allgemeinen vermittelt wird. Auch muss verlangt werden, dass der Dirigent den Kirchenkalender, das *Directorium*, lesen könne und verstehe, weil sonst die vorgeschriebenen Choralgesänge nicht einmal zu finden, noch weniger nach Vorschrift auszuführen sind. Den Sinn der Worte im Einzelnen und Ganzen wird der gewissenhafte Dirigent seinem Sängerchore deutlich machen und die Beziehungen zwischen Wort, Ton und Handlung demselben nahelegen.

2) Durch das theilnehmende Mit- und Durchleben des Kirchenjahres wird der Katholik in eine gesammelte, religiöse Stimmung versetzt, und erhält jenen kirchlichen Geist, welcher in den verschiedenen liturgischen Feierlichkeiten des Kirchenjahres so wunderbar weht. Diesen Geist muss der katholische Dirigent haben, er muss das ganze kirchliche Leben gleichsam mitleben, um der Stimmung und dem Geist der Kirche gerecht werden und wahren Ausdruck geben zu können.

§. 41. Für Dirigenten.

3) Die Festzeiten¹) sollen den Vortrag des Choralgesanges bald mehr bald weniger in Bezug auf Intonation, Rhythmus, Schwungkraft, Majestät, Würde und Erhabenheit beeinflussen. Bei höheren Festen wird sich selbst der Psalmengesang dem melodischen Gesange nähern, während derselbe bei geringeren Festen durchgängig recitirend, schneller und tiefer sein soll. Selbst der eigentliche melodische Gesang darf dann rascher vorgetragen werden. Bei Trauergottesdiensten ist die Stimme gedämpft, aber deutlich, die Tonlage tiefer, doch nicht trostlos.

4) Die Tonart, ihr Umfang, ihre Eigenthümlichkeiten sollen am vorliegenden Choralgesang erklärt werden, damit der Charakter der einzelnen *modi* möglichst treu erkannt und wiedergegeben, die Sänger aber befestigt werden, ohne Schwanken und Zaudern ungewohnte Intervalle, melodische oder rhythmische Schwierigkeiten sicher und schnell zu überwinden und zu beherrschen.

5) Im Einverständniss mit dem Organisten sorge der Dirigent für eine richtige Tonlage (Höhe oder Tiefe). Da beim Choralgesang hohe und tiefe Stimmen meist gemischt sind, sollen die Gesänge so eingerichtet resp. transponirt werden, dass es jedem Einzelnen möglich ist, dieselben mit gleichmässiger Kraft und ohne besondere Anstrengung auszuführen. „Der Gesang soll nie zu tief angestimmt werden, denn das heisst Heulen; auch nie zu hoch, denn das heisst Schreien; sondern in mittlerer Tonhöhe, denn das heisst Singen."²) Die Abtheilung des Chores in Halbchor, Cantores, Knaben- und Männer-, obere (Sopran, Tenor) oder untere (Alt, Bass) Stimmen, und der Wechsel zwischen diesen, sowie die Vereinigung aller oder einzelner von Zeit zu Zeit, bringt ein reges,

---

¹) Die *Inst. patr.* unterscheiden dreierlei Festzeiten. Bei grossen Feierlichkeiten müsse man mit ganzem Herzen, mit ganzer Stimme und aller Begeisterung singen, an Sonntagen und Festen der Heiligen viel gelassener; an gewöhnlichen Tagen aber müsse der Vortrag so eingerichtet werden, dass Alle noch andächtig psalliren und sorgfältig singen können, ohne Stimmgeräusch, mit Hingebung, ohne Fehler *(cum affectu absque defectu)*.

²) Siehe oben, S. 181, Note 1 den lat. Text.

reiches Leben in den Choralgesang und löst viele Schwierigkeiten, die beim steten Gesänge des ganzen Chores unvermeidlich wären. Die einzelnen sich folgenden Choralgesänge sollen durch Transposition **annähernde** Tonlage und Klangfarbe erhalten.

6) Der Dirigent muss demnach die Kraft und Tüchtigkeit seiner Sänger gut kennen, und darf nur solche zulassen, die mit den Principien und der Ausführung des Choralgesanges hinreichend bekannt sind, gesunde, ordentliche Stimme, gute, reine Aussprache etc. besitzen. Wer **überhaupt nicht singen kann, soll auch nicht singen.** Denn der leichtfertige Satz: *Für den Choral ist Alles gut,* zeigt von ebenso grosser Unwissenheit als thörichter Verachtung der Kunst und unverzeihlicher Impietät gegen die heil. Gesänge der katholischen Kirche. Jugendliche, begeisterte Sänger neigen von Natur aus zu einer höheren Tonlage hin, und es ist bei ihnen, wenn die Höhe überhaupt angemessen ist, weniger ein Detoniren zu befürchten; sollte dieses aber dennoch eintreten, so ist es Aufgabe des Dirigenten, die Sänger ohne Verzug, aber auch ohne lästige Störung (etwa durch stärkeren oder rascheren Stimmeneinsatz) auf den normalen Ton zurückzuführen.

7) Die Länge und Kürze der Silben ist wohl zu beachten, denn der wechselnde Sprachrhythmus, die durch Tactfesseln nicht gehemmte Freiheit im Vortrag, ist eine Hauptzierde des gregorianischen Choralgesanges. Niemals aber darf diese Länge und Kürze der Töne etwa nach einem Gesetze des mechanischen Tactpendels bestimmt werden. Speziell für Dirigenten ist die Kenntniss des in §. 7. des *Mag. chor.* Enthaltenen von grösster Wichtigkeit.[1]) Markirte und sichere Handbewegungen sollen die Sänger anweisen, die einzelnen

---

[1]) Praktische Versuche haben den Verfasser dieses Lehrbuches überzeugt, dass eine Zahl von 15 oder 20 gemischten Stimmen aus der **Folioausgabe** des offiziellen *Graduale Rom.* einheitlicher, leichter und schwungvoller die gregorianischen Gesänge vorträgt, als aus 10 an die Einzelnen vertheilten Exemplaren der Octavausgabe. Unsere Vorvordern haben recht gut gewusst, warum sie auch **nach** Erfindung der Buchdruckerkunst die Choralbücher in Folianten edirten!

§. 41. Für Dirigenten.

Töne und Tonfiguren, Wörter und Sätze im Wechsel von schnellerem oder langsamerem Vortrag, mit stärkerem oder schwächerem Accent zu einem vollkommenen Ganzen zu verbinden.

8) Vom Dirigenten hängt auch theilweise die Gliederung des Gesangsstückes nach Abschnitten, Sätzen, Perioden ab. Das Athemholen richte sich nach den Worten, für Pausen sind die Unterscheidungszeichen der beste Platz. Die Silben der Wörter sollen stets verbunden werden. Treffen aber dennoch so viele Noten auf eine Silbe, dass sie ohne Unterbrechung nicht wohl gesungen werden können, so ist es Sache des Dirigenten, für den ganzen Chor eine passende Stelle zum Athmen anzugeben. Hier ist auch das richtige Masshalten im schnellen und langsamen Vortrag in Erinnerung zu bringen, diese goldene Mittelstrasse. Bei einer geringen Anzahl von Sängern hat der Dirigent das hastige Eilen, bei einem grossen Chor den schleppenden Gesang zu verhindern. In jedem Falle leidet die richtige, deutliche Aussprache, und der schöne reine Ton: durch diese Mängel aber wird der Choralgesang nur verächtlich und lächerlich. Uebrigens ist es zweckdienlich und wünschenswerth, den Vortrag in der Regel etwas lebhaft, leicht, frisch, ja oft feurig, schwunghaft jedesmal zu wählen, und sich dem häufig anzutreffenden langsamen, ja mitunter langweiligen Choralgesange nicht anzuschliessen, weil durch letztere Unsitte eine sehr unerquickliche Klangfarbe erzeugt, und gerne von Stufe zu Stufe detonirt wird.

9) Der Dirigent bestimme auch den Grad der Stärke oder Schwäche des Tones, die Steigerung oder Mässigung der Stimme bei den einzelnen Gliedern oder Sätzen. Der Wechsel von *p, f, cresc.* etc. ist nicht zu verwerfen, soll aber nicht bindend eingeschult und streng bezeichnet, oder gar durch Schriftzeichen fixirt werden, weil eingelernte Effecte und Phrasen abstossen, und ihren Reiz verlieren. Die kürzeren abwärts fallenden Noten lasse man sanfter singen als die übrigen, die aufsteigenden in wachsender Tonstärke; bei grösseren Intervallen sehe man auf sichere Intonation; Einklang,

grosse Terz, Quint vertragen mehr Kraft und Nachdruck als Halbton, kleine Terz, Quart etc.

10) Aus all dem Gesagten erhellt die heilige Pflicht der gewissenhaftesten Pflege steter Vorübung. Wenn der Dirigent seine Sänger nicht durch Proben vorbereitet und wach erhält, sondern Alles dem guten Glück, der längeren Beschäftigung und dem Vertrautsein mit der Sache überlässt, so wird und kann er nie Segen und Erfolg beim Choralgesang haben. Gerade der Choralgesang muss mehr als jeder andere fleissig einstudirt und oft durchgegangen werden, wenn sein Vortrag entsprechen soll, denn „der Choral ist, wie jene grossen Schulen vergangener Jahrhunderte und die Beispiele gelehrter und heiliger Männer bezeugen, keine Sache gewöhnlicher Fertigkeit, sondern ernsteren und tieferen Studiums in Geist und Herz.¹)"

Durch die einmalige Vor- und Durchführung wird er nicht geeigenschaftet, um bei allen Gesangsausführungen während des öffentlichen Gottesdienstes sich als wirksam zu erproben. Daher muss die Vor- und Durchführung eine stets wiederkehrende sein, die sich nicht nur auf einzelne Gesangsschüler erstreckt, sondern sich bei grossen Chören über alle gesangsfähigen Individuen ausdehnt, und mit ihnen die Gesänge vielmals wiederholt, um auch diejenigen tüchtig zu machen, welche sich an ihre geübteren Collegen anzulehnen pflegen, und dadurch unbequeme Hemmschuhe für Dirigent und Sänger werden. Ein gründlicher, ununterbrochener Unterricht ist der Träger eines natürlichen, schwung- und würdevollen, erbauenden Choralgesanges.

§. 42. Für Organisten.

Die Andeutungen, welche im vorigen §. für Dirigenten gegeben wurden, gelten in gleichem Masse für Organisten, besonders wenn beide Aemter, wie häufig der Fall, in einer Person vereinigt sind. Mit Hinweisung auf die in §. 39 ge-

---

¹) Amberger l. c. S. 232.

§. 42. Für Organisten.

machten Bemerkungen sei hier nur auf den grossen Unterschied aufmerksam gemacht, der 1.) zwischen einem Pianisten und Organisten, 2.) zwischen einem fertigen, geschickten Orgelspieler und einem solchen besteht, der Vorbereitung oder Begleitung des gregorian. Chorals zu besorgen hat.

„Der Organist soll die Sänger leiten, ihnen den Vortrag erleichtern, durch reines, correctes und sicheres Spiel den Choralgesang tragen, und dessen Bewegung ordnen."

Durch Anerkennung der Orgel als kirchliches Instrument[1]) wurde auch in mancherlei Verordnungen[2]) die Zeit

---

[1]) Bened. XIV. Bullar. magn.; Conc. Mediol. I.: *Organo tantum in ecclesia locus sit; tibiæ, cornua et reliqua musica instrumenta excludantur;* siehe §. 39.
[2]) Vergl. *Cærem. Ep.* Lib. I. cap. 28, *S. R. C. Decr. auth.*, alle Rubricisten, besonders aber die Zusammenstellung „der kirchl. Verordnungen über den Gesang und das Orgelspiel bei der feierl. heiligen Messe" von Smeddink im II. Jahrg. der Cæcilia 1863. *Quoad Organi sonitum strictim servanda est Cæremonialis dispositio non pulsandi Organa in Dominicis sacri Adventus, et Quadragesimæ ad Missas solemnes, et Vesperas, non obstante consuetudine, et abusus est eliminandus. Die 11. Sept. 1847. Taurinen. Gardellini n. 5117 ad 1. Et die 22. Julii 1848. Florentina seu Ordinis Minorum de Observantia. n 5126 ad 2.*
Orgina in Dominicis III. Adventus, et IV. Quadrag. pulsari debent in Missa, et in Vesperis tantum, non vero in aliis horis Canonicis. Die 2. Aprilis 1718. Beneventana. n. 3905 ad 3.
Organa non silent, quando Ministri Altaris Diaconus scilicet, et Subdiaconus utuntur in Missa Dalmatica, et Tunicella, licet color sit violaceus. Die 2. Sept. 1741. Aquen. n. 4119 ad 9. Et potest servari consuetudo pulsandi Organa in Missa Rogationum et tempore Quadragesimæ, Adventus, et Vigiliarum, in Missis votivis B. M. V. . quæ in singulis Sabbatis solemniter celebrantur, et in ejusdem Litaniis, quæ post Vesperas decantantur. Die 14. April. 1753. Coimbricen. Dubiorum. n. 4233 ad 4. Et die 3. Aug. 1839. Piscien. n. 4858 ad 9.
Si partes Divini Officii, vel Missæ omittantur in Choro ob sonitum Organi, tum submissa voce dicenda, quæ omittuntur: quando vero non pulsatur, integre sunt cantanda. Die 22. Julii 1848. Senen. n. 5135 ad 4.
Servari potest consuetudo pulsandi tantum Organum ad respondendum, dum in Missa cantatur Ite Missa est. Die 11. Sept. 1847. n. 5102 ad 6.
Sonus Organi toto rigore potest intermisceri cum cantu, quando in Missa solemni seu Pontificali integer Symbolus in notis, seu in

§. 42. Für Organisten.

und Weise des Orgelspiels geregelt. Aus diesen Verordnungen, sowie der Natur der Sache ergeben sich nachstehende Puncte zu ernstlicher Erwägung:

1) Der *accentus* des Priesters und Klerikers soll nicht mit der Orgel begleitet werden,[1]) auch während der heil. Wandlung soll die grösste Stille und Andacht herrschen.[2]) Die ganze Advent- und Fastenzeit (vom Aschermittwoch bis zum *Gloria* des Charsamstages) hat die Kirche bei der *Missa* und dem *Officium de tempore* ein gänzliches Schweigen der Orgel angeordnet. Ausgenommen sind: der 3. Advent- *(Gaudete)* und 4. Fastensonntag *(Lætare)*, sowie naturgemäss die gottesdienstlichen Verrichtungen an allen Festen in dieser Zeit, die von der Kirche *sub ritu dupl.* oder *semidupl.* begangen werden, ferner die Votivmessen, und *Introitus, Kyrie* und *Gloria* am Gründonnerstag. Ausser den angeführten Zeiten und Fällen kann die Orgel als selbstständiges und begleitendes Instrument gespielt werden. Folgende Zusammenstellung von *Bartolo de Carpo* dürfte den Gegenstand erschöpfen: *In Missa solemni organa festive pulsantur in accessu Celebrantis ad Altare. Item pulsantur ad repetitionem introitus, et alternatim ad Kyrie eléison, Glória in excélsis, Sequentiam, Sanctus et Agnus Dei. Ad Symbolum intermiscere quidem organa licet; sed ob id nullum fas est ex ejus articulis prætermittere.*

---

cantu Gregoriano et firmo cantatur in Choro. Die 22. Mart. 1862. Sancti Marci. n. 5318 ad 7.

Organi pulsatio sono mœsto, et lugubri permitti potest in Missis defunctorum, etsi renuat Ordinarius. Die 31. Mart. 1629. Savonen. n. 807.

[1]) Hiemit fallen die unzähligen Missbräuche, welche von Geistlichen und Organisten bei diesen Gesängen (besonders Præfationen und Pater noster) verübt werden, von selbst weg.

[2]) Das *Cærem. Episc.* (aus dem Anfange des 17. Jahrh.) und Provinc. Concilien reden wohl von ganz leisem Orgelspiel, und in Rom ist es während der heil. Wandlung und dem Segen mit dem Allerheiligsten ausser der Sixtina üblich. Aber die Ansicht, dass bei diesen feierlichen Momenten auch das geringste unpassende Orgelspiel stört, ist am zahlreichsten vertreten, und mit sehr gutem Grunde.

§. 42. Für Organisten.

Rursum personant expleta Epistola; ast Graduale aut aliquis saltem ex eo versiculus canendus est. Præterea pulsantur ab Offertorio usque ad Præfationem: ad Ss. vero Sacramenti elevationem ita tanguntur ut graviorem ac dulciorem sonum modulentur. Ab Agnus Dei ad orationes usque Postcommuniones, præterquam dum canitur Communio; ac demum in Celebrantis reditu ad Sacristiam. Attamen in Missis de tempore Adventus, Quadragesimæ, Quatuor Temporum ac Defunctorum, silent omnino organa, si modo excipias Missam Dominicæ tertiæ Adventus et quartæ Quadragesimæ, necnon illas Quatuor Temporum Pentecostes.[1]*) In Missa porro feriæ quintæ in Cœna Domini tinniunt organa usque ad Glória in excélsis inclusive, e converso in altera Sabbati sancti pulsantur ab hymno Angelico ac deinceps.*

2) Der Organist hat bei dem Stimm- und Registerwechsel nach Erforderniss zu wählen, und Bedacht zu nehmen, dass der Choralvortrag mannigfaltig mit Schatten und Licht bereichert werde. Die Aufgabe der Orgel als Dienerin und Führerin des Gesanges schliesst den schlimmen Wahn, eine tüchtige Wirkung hänge von einem gewaltigen Sausen der Melodie und Harmonie ab, gänzlich aus, weil ja durch solches Uebermass das Verständniss des Textinhaltes ganz oder theilweise unmöglich wird. „Der sinnige Organist umflort den Choralvortrag bald mit dem leisesten Hauche und sanftesten Gelispel, bald mit dem würdevollen Ton, der sich feierlich ernst erhebt und zur Harmonie gestaltet, deren Zusammenklänge immer stärker ertönen, bis das Lob Gottes einem Riesenstrome ähnlich dahin braust zur Erhebung, Erbauung und Beruhigung der betenden Christen."

Ob drei- oder vierstimmig, in enger oder weiter Harmonie begleitet werden solle, richtet sich nach dem Sängerchor, dem vom Dirigenten angeordneten Wechsel, der Festzeit, dem Text-

---

[1]) *Bened. XIII. in Synodo Romano an. 1725, Cærem. Episc. lib. 1. cap. 28 n. 2 et 13, ac S. R. C. 11. Sept. 1847 in Taurinen. ad 1, et 22. Jul. 1848 in Florent. ad 2.*

inhalt, der Tonlage, und bleibt meistens dem Ermessen eines denkenden Organisten überlassen.

3) Die richtige Intonation hängt vielfach vom Organisten ab. Stimmt der Priester den Choralgesang an, so ist es wünschenswerth, dass sein Gesang mit dem des Chores in gleicher Tonhöhe erklinge, dass Priester und Gemeinde, Hirt und Heerde im Preise Gottes vollkommen übereinstimmen. Der Organist soll daher in jenem Tone schliessen, in welchem der Priester fortzufahren hat, oder er kann mit leisen Registern den passenden und gewünschten Ton angeben.

Auch auf die Reinheit des Tones kann der Organist durch entsprechende Transposition, schärfere, doch nicht störende Registrirung und engere Harmonielage mit Erfolg einwirken.

4) Es ist nicht zu läugnen, dass der Sprachaccent bei aller möglichen Anstrengung und Kunst ihm nachzugehen, der Natur des Pfeifen- und Tasteninstrumentes widerspricht, dass manche rhythmische Melodieführungen oft unvermeidlich harte Harmonieführungen hervorrufen, dass gerade in der Frage von der Harmonisation der Kirchentonarten und gregorianischen Gesänge grosse Meinungsverschiedenheiten unter den kathol. Musikern herrschen, — dieses sollte aber keinen Freund kathol. Kirchenmusik entmuthigen oder auf den Gedanken bringen, jede Art von Harmonisirung des gregorian. Chorals sei absolut unpassend, vielmehr müssen diese und noch mehr Schwierigkeiten zu gründlicherem Studium und tieferer Durchführung des Wesens und der Unterschiede der alten Harmonielehre im Vergleiche mit der neuen anregen und begeistern. Möchten die Gläubigen in allen kathol. Kirchen mit Bona ausrufen können und müssen:[1] „Der harmonische Klang der Orgel erfreut die traurigen Gemüther der Menschen und erinnert an die Freuden der himmlischen Stadt, spornt die Trägen, erquickt die Eifrigen, ruft die Gerechten zur Liebe, die Sünder zur Zerknirschung." Jedenfalls

---

[1] Bona, div. psalm. c. 17. §. 2. ad finem.

schwebe dem kathol. Organisten stets die Mahnung des nämlichen Cardinals vor Augen: „Das Orgelspiel muss so ernst und gemessen sein, dass es nicht das ganze Gemüth durch seine Annehmlichkeit abziehe und zerstreue, sondern mehr Veranlassung und Gelegenheit biete, dem Sinne der Gesangsworte nachzudenken und sich den Gefühlen der Andacht hinzugeben."

§. 43. Für Sänger des gregor. Chorals.

Die Ausbildung für den Choralgesang unterscheidet sich in vielen Puncten von der im figurirten oder harmonischen Kirchengesang. Der Rhythmus des gregor. Chorals, in seiner Bewegung dem Sprachaccent sich anschliessend, der Schatz seiner köstlichen Melodieen, die einem modern gebildeten Sänger oft unausführbar scheinen, bieten für jede Stimmgattung Aufgaben von solcher Schwierigkeit dar, dass kein sonst technisch gut geschulter Sänger ohne nähere Vorbereitung und tiefere Kenntniss des Tonsystems dieselben schon anfänglich und beim ersten Versuch, sondern erst nach entsprechender specieller Ausbildung lösen wird. Wie schon gute Aussprache, so setzt der gregorian. Gesang noch mehr feinen Sinn, Auffassung und ein sorgsam gebildetes Organ voraus. Treffend bemerkt Filitz:[1] „Die weit combinirtere Aufgabe des kathol. Liturgen und daneben des Choralisten ringt mit ungleich grösseren Schwierigkeiten („als die unserer protestantischen Kirchen"); nothwendig ist also der zweckmässige, wenn man will, kunstmässige Vortrag der betreffenden Formen, besonders im genügenden Zusammenwirken des Personals, nur selten eine wirklich vorzügliche Leistung. Von Zeit zu Zeit ist es darum auch immer wieder nöthig geworden, dieser Aufgabe von neuem eine besondere Aufmerksamkeit zu widmen, sie in den Lehrplan des kathol. Geistlichen aufzunehmen, den Choralisten zu seiner vorgängigen Ausbildung in Schule zu nehmen: so dass zu den zeitweiligen Ausstellungen auch die Caricatur des schulmässigen Exercitiums,

---

[1] Ueber einige Interessen der älteren Kirchenmusik. München, Keyser.

namentlich gewaltthätiger Kräftigkeit, gelegentlich auch des sentimentalen Ausdrucks zu rechnen ist. Das Bedürfniss einer unausgesetzten Beaufsichtigung zeugt nur um so mehr für den hohen Werth und Gehalt dieses Institutes."

Ja gewiss, wer Choral singt, sollte vorher eine tüchtige Schule durchmachen können, wenigstens an Orten, wo ähnliche Forderungen nicht zu den Unmöglichkeiten gehören, an Kathedralen, Seminarien etc. Wer dann jeden Choralgesang richtig, rein und tadellos executirt, darf sich für **jede Art von Kirchengesang** befähigt halten.

Uebrigens lassen sich die Pflichten des Choralisten in **einem Satze** zusammenfassen: „Er folge aufs genaueste und sorgfältigste den Winken, Worten, Befehlen und Andeutungen des Dirigenten, **auch wenn es gegen seine bessere Ueberzeugung sein sollte**." Diese strenge Unterwerfung, einem echten Musiker und Sänger gar nicht schwer, soll aber nicht nur aus Ordnungsliebe, sondern vor Allem aus demüthigem Sinne entspringen. „Beim Gesange, sagt der hl. Ambrosius,[1]) ist Bescheidenheit die erste Regel; sie mässige den Ton, dass nicht zu starke Stimme das Ohr beleidige." — Die echte Begeisterung für das Haus des Herrn wird sich aber nicht begnügen, das Vorgelegte mit Fleiss zu **singen**, sondern trachten, dass schon in der Vor-[2]) und Durchübung Sinn, Bedeutung und Zusammenhang des betreffenden Choralgesanges erschlossen, sowie Zweck und Geist der Kirche bei jedem einzelnen liturgischen Acte klarer erkannt werde. „Wer wird das wundersame Lied der Kirche nachsingen können, ohne von ihrem Geiste durchdrungen zu sein? Daher muss, wer die Gesänge der Kirche singen will, mehr und mehr in sich selbst erfahren und erkennen, welches die Gefühle seien, die in jeglicher Feier wie aus dem Herzen der Kirche durch sein Herz und seinen Mund übergehen sollen in die Herzen

---

[1]) Ambrosius de Offic. minist. L. I. c. 18.
[2]) „Das erste Erforderniss ist, dass der vorzutragende Gesang fleissig von Allen vorher durchgesehen werde," sagt ein alter Theoretiker, *Jerôme de Mor. bei Coussemacker.*

§. 43. Für Sänger des gregor. Chorals.

Aller, um in Allen die Eine Liebe zu erwecken; nur so wird er den Choral mit **wahrem Verständniss vortragen können**."[1]) Die wirksamsten Mittel zur Idealisirung und vollkommenen Auffassung des Choralgesanges sind: ein glaubensvolles Herz und heiteres[2]) Gemüth, ein gesammelter[3]) Geist, eine andachtsvolle Seele, aufrichtiges Gebet[4]) und der Wille, Alles zur grösseren Ehre Gottes zu thun.[5])

„*Digne, attente ac devote*", würdig, aufmerksam und andächtig soll der Priester nach dem Willen der Kirche das Breviergebet verrichten, auch wenn er allein ist; diese drei Eigenschaften müssen auch die Gesangsgebete aufweisen, die der Choralist beim öffentlichen Gottesdienste zur Ehre des Allerhöchsten und zur Erbauung der Gläubigen vorträgt.

„Gerechte Klage erhebt daher die Kirche über Jene, die mit unverzeihlicher Leichtfertigkeit alle Regeln des Gesanges wegwerfend nach Willkür die Töne verändern oder erleichtern, den Ernst und die Kraft des ganzen Tones umtauschen gegen die Weichheit und Behaglichkeit des halben, die nicht beachten die Bewegung in längeren und kürzeren

---

[1] Amberger, l. c. S. 231.

[2] „Keine Note kann etwas taugen, die nicht aus fröhlichem Herzen kommt. Desshalb können melancholische Leute wohl schöne Stimmen haben, können aber nicht schön singen." *Jer. de Mor.*

[3] Während ihr singt, sollt ihr an Nichts denken, als an das, was ihr singt! *Bernhard.*

[4] In einem *Psalterium* von 1434, das im Kloster Seeon prachtvoll auf Pergament geschrieben wurde und jetzt Eigenthum der Kreisbibliothek in Passau ist, befindet sich am Anfange unter der Aufschrift *Oratio super psalterium in die Parasceves* nachfolgendes Gebet: *Deus omnipotens redemptor mundi, qui pro salute humani generis in hunc mundum venisti, peccatores redimere pretioso sanguine tuo; exaudi orationem meam, per quam ego indignus peccator te deprecor, ut psalmi, quos cantabo, digne intercedant apud te pro peccatis meis. Creator mundi, cunctipotens Deus, spes ardentibus, gloria resurgentibus, suppliciter per hos psalmos clementiam tuam imploro, quos pro salute vivorum sive defunctorum cantabo, ut per eos a perpetuis eripias tormentis et præmium æternæ beatitudinis concedas. Per Christum Dominum nostrum. Amen.*

[5] „Wenn du beim Gesange Erbauung der Zuhörer suchest, wirst du um so mehr erbauen, je mehr du die Eitelkeit fliehest." *Bonaventura.*

§. 44. Psalmen. Gesangartige Lesungen.

Noten, die ihre Stimme nicht zu veredeln suchen durch alldurchdringende Andacht, welche die Würde des Gesanges verabsäumen, um ihn schläfrig hinziehend einem schweren Steine gleich, nun ihn abstürzen lassend in ungemessener Eile, nun zum Gemeinen ihn niederdrückend durch stossendes Schreien, durch verkehrte und niedere Aussprache der Vocale oder durch Annahme verschiedener Manieren."[1])

„Die Leichenreden Bossuet's erschüttern und begeistern, wenn sie von den Lippen eines guten Redners fliessen, aus dem Munde eines schlechten Vorlesers erzeugen sie nicht nur keine Wirkung, sondern sogar Kälte. Ebenso verhält es sich mit dem Vortrag des Choralgesanges."[2])

„Redet mit einander in Psalmen, in Lobgesängen und geistlichen Liedern, singet und jubelt dem Herrn in eueren Herzen." *Eph. V, 19.*

II. Kurze Winke über Vortrag
a) des recitirenden Choralgesanges.[3])

§. 44. Psalmen. Gesangartige Lesungen.

Was in den §§. 8—10. theoretisch gelehrt wurde, ist an dieser Stelle nochmals in Erinnerung zu bringen: „Wer richtig spricht, bemüht sich, nicht bloss die Worte nach ihrer Zusammensetzung mit Vocalen und Consonanten auf's genaueste wiederzugeben, sondern auch die Aufeinanderfolge derselben nach ihrem Sinnzusammenhange abzugrenzen, und das vorhergehende vom nachfolgenden hörbar zu trennen."

I. In der erhabenen Poësie der Psalmen liegt eine Fülle des Inhaltes in gedrängter Kürze und doch edlem leben-

---

[1]) Amberger l. c. S. 233.
[2]) *Cloët, Recueil de Melodies, Tom. II.* p. 30*.
[3]) Wir entnehmen diese Eintheilung dem obenerwähnten Werke von *Cloët* (Tom. I. p. 46*) mit der Bemerkung, dass die Abgrenzung zwischen dem recitirenden und modulirten Choralgesang keine scharfe ist, und beide unter die allgemeinen Regeln über Rhythmus fallen.

§. 44. Psalmen. Gesangartige Lesungen.

digem Ausdruck verborgen. Man wird nicht leicht passendere melodische Phrasen für die Psalmen Davids erfinden können, als die, welche in den 8 Psalmentönen mit ihren Finalen von der Kirche geboten sind. Freilich wird es sich, um mit Mendelssohn[1]) zu reden, *ermüdend und monoton* anhören, wenn die Psalmen *roh, und handwerksmässig heruntergesungen werden*, oder *wenn man sie mit dem Ausdruck singt, als wenn sich viele Männer ernsthaft und böslich zankten, so dass jeder halsstarrig dem andern immer wieder dasselbe zuruft*. Diese Art des Vortrags liegt aber nicht im Geiste und Willen der Kirche, und entspringt eben aus Unaufmerksamkeit, Unkenntniss der Sprache, Vernachlässigung guter Aussprache, planloser Oberflächlichkeit und bedauernswerther Unandacht und Gleichgiltigkeit. „Die Stimme des Psalmisten soll nicht rauh und misstönend erklingen, sondern hell, lieblich und fein; Ton und Melodie soll dem göttl. Dienst entsprechen und in der Modulation sich christliche Einfalt zeigen, nicht die Kunst des Theaters . . .".[2]) Würde jeder Psallirende mit dem Psalmisten sprechen: *In conspectu Angelorum psallam tibi*,[3]) sowie das *Psallite sapienter*[4]) recht beherzigen, so könnte man die vielen Lobsprüche, die von den heil. Vätern und der Kirche dem Psalmengesange[5]) gespendet werden, auch auf unser Psalmensingen mit Fug und Recht anwenden, und der Rath des Apostels Jakobus würde sich allseitiger Befolgung erfreuen: *Tristatur aliquis vestrum? oret: Aequo animo est? psallat.*[6])

---

[1]) Reisebriefe, 1. Band. S. 181.
[2]) Isidor von Sevilla, de eccl. off.
[3]) „Vor der Engel Angesicht will ich dir Psalmen singen." Ps. 137, 1.
[4]) „Lobsinget nach Gebühr." Ps. 45, 8.
[5]) Im *Pontif. Rom.* findet sich für das Amt des Psalmisten d. h. des Sängers eine eigene Einführungsformel: „Psalmista, id est Cantor, potest sola jussione Presbyteri officium suscipere cantandi, dicente sibi Presbytero: „Vide, ut, quod ore cantas, corde credas; et quod corde credis, operibus comprobes." „Siehe zu, dass du mit dem Herzen glaubest, was du mit dem Munde singst: und durch die That beweisest, was du mit dem Herzen glaubst." Et si Episcopus Clericum ordinans haec faciat, bene facit." Auch eine Degradationsformel findet sich dort.
[6]) „Ist Jemand unter euch traurig, so bete er; ist Jemand guten Muthes, so lobsinge er." Jac. 5, 13.

§. 44. Psalmen. Gesangartige Lesungen.

Baini gibt im Vorworte zu seinem *Tentamen* treffende Winke für einen andächtigen, erbauenden Vortrag des Psalmengesanges: „Die Vollständigkeit (Vervollkommnung) dieses Gesanges hängt von allen Mitwirkenden ab, besonders aber von den Bässen, welche die Wörter zwar leicht absprechen müssen, **aber mit gehöriger Rücksicht auf die Betonung, die Quantität der Silben und auf den Sinn der Worte.** Die Uebrigen müssen sich genau nach ihnen (dem Hebdomadar und den dirigirenden Cantoren) richten, dann wird dieser Gesang seiner Natur nach die Zuhörer erbauen und zur Frömmigkeit hinreissen."

Das *Initium* muss jedesmal **feierlich und langsam** vorgetragen werden, die *Mediatio* singe man deutlich durch richtige Vertheilung der Textsilben auf die Melodietöne, die *Finalis* soll einen mit kräftigerem Tone belegten Accent erhalten, der Text aber darf nicht masslos verzerrt oder hinausgedehnt werden. **Gut, anständig, sicher und sonor zu psalliren ist eine Kunst**, und braucht daher Fleiss und einträchtiges Zusammenwirken. Auch das Psalliren bedarf der Vorübung, damit etwa aufstossende Schwierigkeiten den Vortrag im Hause Gottes nicht stören. Die Recitation sei würdevoll und leicht, weder eilend noch zögernd, und halte sich genau an die **Gesetze der Sprache, den Wortaccent** etc. „Zwischen dem Accent der prosaischen Rede und dem Psalmengesange ist bekanntlich keine geringe Aehnlichkeit."[1])

In festis solemnibus et duplicibus intoniren zwei Cantoren den ganzen ersten Vers, *in festis semidupl.* und allen niederen Festen nur ein Cantor. Die folgenden Psalmverse werden von den Gegenchören ohne *Initium* im steten Ineinandergreifen so vorgetragen, dass die beiden sich ablösenden Chöre innig verbunden, gleichsam in ewigem Kreislaufe sich fortbewegen. Dennoch darf der folgende Vers nicht schon während der letzten Worte des vorhergehenden Verses begonnen werden. Keiner dränge und treibe die Recitation in

---

[1]) Adam von Fulda.

unmässiger Eile vorwärts. Ist der Halbvers vor oder nach dem * zu lange, so hat der Dirigent Pausen anzugeben, und Alle müssen an dieser Stelle **gleichmässig absetzen.**

Ausser dem **ersten** Verse können alle Psalmverse, oder abwechselnd der 2., 4. etc. mit der **Orgel** begleitet werden.

Das bisher Bemerkte gilt auch für den Vortrag der *Cantica.*[1]) Hier werden aber alle Verse **langsamer** *(tractius)* als bei den Psalmen gesungen.

II. Die im römischen Rituale übliche Art, Orationen, Lectionen, Evangelien etc. gesangartig vorzutragen, muss zu den sinnvollsten, des reichsten Ausdruckes und der mannigfaltigsten Abwechslung fähigen Einrichtungen des gregorian. Chorals gezählt werden. Die alten Musiklehrer nannten diese Gesangsart *choraliter legere,* choralmässige Lesung, und gaben in ihren Lehrbüchern sogar Anweisungen, dieselbe gut und angemessen auszuführen. Da es sich weniger um das richtige Treffen [bei so wenig Tönen[2]) unterliegt dasselbe keiner oder geringer Schwierigkeit], als vielmehr um die verschiedenen Arten von Accenten, wahren Ausdruck und schönen Vortrag handelt, so ist auf reine Aussprache und erschöpfende Auffassung des Inhalts bei der treffenden Lesung besonderes Gewicht zu legen. Ganz anders wird die Stimme am Festtage erklingen, ganz anders bei Trauergottesdiensten, verschieden bei gewöhnlichen Aemtern, erhabener bei freudigen und feierlichen Gelegenheiten. Bei der weltlichen Musik unterliegt das sogenannte Recitativ vielen Schwierigkeiten, und es gilt hier das Axiom: „Das Recitativ ist der wahre Prüfstein des Sängers." Aehnliche, mit Rücksicht auf den heiligen Ort noch ernstere Mühe kostet die dem Recitativ verwandte Chorallesung. Schleppender oder verschnörkelter Gesang, polterndes Stossen und Hinwerfen der Worte, Vermengung des

---

[1]) Ueber das bei allen Versen zu singende *Initium* siehe §. 31. S. 124.
[2]) „De æqualibus quidem vocibus nihil aliud dicendum, nisi quod communis vocis impetu proferantur, in modum soluta oratione legentis." Script. T. I. p. 104. Accentu regulantur quæcumque simplici littera hoc est sine nota describuntur, ut sunt Lectiones etc. (Martyrolog. Usuardi, ed. 1490 ad calcem.)

§. 44. Psalmen. Gesangartige Lesungen.

Sprachtones mit dem Gesangston, weinerlicher, affectirter Ausdruck der Stimme, Betonen, Markiren, Verschlucken der letzten Silbe, Vorschläge oder Schleifer bei den kurzen Melismen, u. A. sind grosse Fehler des recitativischen Gesanges und des *choraliter legere*. Bis zum Aergerniss und zur Profanation wird der Gesang, wenn der Vortragende nicht versteht, was er liest, undeutlich und schlecht spricht, ja vielleicht einen Ruhm dareinsetzt, möglichst schnell zu Ende zu kommen, und wenn er in Folge davon die klangvollen Laute der lateinischen Sprache zu einem unverständlichen Gemurmel herabwürdigt. „Die rhythmischen Gesetze müssten beobachtet werden, auch wenn sie niemals aufgezeichnet wären, den Sprachgesetzen vergleichbar, die auch ohne Existenz einer Grammatik beobachtet werden. Wie die Grammatik der Sprache, nicht aber die Sprache der Grammatik das Dasein verdankt, so verdanken auch die rhythmischen Gesetze ihr Dasein den vom Schöpfer in den Menschen gelegten Elementen des Rhythmus und nicht umgekehrt."[1]) Der rhythmisch oratorische *accentus* ist demnach mit aller Sorgfalt zu üben und stets mit Anstand auszuführen. Ist auch der Sängerchor durch ein *Responsorium* betheiligt, so ertöne in Verbindung mit den kräftigen, nicht schreienden Stimmen der Sänger, wenn es gestattet ist, die Orgel in sonoren Registern.

b) Vortrag des modulirten Choralgesanges.

Unter modulirtem Choralgesange ist der Wechsel der über den Silben stehenden Noten zu verstehen; meistentheils ist bei dieser Art jeder Silbe nur eine Note zugedacht, selten sind ihrer mehr als drei. Desshalb kann der modulirte Choralgesang, so weit er nicht *accentus* ist, also dem Priester allein zusteht, mit Recht als der eigentlich populäre Massengesang bezeichnet werden; und in Ländern, wo dem Volke die lateinische Sprache weniger fremd ist als in Deutschland (also in Frankreich, Italien, Spanien), werden Hymnen, Psal-

---

[1]) Choral und Liturgie, S. 101. Note.

men, Litaneien, Sequenzen etc. noch heutzutage vom Volke mit besonderer Vorliebe gesungen.¹)

Die Hymnen sind theils in gebundener, theils in ungebundener Rede verfasst. Bei den ersteren richtet sich die Melodiebildung und der Vortrag nach dem Versmass, mit Beachtung der Sprach- und Accentgesetze; bei letzteren theilen sich die melodischen Glieder nach der grammatischen Satzbildung; sie bieten daher weniger Schwierigkeit als die ersteren.

Es dürfte für den schönen Vortrag der metrischen Hymnen von Werth sein, über die Art ihrer Structur und die richtige Verbindung des Metrum's mit dem Rhythmus sich genauer zu unterrichten.

§. 45. Die metrischen Hymnen u. Sequenzen.

1. „Wenn der Beter die Stimme des Herrn durch den Mund der Kirche vernimmt, wallet die Opferliebe auf in seinem Herzen; und der Ausdruck dieser Bewegung ist der Hymnus. Freudig und muthig erhebt sich die Seele, das Tagesofficium in hl. Liebe zu feiern und zu erleben."²)

Durch die gebundene Rede dringen die Gefühle mächtiger und stetiger in die Seele der Gläubigen; es entsteht zugleich eine wohlthuende Abwechslung durch die Veränderung des Rhythmus und durch die mit dem erhabenen Aufschwung der Poësie gleichen Schritt einhaltende eigenartige Melodiebildung der Hymnen.

2. Unter Hinweis auf §. 8 dieses Lehrbuches ist hier nochmals der grosse Unterschied zwischen Rhythmus und Metrum zu betonen. Auch in gewöhnlicher Rede erheben und senken wir die Stimme (Rhythmus), aber nicht in bestimmten Zwischenräumen und nicht an den bestimmten Orten

---

¹) *Augustinus Confess. Lib. X.* schreibt: „*Primitiva ecclesia ita psallebat, ut modico flexu vocis faceret resonare psallentem, ita ut pronuntianti vicinior esset quam canenti.*"
²) Amberger, Pastoraltheol. Bd. 2, S. 440.

wiederkehrend *(Metrum)*. Die metrische Betonung *(ictus)* ist ganz unabhängig von dem Wortaccent; im Vortrag aber muss man sich bemühen, den Wortaccent mit der rhythmischen Betonung in Uebereinstimmung zu bringen, also den metrischen Accent hören zu lassen, ohne den prosaischen Accent zu unterdrücken.

3. Die Wörter der latein. Sprache bestehen aus langen und kurzen Silben; die Zeit, welche man zur Aussprache der letzteren nöthig hat, heisst *mora*, also hat eine lange Silbe zwei *moras*. Aus der Zusammenstellung der Silben von bestimmter Länge und Kürze (Quantität) entstehen die Versfüsse *(pedes)*. Es gibt 4 zweisilbige[1]), 8 dreisilbige[2]), 16 viersilbige, 32 fünfsilbige u. s. w.

Ein Versfuss kann nicht weniger als 4 *moras* haben, *(metrum)*, 8 *moræ* (oder zwei *metra*) wenigstens geben einen Vers, 2 Verse wenigstens eine Strophe.

Die metrischen Hymnen des Breviers sind hauptsächlich in den folgenden 4 Metren abgefasst:

a) Jambische zu 4 Versfüssen[3]) (jambische Dimeter) oder zu 6 Versfüssen[4]) (jambische Trimeter), jede Strophe mit 4 oder 5 Versen.

b) Trochäische, bei denen jede Strophe aus 6 Versen besteht. Der 1., 3. und 5. Vers haben 4 Füsse, der 2., 4. und 6. nur $3^1/_2$.[5]) Im Hymnus „*Stabat mater*" sind 2 Verse mit 4 Füssen, ein Vers mit $3^1/_2$ Fuss; dazu noch Reim zwischen

---

[1]) ◡ ◡ *pyrrhichius*, − − *spondeus*, ◡ − *jambus*, − ◡ *trochæus* od. *choreus*.

[2]) ◡ ◡ ◡ *tribrachys*, − − − *molossus*, − ◡ ◡ *dactylus*, ◡ − ◡ *amphibrachys*, ◡ ◡ − *anapæstus*, ◡ − − *bacchius*, − ◡ − *amphimaker* oder *creticus*, − − ◡ *palimbacchius* oder *antibacchius*.

[3]) Z. B. „*Jam lucis orto sídere*", „*Nunc sancte nobis Spíritus*", „*Rector potens, verax Deus*", „*Rerum Deus tenax vígor*", „*Te lucis ante términum*", „*Jam sol recédit ígneus*", „*Jesu coróna Vírginum*", „*Actérna Christi múnera*" u. s. w.

[4]) Z. B. *Beáte Pastor Petre, clemens áccipe*. od. *Egrégie Doctor Paule, mores instrue*. oder *Decóra lux æternitátis aúream*.

[5]) Z. B. *Lustra | sex qui | jam per | égit | Tempus | ímplens | córpo | ris* etc., oder *Pange lingua gloriósi*, oder *Ira justi Conditóris* u. s. w.

§. 45. Die metrischen Hymnen und Sequenzen.

Vers 1 und 2; im „*Ave maris stella*" besteht die Strophe aus vier Versen mit je drei trochäischen Füssen.

c) **Sapphische und adonische** mit drei Versen zu 11 Silben,[1]) denen als vierter der sogen. adonische mit 5 Silben angehängt wird.

d) **Asklepiadische und glykonische** mit je 12 Silben in drei Versen; der vierte Vers (der glykonische) wird mit 8 Silben angehängt.[2])

Anmerk. In den liturgischen Texten des *Graduale* und *Antiphonarium* finden sich noch Disticha z. B. Ant. *Hic vir despíciens* und *O magnum pietátis opus*, der ℣. *Virgo Dei génitrix* mit dem ℟. *In tua se clausit*, das *Glória laus* des Palmsonntags und ähnliche, deren Melodieen im gewöhnlichen Choralrhythmus verfasst sind, so dass sie beim Vortrag wie Prosa klingen. Aehnlich haben wir Texte, die aus lauter **Hexametern** bestehen z. B. die marianische Antiphon „*Alma Redemptóris mater*", Intr. „*Salve sancta parens*", die Antiph. „*Solve jubénte Deo*", bei deren Melodie und Vortrag keine Spur von Metrik hörbar wird.

4. Alle Hymnen, deren Melodie beinahe syllabisch (nur an einzelnen Stellen mit zwei oder drei Noten verziert) und dem Versmass entsprechend komponirt sind, sollen mit Beachtung des metrischen und prosaischen Accentes in fliessendem Rhythmus gesungen werden. Manchmal wird also die Betonung der Melodie der ersten Strophe nicht mehr für die zweite passen. In den früheren Auflagen der Choralbücher war in der Form der Noten (■ ♦ ♩) meist nur auf die unmittelbar unter der Melodie stehende Strophe Rücksicht genommen worden; in den neueren Auflagen aber sind die Noten, welche je nach der treffenden Silbe kürzer oder länger

---

[1]) Z. B. *Iste conféssor, Ut queant laxis, Sæpe dum Christi pópulus. Jam faces lictor ferat* etc.

[2]) Z. B. *Te Joseph célebrent, Custódes hóminum, Sanctórum méritis.* Sind im letzten Vers statt 8 nur 7 Silben, so nennt man ihn pherekrateisch. Eine Verbindung der drei Metren (die 2 ersten Verse asklepiadisch, der 3. pherekrateisch, der 4. glykonisch) findet sich in den Hymnen *Regali solio* und *Nullis te genitor*.

zu singen sind, als ▪ gedruckt, und nur wo für jede Strophe zwei *moræ* treffen, die ♪ gewählt. So wird z. B. im Hymnus *Deus tuórum* die erste Strophe folgenden Rhythmus erhalten:

De-us tu - ó-rum mí-li-tum sors, et co-ró-na etc.,

die 2. Hic nempe mundi gaúdi-a, et blanda fraudum etc.

die 3. Pœnas cu-cúrrit fór-ti-ter, et sús-tu-lit etc.

und ähnlich die übrigen.

5. Vier aus den in der röm. Liturgie noch üblichen fünf Sequenzen (siehe §. 24, S. 86) sind ebenfalls in metrischer Weise abgefasst; nämlich: *Veni sancte Spiritus, Lauda Sion, Stabat mater* und *Dies iræ*. Die sie umkleidenden Melodieen drücken diese metrischen Accente kräftig aus. Sie bilden einen Uebergang zur mensurirten Melodie, bewegen sich aber stets in den Grenzen der natürlichen Deklamation.

§. 46. Die nicht metrischen Hymnen, Präfationen, Litaneien etc.

1. Zu den nicht metrischen Hymnen gehören besonders *Gloria* und *Te Deum*. Der Vortrag des Gloria im Anschluss an die Intonation des Priesters[1]) kann geschehen: a) von abwechselnden Chören, b) im Wechsel mit den Cantoren und dem Gesammtchor, sowie umgekehrt, c) im gegenseitigen Wechsel und Verbinden beider Chöre als Tutti mit der Abwechslung von Cantoren für Tenor und Bass, oder auch Sopran und Alt als Solo, oder Sopran, Tenor und Alt, Bass als Solo etc.

---

[1]) Nach dem hinreissenden seraphischen Stimmengewebe eines Kyrie von Palestrina ergreift das ganz einfache *Gloria in excelsis Deo* aus des Priesters Munde mit dem Tone majestätischer Grösse und zugleich eines jubelvollen Aufschwunges, werth den Ruhm des Allerhöchsten zu verkündigen. *Ambros, Gesch. der Musik*, II. Bd. S. 68.

§. 46. Die nicht metrischen Hymnen, Präfationen etc. 203

„Das *Te Deum laudamus*, sagt *Baini*, wird in der Kirche auf zweierlei Weise gesungen: es werden nämlich die Verse abwechselnd vom Chore und den Cantoren, oder von den Cantoren und dem Volke (Gesammtchor) vorgetragen," — oder „vom Chor gegen Chor" oder *alternatim* mit Orgel, wenn der Text vernehmlich recitirt wird. Bei den Worten: *Pleni sunt cœli* und *Te ergo quæsumus* vereinigen sich aber bei jedem Vortrage sämmtliche Sänger und Chöre, und tragen erstere Stelle mit grosser Macht, letztere ruhiger, langsamer und flehender vor. Bei dem Schlussworte: *In te Domine* sammeln sich alle Stimmen, um den feierlichen Lobgesang wie aus einem Munde zum Abschluss zu bringen.

Beim *Gloria* und *Te Deum* kann der Organist alle Sätze, die von einem oder beiden Chören vorgetragen werden, mit der Orgel begleiten, und es öffnet sich ihm ein weites Feld, durch Schatten und Licht, einfachere und polyphone Harmonieen, stärkere oder schwächere Registrirung Mannigfaltigkeit in die einfach erhabenen, unübertrefflich schönen, ewig grossartigen Lobgesänge zu bringen, Sänger, Chöre und Volk mit unbezwinglichen Banden zu fesseln.

2. Der glaubensfesten Intonation des *Credo* durch den Priester folgen die übrigen Textworte in höchst einfachen Melodiesätzen, die entweder ohne Wechsel nur von den Cantoren oder dem Chore allein, oder mit Anwendung des beim *Gloria* angegebenen Wechsels, nie aber mit Zwischenspielen der Orgel ausgeführt werden. Die Melodie wäre vorzüglich geeignet, von allen Anwesenden einer noch so grossen gottesdienstlichen Versammlung vorgetragen zu werden.

Wird das *Credo* ohne Orgelbegleitung gesungen, so muss der Vortrag etwas beschleunigt werden; wir ziehen besonders beim *Credo* einen schwungvollen, gut accentuirenden Vortrag ohne Orgel der besten und geschicktesten Orgelbegleitung vor.

3. Die Präfatio wird durch einen Wechselgesang zwischen Priester und Chor (Volk) eingeleitet.

§. 46. Die nicht metrischen Hymnen, Präfationen etc.

Von W. A. Mozart erzählt man den jedenfalls sehr bezeichnenden Ausspruch: „Er würde seinen ganzen Ruhm hingeben, wenn er der Componist einer einzigen Präfation wäre."

Dr. Dom. Mettenleiter sagt[1]) in seinen Aphorismen über den Cant. gregor. von dem Gesange der Präfation und des Pater noster Folgendes: „Die Gesangsweisen der *Præfatio* und des *Pater noster* sind das Allerherrlichste, was in Tönen je geschaffen wurde und werden konnte. Wir haben sie schon tausendmal gesungen oder gehört, und als wir sie aufs Neue tausendmal sangen und hörten, da waren wir keineswegs ermüdet; nein, unsere Rührung hat sich mit jedem Male gesteigert; wir vernahmen stets etwas noch Ungehörtes, wir lernten immer etwas Neues, die Ahnung der Gegenwart Gottes trat uns näher, das Wehen des heiligen Geistes umrauschte uns stets fühlbarer... Und dazu sind kaum vier Tonstufen verwerthet! Die Melodik der Sprache ist so gut Gottes Werk, wie die Sprache selbst. Die Engel und Heiligen verstehen sie, wir vermögen sie nur zu stammeln. Auch die Lösung dieses Geheimnisses wird im Jenseits eine Parzelle unserer Seligkeit ausmachen. Dass ein fein gebildetes, besonders aber ein musikalisches Ohr mehr aus der Sprache herauszuhören vermag, ist allerdings wahr. Aber der Geist ist es, wie überall, so hier mit Vorzug, der den Buchstaben belebt, und dieser Geist kann erbetet, erseufzt werden in unaussprechlichen Seufzern."

Der Chor respondire stets nach Vorschrift im Anschlusse an den Priester mit Sicherheit, in fortwährend gesteigertem Vortrag, dem Inhalt des Textes und der Melodie entsprechend. Der Organist begleitet die Responsorien des Chores (nicht aber den Gesang des Priesters) mit der Orgel.

Aehnliche, nur noch reichere, schwungvollere Gesangsformeln verleihen dem unübertrefflichen Triumphgesang *Exsultet jam Angelica* am Charsamstag einen festlichen

---

[1]) Im *Pastor bonus*, einer Beilage der Schweizer Blätter für Kunst und Wissenschaft. 10. Aug. 1861.

§. 46. Die nicht metrischen Hymnen, Präfationen etc. 205

Charakter. „Es ist eine freudeathmende, würdevolle Composition, wie sie vielleicht nirgends mehr gefunden werden kann."¹)

Nach dem der Präfation ähnlichen Choralgesange des *Pater noster* beginnt das *Agnus Dei,* das die Gesammtchöre, oder abwechselnde Stimmen allein, gemischt oder vereint, dreimal vortragen. Der Schluss *dona nobis pacem* kann mit den kräftigsten Orgelstimmen unterstützt werden.

4. Die Litaneien eignen sich besonders zum Vortrag für einen grossen Chor oder für das Volk. Einer oder mehrere Cantoren haben die Anrufungen deutlich und fliessend vorzusingen, worauf der Chor in engem Anschluss, am besten ohne Orgelbegleitung, antwortet. (Siehe auch S. 153, Note 1.)

Die Responsorien zur Messe oder zum *Officium divinum* folgen den gleichen Gesetzen reiner gleichzeitiger Intonation, markirter Aussprache und modulirten Vortrages.

An dieser Stelle können wir nicht unterlassen, die treffendsten Bemerkungen des Verfassers von „Choral und Liturgie"²) aneinander zu reihen, um die Kernpuncte des recitirenden und modulirten Choralgesanges so deutlich, als es die Theorie vermag, hervorzuheben. „Der Effect einer **verlängerten** Silbe ist wesentlich verschieden von dem einer **accentuirten**; letztere entwickelt ihre Kraft mehr im Ohre des Hörenden, als im Munde des Singenden, die **verlängerte** gerade umgekehrt; die **accentuirte** will mehr verstanden als gehört, die **verlängerte** mehr gehört als verstanden werden. Die Choralnote darf auf die Länge oder Kürze, Stärke oder Schwäche der ihr unterstehenden Silbe nicht den geringsten Einfluss ausüben, empfängt vielmehr von letzterer ihre Dauer und nähere Bestimmung; der Text ist hier Herr, von ihm muss sich die Note beherrschen

---

¹) Wiseman Nic., „Vorträge über die Liturgie der stillen Woche."
²) L. c. S. 102 sequ.

lassen, nicht aber umgekehrt. . . . Durch die Pause[1]) darf nie der Sinn gestört, der Satz oder das Wort unnatürlich zertheilt oder gebrochen werden. . . Jede Pause ist durch eine nach ihrer längeren oder kürzeren Dauer mehr oder minder merkbare Verlängerung der vorangehenden Note eingeleitet und vorbereitet, so dass bald, statt einer Unterbrechung des Gesanges, nur ein leises Aushauchen des einen Tones und ein Ueberleiten auf den andern stattfindet, bald dieses leise Austönen in eine wirkliche Unterbrechung der Stimme endet. . . . Um (beim Schlusse eines musikalischen Gedankens) das Ohr auf den nahenden Ausgang vorzubereiten, wird die vorletzte accentuirte Silbe durch einen grösseren Impuls der Stimme geschärft[2]) . . . . , etwa so: Dominus vobiscu - - - m, nicht aber Dominus vobiscu - - - m. Zu diesen allgemeinen und natürlichen Regeln kommt aber noch ein übernatürliches Moment hinzu, das auf den rhythmischen Vortrag einen Einfluss von ganz enormer Bedeutung ausübt — der Accent des heiligen Geistes, der bei den heiligen Gesängen in uns flehet mit unaussprechlichen Seufzern; — der Accent des Glaubens, der unserer Zunge die Kraft verleiht, die Geheimnisse der Wahrheit mit unwiderstehlicher Gewalt durch das Ohr in die Herzen der Menschen zu ergiessen; — der Accent des innersten Schuldbewusstseins, und zugleich des tiefdemüthigsten Vertrauens auf den Herrn; — der Accent jener gänzlichen, freudigen Gottergebenheit und Dankesfülle, welcher über die heiligen Gesänge einen so geheimnissvollen himmlischen Schmelz ausgiesst, dass er sie des Irdischen entkleidet und verklärt, der den sinnlichen Menschen in den übersinnlichen wandelt und so würdiger macht, in jene Chöre einzustimmen, die ewig Gottes Lob singen." —

---

[1]) Moderatores chori qui chorodidasculi vocari solent constituant pausatores, qui signo aliquo pausas faciant, vel indicent, versusque præcipitantes (also besonders beim Psalmengesang) cohibeant. Bonartius de horis canonic. L. III. c. XX.

[2]) Penultima acuitur, ultima protenditur.

c) **Vortrag des neumisirenden Choralgesanges.**

§. 47. Die wechselnden Messgesänge, Antiphonen, Responsorien etc.

Auch im reicheren, neumisirenden Choralgesang finden die in den vorigen Paragraphen aufgestellten Grundsätze ihre Anwendung. „*Potius considerandus est sensus quam modulatio,*" d. h. der Text muss vorherrschen, und der Vortrag ein frei recitirender sein. Wir halten uns in Beantwortung der Frage: Wie sollen die Notengruppen und ausgedehnten musikalischen Formeln ausgeführt, wie miteinander verbunden, wie auf den Text angewendet werden, damit der recitative Charakter des Gesanges gewahrt, Sinn und Verständniss des Textes nicht gestört werde?" wiederum an die in „Choral und Liturgie"[1]) entwickelten Gesetze, und antworten:

I. „Die Jubilationen, wie überhaupt alle musikalischen Gesangsformeln ohne unterstehenden Text dürfen nicht als für sich bestehende, vom textuellen Theile des Gesangstückes getrennte, musikalische Verzierungen aufgefasst werden; sie sind vielmehr aus den melodischen Accenten herauswachsende, an dieselben in untergeordneter dienender Stellung sich anschmiegende Schönheiten." „Darum finden wir auch die Jubilationen nie ohne Grund angebracht, sondern auf den flehenden Seufzern des *Kyrie,* auf den erhabenen Worten des *Sanctus,* und vor Allem auf den Silben des jubelvollen, siegestrunkenen *Alleluja.*"

II. „Der Sänger muss sich bei der Ausführung der Jubilationen jederzeit von dem Sinne des Textes leiten lassen, sich desselben bewusst bleiben, mag die Formel sich noch so lang dehnen und was immer für eine Gestalt haben." Die Textworte, an welche sich längere oder kürzere Notenfiguren

---

[1]) L. c. S. 121 u. ff.; vergl. auch Dom. Pothier „*les mélodies grégoriennes.*

anschliessen, müssen einen dermassen geschärften Accent und gehobenen gravitätischen Ausdruck haben, dass alle nachfolgenden Noten mit Leichtigkeit aus ihnen herausfliessen und sich verbreiten.

III. „Die Elemente der neumatischen Perioden, d. i. die einzelnen Formeln, müssen im Vortrage nach Massgabe ihrer Beschaffenheit auseinandergehalten, von einander unterschieden und untereinander in Verbindung gebracht werden, gleich den Silben, Worten, Sätzen und Satzgliedern einer Rede."

IV. „Auch in den Jubilationen haben die Noten keinen bestimmten messbaren Werth, und dienen nur dazu, die Modulation der Stimme zu leiten." — Die einfache Note ▪ ♦ ◢ entspricht ganz dem Vocal in der Sprache, und schmiegt sich in Bezug auf die Zeitdauer enge an den in der Silbe enthaltenen Vocal an; siehe §. 10. Alle aufsteigenden Notenformen (≡ *Podatus*, ≡ *Scandicus* etc., siehe §. 7, S. 24) verlangen ein Wachsen der Stimme *(crescendo)*, bis die oberste Note erreicht ist. Alle abfallenden Notenverbindungen (≡ *Clivis* und ≡ *Climacus*, siehe S. 24) deuten auf ein *decrescendo*, auf ein sanftes Abfallen der Stimme und Abnehmen der Tonstärke. Die Vereinigung der auf- und absteigenden Verbindung (≡ *Torculus*, siehe Seite 24) ist theils als *Podatus*, theils als *Clivis* anzuführen. «Nur dürfen wegen des Zusammenstosses entgegengesetzter Kräfte die Accente nicht in gleicher Weise wie bei jenen beiden Formeln geschärft werden; der Impuls der Stimme vertheilt sich mehr nach beiden Seiten hin über die einzelnen Noten, so dass alle nahezu dieselbe Accentuation erhalten."[1]) — Zu viel Accent auf der Hauptnote würde übrigens den Gesang affectirt und unwürdig, zu wenig aber ihn schleppend und ermüdend für das Ohr gestalten. Ueber-

---

[1]) Wir verweisen für den *Torculus* auf eine Analogie in der deutschen Sprache. Bei Zusammensetzung zweier selbstständiger Wörter gestaltet sich der Accent wohl nicht wesentlich, aber doch merklich anders als bei Trennung derselben; z. B. Königin, Himmel = Himmelskönigin; Vater, Familie = Familienvater etc.

§. 47. Die wechselnden Messgesänge, Antiph., Resp. etc.

diess wirken wesentlich die Bewegung und der Charakter des Gesangstückes, sowie die vorhandene Stimmkraft darauf ein, welches Mass von Impuls der obersten Note zu geben ist, um auszuweichen und ein natürliches würdevolles Ebenmass hervorzubringen. Gute Accentuation und eine gewisse Weihe und Salbung im Vortrage[1]) vermögen viel Stimmkraft zu ersetzen, nicht aber umgekehrt; über Alles geht indess die Natürlichkeit, welche dem Vortrage den Charakter frommer Bescheidenheit oder bescheidener Frömmigkeit verleiht."

Zum Schlusse möchten wir als Illustration der in diesem und den vorigen Paragraphen aufgestellten Prinzipien ein *Alleluja* mit allen modernen, aus dem Charakter und der Notation sich ergebenden Vortragszeichen in heutiger Notenschrift wiedergeben, nicht um zu ähnlichen Versuchen anzuleiten, sondern nur um statt der unmöglichen mündlichen Erklärung wenigstens eine schriftliche Erläuterung der „grauen" Theorie in möglichst klarer Form zu geben. Wir wählen das *Allelúja* mit Vers des XII. Sonntags nach Pfingsten. Der Grundgedanke des Messformulars ist das Gebet einer bedrängten Seele, die Gott um Beistand wider ihre Feinde anfleht *(Deus in adjutórium meum inténde* beginnt der *Introitus)*, und durch ihr unablässiges Bitten auch ein freudiges Vertrauen auf den Helfer in der Noth erlangt hat. „Preisen will ich den Herrn allezeit, so lautet das *Graduale*, immerdar sei dessen Lob in meinem Munde. Im Herrn rühme sich meine Seele; das sollen hören die Frommen und sich freuen." — Nun folgt *Allelúja* mit dem Vers: *Dómine,*
„Herr,
Deus salútis meæ, in die clamávi et no-cte coram te.
Gott meines Heiles, des Tages rufe ich und des Nachts vor dir."
Zum Ausdruck dieser Versicherung ist der *3. modus* gewählt (siehe S. 54 charakterisirt „starke Gemüthsbewegung"). —

---

[1]) Verbunden mit jenem dem Menschen eingepflanzten musikalischen Sinn, den Cicero als „*aurium quoddam admirabile judicium, quo indicantur in vocis cantibus varietas sonorum, intervalla, distinctio et vocis genera multa*" bezeichnet.

210 §. 47. Die wechselnden Messgesänge, Antiph., Resp. etc.

Wenn das vorhergehende *Graduale* im *VII. modus* um eine kleine Terz abwärts transponirt wird, also mit *c*, *fis* etc. beginnt und mit *fis*, *e* abschliesst, so ist gleiche Tonhöhe hergestellt, und die Klangfarbe des *Allelúja (e, g, f)* hebt sich um so charakteristischer von der des *Graduale* ab.

Die Choralnotation lautet:

Nach den im *Magister choralis* aufgestellten Grundsätzen lässt sich der Vortrag dieses Gesangsstückes in folgender Weise durch moderne Notation und Vortragszeichen ausdrücken:

§. 47. Die wechselnden Messgesänge, Antiph., Resp. etc. 211

et no - - - cte co - - - - ram te.

Wird der neumisirende Gesang *(Introitus, Graduale, Alleluja* mit Vers, *Tractus, Offertorium, Communio, Antiphonen, Responsorien* etc.) in ähnlicher Weise mit Verständniss des Wortes und des Textzusammenhanges, Modulirung der Stimme, richtiger Betonung der Silben, kurz nach den aufgestellten Regeln ausgeführt, dann ist der Mahnung des *Cardinal Bona*[1]) Genüge geschehen: „*Nos autem generibus musicæ jugiter exerceamur, in concordia vocum et morum laudes divinas in hoc exilio decantantes, donec mereamur divinæ musicæ consortes fieri, et ad consummatissimos cum sanctis Angelis Hymnos elevari.*"

---

[1]) *De divina Psalmodia*, Cap. XVII. §. V. 5.

O. A. M. D. G.

Alphabetisches Verzeichniss
der
Abkürzungen und Ausdrücke des römisch-lateinischen Diözesankirchenkalenders,
mit
Uebersetzung und Erklärung.

Vorbemerkung. Die §§. 20., 21 und die folgenden werden hier ihrem ganzen Inhalt nach als bekannt vorausgesetzt. Nachstehendes Register bildet nur eine weitere Ausführung der dort im Zusammenhang behandelten Materien. Die Seitenzahlen beziehen sich auf die gegenwärtige Auflage des *Mag. chor.*, wo der gleiche Gegenstand besprochen oder noch näher erläutert wird. Die Accente über den Vocalen bezeichnen die zu betonenden Silben.

A., wenn es vor Bezeichnung des Wochentages steht, z. B. *A. Dom. 18. post Pent.*, ist Sonntagsbuchstabe, und wechselt jährlich mit den Buchstaben *B* bis *G*. Ist z. B. *G* Sonntagsbuchstabe, so fällt auf Montag *(Fer. 2), a*, auf Dienstag *(Fer. 3.) b* etc. In den Schaltjahren *(annus bissextilis)* treffen zwei Sonntagsbuchstaben, z. B. *G. F.*
A. = *albus*, weiss, am rechten Rande des Kirchenkal., zeigt die Farbe der priesterl. Gewänder an (*color Paramentorum*); siehe S. 71.
a (ab vor Selbstlautern) = von; z. B. *Vesp. a cap.*, siehe S. 126.
Abb. = *Abbas*, Abt; S. 72.
absque = ohne.
ac = und.
ad = zu, bei, an.
add. *ádditur* od. *addúntur* (z. B. *2 Allelúja)* bedeutet die „Hinzufügung" der *Allelúja* zur österlichen Zeit; S. 75, 127 etc.
adúltus = der Erwachsene.
Adv. = *Advéntus*, S. 69.
æstíva *pars* = Sommertheil, der 3. Band des 4-theiligen Breviers.

al. = *álias*, anderswo; siehe S. 71.
a. l. = *aliquibus locis*, an einigen Orten; siehe S. 71 und 73.
álius, *álii* etc. = ein anderer.
alternátim = wechselweise, abwechselnd.
Ang. = *Angelus*, Engel, z. B. *Angeli custódes*, Schutzengel.
Anniversárius = Jahrtag, jährl. Erinnerung.
Annuntiátio B. M. V. = Mariä Verkündigung.
annus = Jahr.
ante = *ántea*, vorher.
ántequam = bevor, ehe.
Ant. = *Antíphona*; siehe S. 111.
Ap. oder App. = *Apóstolus* oder *Apóstoli*; S. 72.
appáret = erhellt.
appósitus = beigesetzt, zugefügt.
apud = bei.
Arch. = *Archángelus*, Erzengel.
Ascénsio = Himmelfahrt; S. 69.
Assúmptio B. M. V. = Mariä Himmelfahrt.
at = aber.
atque = und.
Aug. = *Augústus*, Monat August.

Alphabetisches Verzeichniss der Abkürzungen etc. 213

aut = oder.
autumnális pars = Herbsttheil, 4. Band des Breviers.
B. Sonntagsbuchstabe; siehe A.
B. vor Eigennamen = *Beátus*, selig; z. B. B. M. V. = *Beátæ Mariæ Virginis*.
Bno oder Benedo = *Benedíctio*, Segnung; siehe auch S. 141.
Bened. = *Benedíctus*, Lobgesang des Zacharias; S. 124.
bis = zweimal.
bissextílis *annus* = Schaltjahr.
Brev. = *Breviárium*, Brevier; S. 66 und 72.
B. r. oder *Br. rec.* = *Breviárium recens*, neueres Brevier S. 71.
br. = *brevis*, kurz; *brévior* = kürzer; *brevíssimus*, der kürzeste.

C. als Sonntagsbuchstabe; siehe A.
calce, z. B. *in calce* = am Ende.
Campánum = Glocke.
candéla = Kerze.
Cant. = *Cánticum*, Lobgesang.
cant. = *cantátur*, wird gesungen; *Missa cantáta*, gesungene Messe, Amt, *cantóres*, Sänger.
cap. = *capítulum*, kurze Lesung aus dem Brevier, die in allen Horen von *Laudes* bis Vesper nach den Psalmen folgt, beim *Completorium* aber nach dem Hymnus; siehe S. 129.
caput = Haupt, Abschnitt, Anfang.
Cáthedra = Stuhl, *cathedrális ecclésia*, Hauptkirche des Bischofs, Dom.
cessat = hört auf.
Chr. = *Christus*.
Cin. = z. B. *Cínerum dies*, Aschermittwoch; S. 68.
circa = gegen, um, beiläufig.
Circumcísio = Beschneidung; S. 68.
cl. = *classis*, Rang; S. 69.
Collegiáta *ecclésia*, Stiftskirche mit Kanonikern.
com. = *commemorátio*, S. 132, Note 2.
Comm. = *Commúne*; S. 72.
Compl. = *Completórium*; S. 135.
cóncio = Predigt.
Concéptio B. M. V. = Mariä Empfängniss.

cf. = *confer*, vergleiche.
concórdat = stimmt überein.
C. od. *Conféssor* = Bekenner; S. 72.
C. P. = *Conféssor Póntifex; C. non P.*; S. 72.
conj. = *conjúngitur*, wird verbunden.
consuetúdo = Gewohnheit, Herkommen.
C. M. = *conventuális Missa*, Conventmesse, die bloss an Cathedralod. Collegiatkirchen gelesen werden muss.
coram = vor, z. B. *expósito Sanctíssimo Sacraménto*, vor ausgesetztem Allerheiligsten.
Cordis *Jesu* = Herz Jesu.
Corpus = Leib, Haupttheil, z. B. *Corpus Christi*, = Fronleichnam.
cras = morgen; *crástinus*, der morgige.
Cr. = *Credo*; S. 89.
Crux = Kreuz.
cujus = dessen; *cui*, welchem.
cum = mit; z. B. *cum Octáva*, mit Octav.
curr. = laufende; z. B. *Offic. currens*, das für den Tag treffende Officium.

D., Sonntagsbuchstabe; siehe A.
de = von, z. B. *Vesp. de sequ.*; S. 126.
Dedic. = *Dedicátio* = Einweihung; S. 73.
deest od. desunt = fehlt, fehlen.
Def. = *Defúnctus*, der Verstorbene.
dein od. *deinde* = hierauf, hernach.
deinceps = von da an.
dic. = *dicitur* od. *dicúntur*, wird oder werden gesprochen, gebetet.
dies = Tag, z. B. *de 4. die infra Oct.*, vom vierten Tage innerhalb der Octav.
d. f. = *dies fixus*, siehe S. 71.
distribútio = Austheilung.
D. = *Doctor Ecclésiæ*, Kirchenlehrer; S. 73.
Dom. = *Domínica*, Sonntag, S. 68.
Dnus oder Dni = *Dóminus, Dómini*, Herr, z. B. *D. N. J. C.* = *Dómini nostri Jesu Christi*.
dum = während.
duo = zwei; *duódecim*, zwölf.
dupl. = *duplex*, S. 69.

E., Sonntagsbuchstabe; siehe A.
ea = *de ea* bedeutet, dass kein Heiligen- oder anderes Fest gefeiert wird, sondern das *Officium* vom Tage (aus dem *Proprium de tempore*, resp. *Psalterium*) zu nehmen ist; z. B. *Feria 4. de ea* = vom Mittwoch; S. 68.
Eccl. = *ecclésia*, Kirche.
ed. = *editio*, Ausgabe.
ei = ihm, demjenigen.
ejus = desselben, z. B. *ejus loco*, anstatt desselben.
ejúsdem, siehe *idem*.
elev. = *elevátio Ss. Sacram.* = Erhebung der hl. Gestalten, Wandlung.
eo = *de eo (sabbato)*, vom Samstag; siehe oben *ea*.
Epiph. = *Epiphania Dómini*, Erscheinung des Herrn, Fest der hl. Dreikönige.
E. oder **Ep.** = *Episcopus*, Bischof; besonders in Verbindung mit E. C. = *Ep. Conféssor*, Ep. M. = *Ep. Martyr*.
Epist. = *Epistola*; S. 84.
erat = war; *esset*, wäre.
est = ist.
et = und; *et — et*, sowohl — als auch.
étiam = auch; *etiámsi* = wenn auch.
Ev. = *Evangélium*, S. 86; auch *Evangelísta*, Evangelist.
ex. = aus, von.
excépto = ausgenommen.
excl. = *exclúsive*, ausgeschlossen.
exínde = von da an.
extra = ausserhalb.

F., Sonntagsbuchstabe, siehe A.
facit = thut, macht; *facto* = nach geschehenem.
Fer. = *Féria*: S. 68.
Fest. = *festum*, Fest.
fin. = *finis*, Ende; *finíto*, nach beendigtem.
fit = geschieht; *fieri potest*, kann geschehen.
fixus = festgesetzt; S. 71.
f. = *fuit*; S. 71.

G., Sonntagsbuchstabe, siehe A.
generále = allgemein; z. B. *mandátum generále*, allgemeine Verordnung.

genufléxio = Kniebeugung.
Gl. = *Glória*; S. 77.
Grad. = *Graduále*, entweder das Buch, welches alle Messgesänge in Noten enthält, oder der Gesang des Chores nach der Epistel; *Psalmi Graduáles* heissen der 119.—133. Psalm.
gravis = wichtig; z. B. *pro re gravi*, für ein schweres Anliegen.

hac, *hæc*, *hanc*, *has*, *harum* etc., verschiedene Endungen von *hic*.
hebd. = *hébdomas*, Woche, *major*, Charwoche.
heri = gestern.
hest. = *hestérna dies*, der gestrige Tag.
hic = dieser (Fürwort).
hiemális *pars* = Wintertheil, erster Theil des Breviers.
hódie = heute; *hodiérnus*, der heutige.
hon. = *honor*; z. B. *in honórem*, zu Ehren.
hora = Stunde; S. 126.
hujus, *huic*, *hunc*, dieses, diesem, diesen; siehe *hic*.
Hymn. = *Hymnus*.

Ibi u. *ibidem* = ebendort, am gleichen Orte.
Id = das, dieses.
idem, der nämliche mit den Endungen *ejúsdem*, *eidem*, *cúndem*, *eódem*, *iidem*, *iisdem* etc.
igitur = daher, desswegen.
ii = diejenigen (von *is*); *iidem*, die nämlichen.
ille = jener, mit den Endungen *illíus*, *illi*, *illum*, *illo*, *illórum*, *illis* etc.
Immac. = *immaculáta*, unbefleckt.
immediáte = unmittelbar.
in = in, bei.
íncipit oder *incípiunt* = beginnt, beginnen.
inclinat = verneigt sich; *inclinátio*, Verneigung.
incl. = *inclúsive*, miteingeschlossen.
indútus = angekleidet.
indulgéntia = Ablass, Nachsicht, Erlaubniss.
infirmus = krank.

Alphabetisches Verzeichniss der Abkürzungen etc. 215

infra = innerhalb; *ut infra* = wie unten.
initium = Anfang, Beginn.
Innoc. = *Innocéntes*, unschuldige Kinder.
integer = ganz, vollständig.
inter = zwischen, unter.
intra = zwischen, innerhalb.
Intr. = *Introitus*, S. 74.
Invéntio = Erfindung
Invit. = *Invitatórium*, S. 137.
ipse = selbst, der nämliche mit den Endungen *ipsius, ipsi, ipsum, ipso, ipsórum, ipsis* etc.
itaque = daher, desshalb.
item = ebenfalls, gleichfalls.
jacet = steht, befindet sich.
jam = schon, bereits.
Jan. = *Januárius*.
J. T. = *Jesu Tibi* bedeutet, dass statt der im Brevier stehenden letzten Strophe bei denjenigen Hymnen, die gleiches Versmass haben, zu singen ist:
Jesu tibi sit glória,
Qui natus es de Vírgine,
In der Woche von Christi Himmelfahrt:
Qui victor in cœlum redis,
Cum Patre et almo Spíritu,
In sempitérna sæcula.
jubet = befiehlt.
Jul. = *Július*, Juli.
Jun. = *Június*, Juni.
jun. = *júnior*, der Jüngere.
júngitur = wird verbunden; *juncto* nach Verbindung.
jure = mit Recht, nach Recht.
jussu = auf Befehl.
juvat = es nützt.
juxta = gemäss, nach, neben.

Kalendárium = Kalender.
Kal. = *Kaléndæ*, der erste Tag des Monats.

Lamentátio; siehe S. 143.
Laud. = *Laudes*; S. 145.
laudábilis = lobenswerth.
L. oder Ll. = *Lectio, Lectiones*, Lesung. S. 142.
légitur = wird gelesen.
lib. = *ad libitum*, nach Belieben.
Lib. = *Liber*, Buch.

liber = frei.
licet = ist erlaubt, wenn auch.
Lit. = *Litánia*, Litanei. S. 153.
locus = Ort, Stelle.
lux = Licht.

Magis = mehr.
Magn. = *Magníficat*. S. 124. u. 132.
magnus = gross.
major = grösser; z. B. *dupl. majus*, S. 73.
mane = in der Frühe.
manus = Hand.
M. od. Mm. = *Mart., Mártyres*. S. 68.
Martyrológium, S. 149.
Mat. = *Matutinum*, S. 137 sequ.
máximus = der grösste.
M. S. oder *mut. 3. Vers.* siehe S. 130.
Missa = Messe; *Missále*, Messbuch. S. 67.
M. C., siehe *C. M.*
minor = geringer; *minus*, z. B. *dupl. min.*, S. 69.
mob. = *mobilia festa*, bewegliche Feste, S. 70.
modus = Art, Weise.
more, z. B. *sólito* = in gewöhnlicher Weise.
mors = Tod; *mórtuus*, gestorben, der Todte.
mutátur = wird verändert; siehe auch S. 130.

Nam = denn, weil.
Nat. = *Nativitas*, Geburt.
ne = damit nicht.
nec, neque u. neve = noch, und nicht, oder nicht: *nec — nec*, weder — noch.
nemo = Niemand, keiner.
n = *niger*, schwarz.
nihil = Nichts.
nisi = wenn nicht, ausser.
Noct. = *Noctúrna*, S. 139.
nocte = bei der Nacht.
nomen = Name; *nóminis*, des Namens.
non = nicht, z. B. *C. n. P.* = *Conféssor non Póntifex*, Bekenner, nicht Bischof.
Non. = *Nona (hora)*; S. 150.
nondum = noch nicht.
nonnúlli = einige.

nonnúnquam = manchmal.
not. = *notátur*, ist angegeben.
novus = neu.
nullus = Keiner.
num = ob.
númerus = Zahl.
nunquam = nie, niemals.
nupt. = *núptiæ*, Hochzeit.

ob = wegen.
óbitus *dies* = Sterbetag.
observátur = wird beobachtet; *observándum est*, ist zu beobachten.
Oct. = *Octáva*, S. 68.
Off. = *Officium* bezeichnet alle beim hl. Messopfer und Breviergebete vorgeschriebenen Gesänge und Gebete; *officium divínum* bezieht sich gewöhnlich speciell auf das Breviergebet.
omittitur = bleibt weg; *omisso*, mit oder nach Hinweglassung.
omn. = *omnis*, jeder; *omnes, ómnia*, alle, alles.
or. = *orátio*, Gebet.
Org. = *órganum*, Orgel.

Pag. = *página*, Seitenzahl.
Palm. = *Palmæ*, z. B. *Dom. Palmárum*, Palmsonntag.
Pp. = *Papa*, Papst.
párochus = Pfarrer; *parochiális*, pfarrlich.
pars = Theil; *partim*, theilweise.
párvulus = Kind.
Pass. = *Pássio*, Leiden; z. B. *Dom. Passiónis*, Sonntag vor dem Palmsonntag; S. 69.
Pasch. = *Pascha*, Ostern; *paschális*, österlich.
Patrónus = Patron, Schutzheiliger.
Patroc. = *Patrocinium*, S. 71.
Pentec. = *Pentecóste*, Pfingsten. S. 69.
per = durch, während.
permíssu = mit Erlaubniss; *permíttitur*, ist gestattet.
Plag., z. B. *Fest. 5 Plag.* = Fest der 5 Wunden.
Plan. plic. = *Planétæ plicátæ*, die Levitenkleidung für Advent und Fasten.
plures = mehrere; *plúrium*, mehrerer; *plúribus*, mehreren.

plúrimi = die meisten, mehrere.
plus — *quam* = mehr — als.
pomeridiánus = nachmittägig.
pónitur = wird gesetzt; *pósitus*, ist gesetzt, findet sich.
Pont. od. P. = *Póntifex*, z. B. *C.P.*; oder *C. n. P.* od. *E. C.*; siehe diese.
post = nach; *póstea* = nachher; *postquam* = nachdem.
Postcommúnio heissen die Orationen vor dem *Ite missa est*.
præ = vor.
præcédens = vorhergehend; wenn die Vesper beim Kapitel vom nächsten Tage an genommen wird, so wird die Ant. aus der 2. Vesper commemorirt *(comm. præcedentis)*; siehe auch S. 132.
præcéptum = Vorschrift; *præcipit* = schreibt vor.
præparátio = Vorbereitung.
Præfátio = Präfation; S. 89.
Præpósitus = Propst; *præpónitur*, wird vorgesetzt.
præscríptum = Vorschrift.
præs. = *præsens*, gegenwärtig.
præter = ausser, ausserhalb; *prætérea*, ausserdem, ausser.
prætéritus = vergangen, verflossen.
Prima = die Prim. S. 146.
primus = der erste; *primum*, zuerst.
prior = früher.
priv. = *priváta*; z. B. *Missa*, die stille Messe zum Unterschied von der gesungenen feierlichen Messe.
prius = zuerst, früher; *priúsquam*, ehevor.
pro = für, statt.
procul = ferne.
prohibétur = ist verboten.
prope = nahe, bei; *própior* = näher; *próximus*, der nächste.
Proph. = *Prophéta* od. *Prophetia*, S. 163.
propr. = *próprius*, eigenthümlich; *Próprium Diœcésis*, siehe S. 71.
prout = wie, sowie.
Ps. = Psalmen; *Psalt.* = *Psaltérium* heisst der Anfang des Breviers bis zum *Completórium*.
publ. = *públicus*, öffentlich.
publicátio = Bekanntmachung.
pulsátur = wird gespielt; z. B.

Alphabetisches Verzeichniss der Abkürzungen etc. 217

Organum; oder *Campánum*, die Glocken werden geläutet.
Purif. = *Purificátio B. M. V.* = Mariä Lichtmess.
Quadr. = *Quadragésima*, S. 68. *Quadragínta*, vierzig.
quæritur = es frägt sich; *quæstio*, = Frage.
quam, siehe *tam* od. *qui;* auch als.
quando = dann, wenn.
quare = daher.
quátuor = vier.
que angehängt = und.
qui, welcher, *quæ*, welche, *quod*, welches; mit den Endungen *cujus*, dessen, *cui*, dem, *quem*, quam, den, welche, *quo*, durch die, *quorum*, *quarum*, deren, *quibus*, denen, *quos, quas*, welche *(plur.)* etc.
quia = weil.
quicúmque = wer nur immer.
quidam = mancher; mit den Endungen von *qui* (siehe dieses); z. B. *quibúsdam*, an manchen.
quílibet = jeder; jedwelcher.
quinque = fünf, *quínquies*, fünfmal.
Quinquag. = *Quinquagésima*, S. 68.
quod = weil; siehe auch *qui*.
quoque = auch.
quóniam = weil.
quotánnis = jährlich.
quotídie = täglich.
quóties u. *quotiescúmque* = so oft als.
quum = da, weil.

Rec. = *recens*, neu; *recéntior, neuer* etc.; siehe S. 71.
Reg. = *Regum*, z. B. *Lib. I. Reg.* I. Buch der Könige.
rel. = *réliqua* etc. das Uebrige.
reperítur = findet sich.
rep. = *repétitur*, wird wiederholt. *répetit*, er wiederholt, *repetítio*, Wiederholung.
Requ. *Réquiem*, Todtenmesse.
℞. od. Resp. = *Responsórium*, Antwort, regelmässig der zweite Theil einer Anrufung *(Versículus)* oder Lesung; ℞. *br.*, siehe S. 148.
Res. = *resurréctio*, Auferstehung.
ritus = Form irgend einer Verrichtung; siehe hierüber auch Seite 68 „Rangordnung;" über *Rit.* S. 65.

Rog. = *rogátio*, Bitte; z. B. *Fer. II. Rogatiónum*, Montag der Bittwoche.
r. = *ruber*, roth.

Sabb. = *Sábbatum*, Samstag.
sacer = heilig.
Sac. = *sacérdos*, Priester.
sæpe = oft.
S. = *sanctus*, heilig; *Ss.* = *sancti*, heilige, oder *Sanctíssimum*, das Allerheiligste.
sc. = *scílicet*, das heisst, nämlich.
scire = wissen.
Scr. = *scriptúra*, Schrift; *scriptus*, geschrieben.
S. O. = *scriptúra occúrrens*, die nach dem Brevier für den Tag treffende Lesung der ersten Nocturn.
se = sich.
Secr. = *secréta* heissen die Gebete des Priesters vor der Präfation.
secréto = still, leise.
secúndum = nach, gemäss.
secúndus = der zweite.
sed = sondern, aber.
sem. = *semidúplex*, S. 69.
semper = immer.
septem = sieben; *séptimus*, der siebente.
sepultúra = Begräbniss.
sequ. = *sequens*, der folgende; *séquitur*, folgt.
Sequ. = *Sequéntia*, S. 86.
sero = spät, am Abend.
servátur = wird beobachtet.
seu oder *sive* = oder.
sex = sechs; *sextus*, der sechste; *Sexta*, siehe S. 150.
si = wenn, ob.
sibi = sich.
sic = so, in dieser Weise.
sicut = sowie.
silent = schweigen.
similis = ähnlich.
simpl. = *simplex*, einfach. S. 69.
sine = ohne.
singuli = einzeln.
sive, siehe *seu*.
Soc. = *Sócius, sócii*, Gefährten.
sol = Sonne.
sol. = *solémnis*, feierlich; S. 107.
solet = pflegt.

stat = steht, befindet sich.
sub = unter.
súbito = plötzlich, sogleich.
suffr. = *suffrágia;* siehe S. 132, Note 2.
sum = ich bin (Hilfszeitwort) mit den Beugungen: *est* (ist), *sunt* (sind), *erat* (war), *erant* (waren), *sit, sint* (ist, sind od. seien) etc.
súmitur = wird genommen.
super = über.
supérfuit = ist übrig geblieben.
Suppl. = *supplementum,* Anhang, Ergänzung.
supra = über, oben.
suus = sein, der seinige, mit den Endungen *sua, suam, suum, sui, suo, suórum, suárum, suis* etc.

Tacet = schweigt.
talis = ein solcher; *táliter,* in dieser Weise.
tam = so; *tam — tam,* sowohl — als auch.
tamquam = obwohl, gleichwie; *tam — quam,* = sowohl — als auch.
tantus = so gross, so viel.
tenet = hält, beobachtet.
ter = dreimal.
term. = *terminátur,* endigt, schliesst.
tértius = der dritte.
Tert. = *Tértia,* S. 15?.
thuriferárius = der Rauchfassträger.
tóllitur = wird weggenommen, weggelassen.
tot = so viele; tóties = so oft.
tot. = *totius, totus, totum* etc., ganz, vollständig.
Tr. = *Tractus,* siehe S. 85.
Transfig. = *transfigurátio,* Verklärung.
Transl. = *translátio,* Uebertragung.
tres, *tria, trium* etc. = drei.
Triduum = 3-täg. Feier od. Andacht; *triduum sacrum,* die 3 letzten Tage der Charwoche.
Trin. = *Trinitas,* Dreieinigkeit.
tum = dann, hierauf; *tum — quum,* sowohl — als auch.
tunc = dann, damals.

U. steht in manchen Directorien statt vl = *violáceus,* blau.
ubi = wo, wohin.
ubicúmque = wo nur immer.
ubique = überall.
ult. = *últimus,* der letzte.
ultra = darüber hinaus, weiter.
únacum = zugleich mit.
úuicus = ein einziger.
unus = Einer.
usque *(ad)* = bis zu.
usus = Gewohnheit.
utérque = jeder von beiden; Beide; z. B. *in utrisque Vésperis* = in der I. und II. Vesper.
utrum = ob (bei Fragen).

vacat = fällt aus, bleibt weg.
vadit = geht, schreitet.
valde = sehr.
valet = gilt.
variátur = verändert sich, wechselt.
várius = verschieden.
vel = oder; *velut* = gleichwie.
Ven. = *Venerábilis,* der Ehrwürdige.
verbum = Wort.
Verna *pars* = Frühlingstheil, 2. Bd. des Breviers.
vero = aber, jedoch.
V. = *Versus* oder *Versículus;* Vv. = *Versiculi;* siehe *Respons.*
verus = wahr.
Vesp. = *Vésperæ,* Vesper; S. 126.
véspere = am Abend.
vestis = Kleid.
Vid. = *Vidua,* Wittwe.
vide = siehe.
vidétur = scheint.
Vig. = *Vigilia,* Vigilie; S. 68.
viginti = zwanzig.
vl. = *violáceus,* blau.
V. = *Virgo,* Jungfrau; S. 72.
v. = *viridis,* grün.
Visitátio = Besuchung, Heimsuchung.
vitándus = ist zu vermeiden, zu verhüten.
vivus = lebend.
vix = kaum.
votum = das Gelübde; *votiva,* siehe S. 73.
vuln. = *vúlnera,* Wunden.

Index alphabeticus
cantionum liturgicarum Sacerdotibus et Clericis convenientium.

Absolutio in officio Matutino	Pag. 140
Æterne Rex altissime (Hymnus)	169
Alleluja in Missa Sabbati sancti	167
Alma Redemptoris Mater (Antiphona)	135
Asperges me	152
Ave Regina (Antiphona)	135
Ave sanctum Chrisma	165
„ „ Oleum	165
Bemerkungen allgemeine für Kleriker	3
Benedicamus in Missa	109
Benedicamus in officio divino	133 sequ.
Benedictio candelarum, cinerum, Palmarum, cerei Paschalis, fontis Baptismalis	158 sequ.
Benedictio Hebdomadarii in Matutino	140
Benedictio Pontificalis	170
Bücher liturgische	63
Canticorum toni	124
Capitulum in Officio	129
Confiteor	105
Credo in unum Deum	88
Deus in adjutorium	127
Domine labia mea	137
Dominus vobiscum	79
Ecce lignum crucis	166
Ego sum (Antiphona ad Benedictus)	172
Epistola	87
Evangelium	87
Exsultabunt (Antiphona in exsequiis)	171
Exsultet jam Angelica turba	160
Flectamus genua	82
Gloria, Intonationes	77
Gloria, laus et honor	160
Humiliate capita vestra	82
Intervallübungen	41 sequ.
Ite missa est, Toni	108 sequ.
Jube domne benedicere	141
Lamentationis Tonus	143
Lectionis Tonus	142
Lectionis Tonus extraordinarius	142, Anm.
Libera me Domine (Respons.)	112
Litaniæ de B. M. V.	156
„ de omnibus Sanctis	153 u. 154
„ de Ss. Nomine Jesu	157
Lumen Christi	160
Martyrologium	149
Orationum Tonus ferialis	81

Orationum Tonus festivus	Pag. 78
„ „ simplex ferialis	80
„ „ in Parasceve	91 sequ.
O Redemptor	165
Oremus vor dem Offertorium	89
Pange lingua (Hymnus)	88
Pater noster, Tonus ferialis	104
„ „ Tonus festivus	103
Pax Domini	105
Praefationum cantus ferialis	99
Praefatio ferialis communis	101
„ „ de Nativitate Domini	99
Praefationum cantus festivus	90
Praefationis Tonus solemnis de Apostolis	98
„ „ „ de Ascensione	94
„ „ „ communis	99
„ „ „ de Cruce	93
„ „ „ de Epiphania	92
„ „ „ de B. Maria V.	97
„ „ „ de Nativitate	90
„ „ „ in die Paschae	94
„ „ „ in die Pentecostes	95
„ „ „ in Quadragesima	92
„ „ „ de Ss. Trinitate	96
Procedamus in pace	158
Prophetiae Tonus	163
Psalmorum Toni feriales	123 sequ.
„ „ festivi	116 sequ.
Regina coeli (Antiphona)	135
Requiescant in pace	110
Responsorium breve (in horis canonicis)	148 sequ.
Sacris solemniis (Hymnus)	186
Salutis humanae Sator (Hymnus)	169
Salve Regina (Antiphona)	135
Si iniquitates (Antiphona in Exsequiis)	171
Sit nomen Domini (Antiphona in Exsequiis)	172
Te Deum laudamus	144
Tonus peregrinus	120
Veni Creator Spiritus (Hymnus)	170
Veni sancte Spiritus (Antiphona)	169
Verbum supernum (Hymnus)	169
Versiculorum Toni in Officio divino	131
„ „ in Commemoratione	132
„ „ in hebdomada sancta	
„ „ in Officio Defunctorum	132
Vespere autem Sabbati	167
Vidi aquam	152
Vortrag des Altar-Gesanges	177 sequ.
„ der gesangartigen Lesungen	194
„ der metrischen Hymnen und Sequenzen	199
„ der nicht metrischen Hymnen, Praefationen, Litaneien etc.	202
Werth des Chorals	9

Inhaltsverzeichniss.

§§.		Pag.
	Vorwort zur 6. Auflage.	III
1.	Begriff des Chorals.	1
2.	Abriss seiner Geschichte.	2
3.	Werth des Chorals.	9
4.	Eintheilung.	13

A. Vorkenntnisse.

5.	Namen der Töne, Bildung der Tonleiter.	15
6.	Verbindung der Töne, Intervalle.	20
7.	Notensystem, Schlüssel.	21
8.	Rhythmus, Ruhepunote.	26
9.	Stimme, Sprache.	30
10.	Leseregeln, Betonung der Silben.	34
11.	Treffübungen.	37

B. Kenntniss.

a) Theoretischer Theil.

12.	Entwicklung der Octavengattungen.	43
13.	Namen und Unterschiede der Octavengattungen.	47
14.	Merkmale der Kirchentonarten.	50
15.	Wesen und Eigenschaften des I. bis IV. Tonus.	52
16.	Wesen und Eigenschaften des V. bis VIII. Tonus.	54
17.	Transposition	57
18.	Ueber die Diësis im gregor. Choral.	60

b) Praktischer Theil.

19.	Die liturgischen Bücher.	63
20.	Kirchenjahr und Kirchenkalender.	67
21.	Einrichtung des Missale (Graduale) und Breviers.	72

Das heilige Messopfer.

22.	Introitus. Kyrie. Gloria.	74
23.	Die Orationsgesangsweisen.	78
24.	Von der Epistel bis zur Präfation.	84
25.	Feierlicher Präfationsgesang.	89
	1. De Nativitate.	90
	2. De Epiphania.	92
	3. In Quadragesima.	92
	4. De Cruce.	93
	5. In die Paschæ.	94
	6. De Ascensione.	94
	7. De Pentecoste.	95
	8. De Ss. Trinitate.	96

§§.		Pag.
9. In Festis B. Mariæ.		97
10. De Apostolis.		98
11. Præfatio communis.		99
26. Ferialer Präfationsgesang.		99
27. Pater noster. Communio.		103
28. Ite Missa est. Benedicamus Domino.		107

Die kirchlichen Tagzeiten.

29. Die kirchliche Psalmodie.	111
30. Psalmengesang in tono duplici et semiduplici.	116
31. Ferialgesang der Psalmen, die Cantica.	123
32. Vesper, Completorium.	126
33. Matutin und Laudes.	137
34. Prim. Terz. Sext. Non.	146

Die ausserordentlichen Feierlichkeiten des Kirchenjahres.

35. Aspersio aquæ benedictæ, Litaniæ.	152
36. Benedictio candelarum, cinerum, palmarum, cerei Paschalis, fontis Baptismalis.	158
37. In Cœna Domini, in Parasceve et Sabbato sancto ad Missam.	164
38. Verschiedene Intonationen.	168
39. Die Orgel beim gregorianischen Choral.	173

C. Erkenntniss.

I. Allgemeine Andeutungen.

40. Für Kleriker.	177
41. Für Dirigenten.	181
42. Für Organisten.	186
43. Für Sänger des gregorianischen Chorals.	191

II. Kurze Winke über Vortrag

a) des recitironden Choralgesanges.

44. Psalmen. Gesangartige Lesungen.	194

b) Vortrag des modulirten Choralgesanges.

	198
45. Die metrischen Hymnen und Sequenzen.	199
46. Die nicht metrischen Hymnen, Präfationen, Litaneien etc.	202

c) Vortrag des neumisirenden Choralgesanges.

47. Die wechselnden Messgesänge, Antiphonen, Responsorien etc.	207
Verzeichniss der Abkürzungen und Ausdrücke des römisch-kath. Diözesankirchenkalenders, mit Uebersetzung und Erklärung.	212
Verzeichniss der Intonationen und Gesänge für die Kleriker und Priester	219

Officielle Choralbücher
der S. Rituum Congregatio,

erschienen im Verlage von Friedrich Pustet in Regensburg, New York und Cincinnati, und zu beziehen durch alle Buchhandlungen:

	Mark Pf.
Antiphonarium et Psalterium Romanum etc. In Gross-Folio. In Roth- und Schwarzdruck. Tomus continens: Horas diurnas Brev. Rom.	36 —
„ „ Matutina Proprii de Tempore etc.	33 —

Als Ergänzung hiezu ist der **Cantus** des **Officium Ss. Cyrilli et Methodii** eigens gedruckt worden und kann derselbe zu 25 Pf. bezogen werden.

Der Band, welcher die sämmtlichen **Matutinen** des **Proprium** und **Commune Sanctorum** enthält, wird anno 1882 complet erscheinen.

Cantus diversi excerpti ex Antiphonario, Pontificali et Rituali Romano. Stereotyp-Ausgabe. 8°.	— 40
Cantus Passionis D. N. J. Chr. in 3 Folio-Heften. In Roth- und Schwarzdruck	5 —
Directorium Chori etc. In 8°. In Roth- u. Schwarzdruck.	8 —
Epitome ex Graduali Romano etc. In Schwarz-Druck. 8°. Stereotyp-Ausgabe.	1 80
Graduale Romanum etc. in 8°. In Roth- und Schwarzdruck.	6 —
„ „ Stereotyp-Ausg. in Schwarzdruck.	3 —
„ „ in 2 Bänden im grössten Imperialfolio. In Roth- und Schwarzdruck.	80 —
„ „ Orgelbegleitung von Haberl und Hanisch.	11 40
Kyriale sive **Ordinarium Missæ** in 8°. In Roth- und Schwarzdruck.	— 60
„ „ „ „ Stereotyp-Ausgabe in Schwarz-Druck.	— 40
„ „ „ „ im grössten Imperialfolio. In Roth- und Schwarzdruck.	9 —

	Mark	Pf.
Kyriale sive **Ordinarium Missæ** Orgelbegleitung von Witt. 3. Auflage.	2	40
Officium Defunctorum etc. in 8°. In Roth- und Schwarzdruck.	1	20
„ „ Stereotyp-Ausg. in Schwarz-Druck.	—	40
Officium Hebdomadæ Sanctæ etc. in 8". In Schwarz-Druck. (Stereotyp-Ausgabe.)	1	60
Officium Nativitatis Domini etc. in 8°. In Schwarz-Druck.	1	—
Processionale Romanum etc. in 8°. In Roth- und Schwarzdruck.	1	20
Rituale Romanum etc. in 18°. In Roth- und Schwarzdruck.	3	60
„ „ Ausgabe in Gross-Octav. In Roth- und Schwarzdruck.	4	80
Ritus Consecrationis Ecclesiæ et Altarium in 18". In Roth- und Schwarzdruck.	2	—
Ritus Ordinum Minorum et Majorum etc. In 18°. In Roth- und Schwarzdruck.	—	80
Vesperale Romanum etc. in 8°. In Roth- und Schwarzdruck.	6	—
„ „ Orgelbegleitung von Haberl und Hanisch.	9	10
„ „ Orgelbegleitung zu den **Hymni Vesperarum**.	2	40

☞ Alle diese Bücher können auch gleich in Original-Einbänden bezogen werden.

Nota: Zum **Graduale Rom.** in 8° sind bis jetzt folgende **Proprien-Anhänge** erschienen:
Breslau 40 Pf. — Münster 10 Pf. — Regensburg 40 Pf. — Seckau 40 Pf. — England 20 Pf. — Irland 20 Pf. — Lazaristen 20 Pf.

Zum **Vesperale Rom.** in 8° folgende **Proprien**:
München 40 Pf. — Münster 20 Pf. — Regensburg 40 Pf. — Utrecht 40 Pf. — England 20 Pf. — Irland 20 Pf. — Lazaristen 20 Pf. — Officium Ss. Cyrilli et Methodii 5 Pf.

Vom **Vesperale Rom.** 8° wird auch eine billige Stereotyp-Ausgabe bis Ende 1881 erscheinen.

www.ingramcontent.com/pod-product-compliance
Lightning Source LLC
Chambersburg PA
CBHW021819230426
43669CB00008B/802